컨설팅, 정책연구 용역 8개 사례에 직접 적용해보는

공공사업
제안요청서

이상준 저

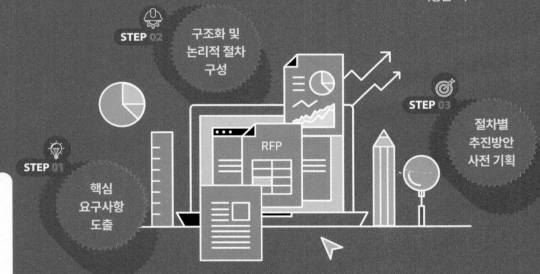

STEP 02
구조화 및
논리적 절차
구성

STEP 03
절차별
추진방안
사전 기획

STEP 01
핵심
요구사항
도출

RFP

분석 TRAINING

내하출판사

CONTENTS

추천사

PREFACE 01

　본 서는 공공사업의 리터러시(Literacy)를 정확하게 보여주는 실전 교범이다. 저자는 공공사업이 곧 국가와 국민의 이익으로 직결된다는 사명감을 바탕으로, 정부 용역사업의 제안서 작성과 이행에 관한 자신의 노하우를 아낌없이 쏟아 붓고 있다. 본 서에서 다루는 8개의 분석사례는 단순히 컨설턴트를 위한 참고자료의 수준을 넘어 실제 공공제안서 작성의 기준과 본보기가 될 수 있는 교재로서의 내용을 충분히 담고 있다. 글의 전반에 녹아 있는 저자의 경험에 근거한 자신감은 책의 수준과 완성도를 한층 더 높인다. 결론적으로 본 서는 정부 용역사업에 임하는 모든 사람의 필독서라 감히 말할 수 있다.

　　　　　　　　　　　　　　　　　　　　　　- 중앙대학교 문헌정보학과 남영준 교수

　전략가(戰略家). 저자를 한마디로 소개하자면 이보다 더 적절한 단어가 있을까. 오랜 기간 현업에서 다양한 용역을 기획·발주·평가하고, 때로는 엉망이 되어가는 용역을 살려냈던 저자의 전략과 고민이 이 한 권에 고스란히 들어 있다. 이 책은 저자가 엄선한 사례를 바탕으로 저자의 전략과 제안을 직접 접목해본다는 점에서 추상적인 방법론만 제시하거나 현학적인 단어들로 포장된 여느 책들과는 다르다. 무엇보다 자신만의 노하우를 널리 알려 각종 용역에 투입되는 국민의 세금이 헛되지 않게 하고 싶다는 저자의 집필 의도에 큰 박수를 보낸다.

　　　　　　　　　　　　　　　　　　　　　　- 법무법인 VEAT 송도영 대표변호사

정부 용역과제의 제안에 손쉽게 접근할 수 있는 가이드를 제공한다는 점과 컨설턴트의 논리적·구조적 사고를 체계적으로 단련할 수 있는 단계적 접근방안을 제시한다는 점에서 본 서는 매우 좋은 책이다. 또 다른 강점은 바로 세부 콘텐츠에 있는데, 8개로 구성된 각각의 사례에는 정부 컨설팅 과제에서 자주 활용되는 필수 방법론과 연구접근방식이 빈틈없이 담겨 있다. 컨설턴트를 위한 지침서로 더할 나위 없이 추천한다.

- 딜로이트컨설팅 Blockchain & Digital Asset Team 임태수 팀장

매년 다양한 정책연구 제안요청서(RFP)가 발주되고, 그 수배의 제안서가 만들어진다. 그중에서도 경쟁에 앞서는 제안서를 생산하기 위해서는 제안요청서의 요구사항을 정확히 진단하고, 제안사만의 방법론을 기반으로 최적의 해결책을 제시하는 것이 중요하다. 이를 위한 가장 효과적인 방법은 바로 좋은 레퍼런스(Reference), 즉 잘 만들어진 제안서 작성사례들을 접해 접근방식과 적용 방법론, 노하우를 체득하는 것이다. 본 서에서는 저자의 다년간 경험을 바탕으로 다양한 사례의 레퍼런스를 제시한다. 공공 분야의 연구용역 참여에 관심을 둔 초심자는 물론, 숙련자에게도 본 서의 일회독을 권장한다.

- 소프트웨어정책연구소(SPRi) 산업정책연구실 이중엽 책임연구원

본 서는 저자의 깊이 있는 실전 경험과 노하우가 집약된 컨설팅 실전훈련서이자 참고서이다. 정책컨설팅 업계에 종사하는 수많은 컨설턴트, 특히 입문자들의 고민을 해결해줄 길잡이가 되어줄 것이다.

- (주)미래비전그룹 임상현 대표

PREFACE 02

시작하는 글

제안요청서(RFP: Request For Proposal)란, 특정 사업이나 과제를 기획하는 발주담당자가 해당 용역의 수행을 사업자에게 요청하기에 앞서 이에 관한 요구사항을 상세하게 담아 정리해 놓은 문서로, 해당 용역의 입찰 제안에 참여하는 불특정 다수의 제안사업자를 위한 자료로써 이해할 수 있다. 보통 제안요청서에는 해당 용역의 제목, 수행 기간, 예산(Budget) 등의 개요 정보뿐만 아니라, 제안사업자가 제출해야 하는 서류, 입찰 참가에 대한 자격 기준, 실제 제안평가 및 사업자 선정 시 활용되는 평가지표, 선정기준 등의 다양한 정보가 포함된다. 그중에서도 제안에의 참여 여부를 고민하는 사업자가 가장 관심이 있는 내용은 실제 과업의 이행과도 직결되는 정보인 "과업의 주요 내용(요구사항)"이라 할 수 있다. 개조식으로, 그리고 핵심 키워드를 중심으로 나열된 과업 요구사항들은 이를 접하게 되는 컨설턴트, 연구원이 보유한 경험과 지식, 역량의 수준에 따라 천차만별로 해석(진단·분석)될 수 있으며, 이 같은 해석의 결과는 해당 사업의 수주 여부로 연결, 수주 후에도 용역 수행의 성공 여부와 이어질 가능성이 크다.

본 서에서는 공공에서 발주하는 수많은 정책연구, 컨설팅 연구용역의 제안요청서 중 8개 사례를 선정, 이에 대한 요구사항들을 심층 분석해 핵심요구사항(Key Sentence)을 도출하고 과업 간의 구조화(Categorization), 논리적 연결화를 바탕으로 「사업추진 프레임워크」 를 설계한다. 용역 수행을 위한 전반의 구조와 절차, 과업별 추진내용을 한 장으로 표현하는 「사업추진 프레임워크」 는 제안 단계뿐만 아니라 사업을 이행하는 과정에서도, 이행을 종료 및 사업수행결과를 발표하는 최종 단계에서도 매우 중요하게 활용되는 핵심 장표라 할 수 있다.

이러한 일련의 절차로 연결되는 본 서의 분석 과정은 하나의 트레이닝 방식으로써 정책연구, 컨설팅 연구를 수행하는 기업, 대학, 기관 등의 컨설턴트, 연구원뿐만 아니라 유관용역들을 기획 및 발주, 관리하는 공공의 사업담당자에게도 영감을 줄 것이며, 논리적이고 구조적인 사고의 함양, 글쓰기 훈련이 필요한 수많은 기획 업무 종사자들에게도 큰 도움이 될 것으로 생각한다.

다양하고 수많은 문제해결의 방법론이 있지만, 그중에서도 넓은 보편성을 자랑하는 사고의 접근방식 중 TED를 통해 사이먼 시넥(Simon Sinek)이 언급한 「골든 서클 이론(Golden Circle Model)」이 있다. 이에 따르면 "Why-How-What"으로 연결되는 물음의 단계적 해결을 통해 문제를 효과적으로 개선할 수 있다.

사실, 이미 대부분 기획자나 컨설턴트는 기본적으로 직면한 문제에 대응하기 위해 위와 같은 사고의 단계를 거치고 있다. 다만 그중에서도 숙련도가 높은 기획자, 컨설턴트일수록 합리적 인과관계에 근거한 논리적 사고(Logical thinking)와 자신이 쓴 글을 다시 한 번 의심해보는 비판적 사고(Critical thinking), 문제를 쪼개어 체계화해 접근하는 구조적 사고(Structured thinking)의 수준이 높다고 할 수 있다. 본 서가 독자들로 하여금 이러한 능력을 한 단계 높이는 데 도움이 될 수 있기를 바라며 글을 시작한다.

Why. 글을 쓰는 이유는.

  안정적이라면 안정적일 수 있는 공공의 영역에 종사하면서도, 내가 지금까지 노력해 오고 밟아온 길이 최적의 길이었을까? 내 커리어(Career)를 돌아봤을 때 지금 나에게 남아있는 건 무엇일까? 라는 고민을 하곤 했다. 이에 내가 쌓아온 경력과 경험, 나만이 가진 가치에 대해 기록할만한 게 무엇이 있을지 고민한 끝에 이렇게 글을 쓰기 시작했다. 저자는 석사를 졸업 후 공공정책컨설팅 업계에서 약 7년의 실무경험을 쌓았고, 현재는 ICT 분야의 준정부기관에서 정책기획 및 사업관리 업무를 담당하고 있다. 어느 순간 돌이켜보았을 때, 처음 민간 컨설팅 기업에 인턴으로 입사해 현재 국가기관의 ICT 전문가로 성장하기까지 느끼고 경험한 것은 상당히 다양하고도 가치가 있는 것들이었다. 이에 그것들을 기록으로 남기길 결정했고, 나아가 누군가에 공유된다면 더욱 큰 가치를 느낄 수 있을 것으로 생각됐기에 본 서의 집필을 구상하게 되었다.

  컨설팅 기업에서, 컨설턴트로서 가장 크게 성장할 수 있었던 시기는 온전히 스스로 용역사업의 제안요청서를 분석해 제안서를 작성하는 때였다. 주어진 상황과 현실을 직시해 문제를 명확히 진단하고, 이에 대한 해결방안을 모색해 하나의 연결된 방법론(절차)으로써 제시하곤 했던 당시의 실무경험은 컨설턴트에게 필요한 사고와 글쓰기 능력을 길러주는 실전 업무이자 가장 효율적인 훈련 방식이었다.

본 서의 집필 목적 중 하나는 이러한 훈련 방식을 다양한 용역의 제안요청서 사례에 실제 적용해 독자들에게 분석을 위한 접근방식과 과정, 결과, 활용 방법론 등의 지식과 더불어 이에 수반되는 노하우를 제공하는 데 있다. 이때, 사업을 수주해 이행하는 주체인 컨설팅 사업자나 해당 사업들을 발주·관리하는 공공의 사업담당자를 주요독자로 예상할 수 있지만, 본 서의 내용은 비단 이들에게만 도움이 되는 것은 아니다. 좀 더 확장해 접근해보면, 컨설팅이라는 업무영역뿐만 아니라 모든 영역에서의 글쓰기, 기획 업무에는 문제의 진단과 분석, 통찰, 방안 제시 등이 요구되기에 충분히 다양한 독자층에 영감을 제공할 수 있다.

본 서를 집필하는 목적은 다음의 네 가지로 구분할 수 있다.

첫 번째, 저자가 컨설팅 업계에 발을 내디딘 후 인턴에서부터 팀장으로 성장하기까지 느끼고 경험해 온 지식과 노하우, 그리고 제안요청서를 활용한 훈련(Training) 방식을 공유하기 위함이다. 본 서에서는 저자가 마련한 일련의 트레이닝 절차에 따라 대상 사업(사례)들의 제안요청서 요구사항을 분석, 이행을 위한 최적의 추진절차를 마련하고 과업단계별 적절한 방법론을 기획해 제시한다. 또한, 단계 곳곳에서의 과업수행 시 유의할 점이라든지, 경험에 따른 요령, 노하우 등을 함께 공유할 생각이다. 실제로 저자는 주니어일 때부터 컨설턴트로서의 구조적, 논리적 사고를 갖추고 기르기 위해 자의적으로 온갖 제안 작업에 참여하여 「사업추진 프레임워크」를 구성해보고자 노력했다. 물론 그 외에 다양한 교육도 받고 실무경험 또한 많이 쌓고자 했지만, 돌이켜보면 사업 전반의 절차와 과업 단위의 구성, 세부 방법론의 기획 등이 요구되는 「사업추진 프레임워크」를 구성하는 연습에 매진했던 경험이 당시 컨설턴트로서의 역량을 강화하는 데 큰 도움을 주었다는 생각이다.

본 서에서 다루는 8개 사례의 접근방식, 분석절차, 분석 과정에 따른 결과의 도출, 주요 단계별 유의사항과 노하우 등을 참고해 독자들의 역량을 높이기 위한 훈련을 이행해보길 바라며, 나아가 실전에서도 적용·활용할 수 있기를 기대한다.

　　두 번째, 공공의 영역에 종사하는 공무원, 연구원 등이 용역사업을 기획 및 발주, 관리하는 단계에서 양질의 문서를 생산하고 제공하도록, 국가와 국민, 기업을 위한 가치 있는 사업 결과물을 산출할 수 있도록 도움을 주기 위함이다. 요구사항이 논리적이고 단계적으로 적힌, 예산 규모와 용역 기간에 부합하는 적절한 요구사항이 담긴 잘 작성된 공공사업 제안요청서가 있는 반면에, 그렇지 않은 제안요청서도 흔하게 찾아볼 수 있다. 후자에 대한 제안요청서 공고(발주) 시나리오를 한번 가정해 보자.

:: 시나리오

　　한 공공기관에 갓 입사한 '신입 직원 A'는 목적도, 요구사항도 명확히 알지 못하지만, 팀장이 요청함에 따라 일정에 쫓겨 형식만 갖춘 그럴싸한 용역사업 제안요청서를 작성하여 나라장터(국가종합전자조달시스템)를 통해 발주한다.

이에 관심이 있는 업체, 대학, 기관 등의 사업자는 첨부된 제안요청서를 바탕으로 제안 참여 여부를 결정하기 위한 분석에 돌입한다.

'B 기업'은 고민 끝에 마감 4일 전 제안에 참여하기로 결정, 요구과업들을 대략 이해한 채 제안 작업에 착수한다.

이후 'B 기업'은 사업에 성공적으로 수주했지만, 용역사업자와 발주담당자 모두 사업추진 방향의 본질과 요구사항들에 대한 이해도가 낮아 6개월의 수행 기간 내내 애를 먹고, 행정처리 마감일정에 쫓겨 사업종료일에 형식만 갖춰진 저품질의 결과보고서가 탄생한다.

　　이는 최악의 시나리오 중 하나이지만 컨설팅 업계와 공공을 모두 경험한 저자의 생각으로는 충분히 발생 가능한 사례이고, 발생하고 있는 것이 현실이다. 물론 해당 경우는 발주처와 사업자 모두의 미숙으로 인한 사례로 볼 수 있지만, 잘못된 출발로 인한 연쇄적 문제라고 본다면 공공의 역할과 역량이 매우 중요함을 알 수 있다. 특히나 국민의 예산으로 공공의 사업이 만들어진다는 점을 고려한다면 임무는 더욱이 막중하다.

이처럼, 수익성이 매우 낮거나(요구과업의 난이도를 고려하지 않은) 요구사항이 명확하지 않은 등의 난해한 제안요청서가 발주 및 공고된다면, 사업자들이 해당 제안에 참여하지 않을 확률이 높을뿐더러(이는 재공고로 이어져 결과적으로 수행 기간의 단축을 초래), 착수하더라도 저품질의 제안서를 제출하거나(착수 여부의 고민에 따른 단기간 내 제안 작업으로 인해), 잘못된 과업 내용을 제안할 가능성이 커진다. 더 큰 문제는 결국 사업의 종료 시점에 산출되어야 하는 최종결과물의 품질과도 직결될 수 있다는 점이다. 최종결과물이 곧 해당 용역에 쓰인 예산의 결과라고 생각한다면, 쉽게 볼 문제는 결코 아니다. 이것이 공공 영역에 종사하는 발주담당자들이 역량을 키워야 하는 이유이다.

제안요청서를 작성하는 관점에서의 핵심은 "원하는 산출물에 대한 명확하고 구체적인 명시", "중요도가 높은 과업 중심으로의 요구과업 배치", "논리적 절차와 선후 관계를 고려한 요구사항 제시" 등으로 볼 수 있다. 이를 모두 반영할 수 있는 역량을 확보하는데 본 서의 내용이 도움 될 수 있기를 바란다.

    세 번째, 차별화되는 글을 적고 싶었다. 대부분의 정보성 글, 지식을 전달하는 콘텐츠나 서적 등의 경우 이론을 중심으로, 그리고 타인들이 작성한 내용(연구결과, 사례 등)을 편집하고 조합하여 동일한 정보를 보기 좋게 제공한다. 즉, 경험과 분석, 시사점(Implication)이 배제된 글이 다수를 차지한다. 경험에 빗대어 볼 때 이러한 정보는 수요자에게 큰 도움을 주지 못하는 경우가 대부분이다. 이에 본 서에서는 독자가 단순히 정보만을 얻는 것이 아닌, 경험과 인사이트(Insight)를 함께 얻을 수 있는 차별화된 콘텐츠를 제공하고자 한다. 솔직히 말해 그 어떠한 서적이나 간행물, 보고서에서도 실제 정책연구, 컨설팅 연구용역의 제안요청서 내용을 분석한다거나 제안서 작성을 위한, 그리고 성공적 수행을 위한 접근방식을 설명하지 않는다. 본 서가 특별하다고 생각하는 이유 중 하나이다.

    네 번째, 저자 스스로가 글쓰기의 감을 잃지 않고 계속해서 성장하며, 좋은 작품을 만들어내기 위함이다. 글은 꾸준히 써 내려가야 한다. 저자는 직업이 직업이니만큼, 정부와 관련된 다양한 문서(부처 보도자료, 장·차관, 국·과장 등 보고자료, 발주를 위한 제안요청서, 주요 전략·계획, 각종 연구보고서 등)를 접한다. 그럼에도 불구하고 휴가 등으로 인해 일 주, 이 주라도 글쓰기나 보고서 등의 작업을 하지 않으면 감이 떨어지는 것을 느낀다. 물론 쌓아온 실력은 쉽게 녹슬지 않겠지만 정체되지 않고 꾸준히 좋은 글을 쓰기 위해서는 "지속하는 것"이 무엇보다 중요하다는 생각이다. 8개 사례의 분석을 바탕으로 한 본 서의 집필을 통해 저자도 한층 성장할 수 있기를 기대해본다.

PREFACE 04

How. 어떻게 접근하는지.

물음에 답하기에 앞서, 먼저 본 서를 통해 제시하고자 하는 내용이 정확히 무엇인지 다시 한 번 적어보기로 한다.

:: 본 서의 구성 개요

"국가, 지자체 등 공공의 영역에서 발주하는 정책연구 또는 컨설팅 용역사업의 제안요청서(RFP)에 대한 진단·분석을 통해 실제 사업의 이행을 위한 「사업추진 프레임워크」를 도출(구조화를 통한 논리적 절차의 구성), 각각의 구성 과업단계별 추진내용(세부추진방안, 적용방법론 등)을 마련한다."

쉽게 생각하면 특정 용역의 입찰에 참여하는 제안사업자가 제안(제안서, 제안발표자료)을 준비하는 과정으로 볼 수 있다. 그렇다면 과연 어떻게 접근해야 할까? 접근방식(분석방식)에 당연히 정답은 없을뿐더러, 수많은 컨설팅, 연구 사업자는 제각기 다른 방식으로 분석에 임하고 있을 것이다. 제안에 임하고, 나아가 사업자로 선정되어 사업을 이행해야 하는 용역사업자로서, 그리고 공공의 용역사업을 기획해 발주, 관리하는 발주담당자로서의 입장을 종합적으로 고려해볼 때 다음과 같은 3단계의 접근절차를 정의할 수 있다.

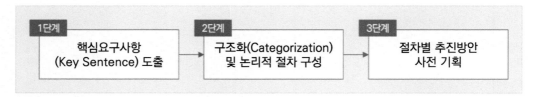

그림 ▎ 3단계의 접근절차

1단계는 "핵심요구사항(Key Sentence) 도출"이다. 용역의 제안요청서에 담긴 요구사항들을 검토하고, 집중해야 할 핵심요구사항과 키워드 등을 발굴하는 단계로 볼 수 있다. 컨설턴트(용역사업자)의 입장에서 다양한 공공사업의 제안요청서를 살펴보게 되면, 논리정연한 글의 구조를 따르지 않는 문서들을 의외로 쉽게 찾아볼 수 있다. 예를 들면 여러 개의 「○ 수준」 에서 요구하는 과업(문장) 간의 수준(Leveling)이 현저히 다르다거나(동일 수준으로 구분되어 있으나 과업의 규모, 범위 등이 크게 다른 경우), 두 개 이상의 요구사항 간 중복되는 내용이 있는 경우(문장은 다르지만 결국 같은 내용인 경우), 요구과업으로 구분할 수 없을 정도의 미미한 요구사항이 「□, ○」 등의 상위수준에 적혀 있는 경우 등이다.

참고로, 보통 공공의 문서는 개조식으로 쓰이며 「□, ○, ─」 등의 순서에 따라 계층적(Hierarchy)으로 구분해 문장을 작성하게 된다. 이는 공공에서 각종 문서나 기획안, 보고자료, 보고서 등을 작성할 때의 기본적인 원칙으로, 「─ 수준」 에 작성된 문장들이 모여 「○ 수준」 의 문장을 구성하고 「○ 수준」 에 작성된 문장들이 모여 「□ 수준」 의 문장을 구성하는 개념으로 이해할 수 있다.

다시 본론으로 돌아와, 위와 같은 현실적인 한계가 존재함에 따라 사업의 이행까지 고려해야 하는 제안사업자의 측면에서는 초기부터 용역의 올바른 출발 기준(최적의 추진절차를 구성하기 위한)을 마련하기 위해 제안요청서 상에 명시된 요구사항들을 다시 원점에서부터 들여다보는 접근이 필요하다. 이에 다양한 요구사항 관련 문장들을 펼쳐놓고, 이 중에서 핵심 문장과 키워드를 발라냄으로써 "핵심요구사항"을 정립한다. 이때 "핵심요구사항"의 도출과 함께 사업의 배경과 목적, 필요성 등 용역의 개요 정보를 충분히 검토한다면, 특히 "본 사업을 왜 추진하는지", "어떠한 산출물(과업)에 집중해야 하는지", "사업의 결과가 어디에 연계, 활용되는지" 등을 파악하고 유추할 수 있어 이후 사업의 추진 방향을 수립하는 데 도움이 될 수 있다.

2단계는 "구조화(Categorization) 및 논리적 절차 구성"이다. 본 단계에서는 앞서 정립한 핵심요구사항(과업) 간의 구조화를 통해 개별 과업 단위(Phase, Task 등)를 설계하고, 과업 간 인과관계를 고려한 논리적 추진절차를 구성한다.

여기서 "구조화(Categorization)"란, 핵심요구사항을 바탕으로 유사 요구사항들을 한데 묶어 하나의 과업으로 통합, 중복되는 요구사항들은 삭제하는 등의 처리를 통해 최종적으로 유사수준을 갖는 각각의 과업 단위를 설계 및 도출하는 과정을, "논리적 추진절차의 구성"이란, 구조화된 과업 간의 관계성을 고려해 사업수행 전반의 추진절차를 마련하는 것을 의미한다.

발주담당자가 사업의 주요 과업 내용과 과업 간의 관계, 이행 순서 등을 제안요청서의 요구사항에 아무리 잘 담는다고 할지라도 글로써는 이를 명확하게 전달하기 어려울뿐더러, 전달이 잘 되었더라도 제안에 참여하는 사업자가 이를 완전하게 이해하였는지 확인할 방법이 없다. 특히, 대략 1억 원 예산 규모 이상의 정책연구 또는 컨설팅 연구 용역사업을 가정한다면 요구과업의 범위가 상당하고, 과업 간 관계성도 매우 복잡할 가능성이 크므로 제안요청서에 작성된 문장 간의 구조, 순서만으로는 발주담당자와 사업자가 서로의 합의점(Consensus)을 이뤄 사업을 성공적으로 이행하는 것이 어렵다고 볼 수 있다. 이에 사업자는 제안자의 입장으로 해당 사업 전반의 논리적 추진절차를 구성해 제시할 필요가 있다. 이를 바탕으로 발주담당자와 방향성을 협의, 조정을 통해 최적의 사업추진 방향을 확립할 수 있다.

3단계는 "절차별 추진방안 사전 기획"으로, 두 번째 단계에서 설계한 논리적 추진 절차 내 각각의 과업(Task)에 대한 상세 추진방안을 기획한다. 지금까지의 과정을 통해 사업추진을 위한 핵심 뼈대(과업 간 절차)를 구성했다면, 이제는 살(과업별 추진방안)을 붙일 차례라 할 수 있다. 본 단계의 목표는 사업 전반의 절차와 과업별 추진 방향을 담고 있는 「사업추진 프레임워크」를 구성하는 것으로 볼 수 있는데, 이는 본 서의 주요 목적인 독자들의 "구조적, 논리적 사고의 확대와 글쓰기 역량 강화"를 위한 트레이닝의 최종 단계이기도 하다.

「사업추진 프레임워크」를 구성할 때 앞 단계에서 설계한 단위과업(Task)별 세부 추진방안을 작성하게 되는데, "추진일정 및 계획은 어떻게 수립할지", "어떠한 절차에 따라 수행할지", "무슨 방법론을 적용할지" 등을 고민해 구체적인 방안을 마련할 수 있도록 한다. 특히, 절차를 구성할 때에는 각각의 개별 과업 내에서의 이행절차들이 곧 과업 간의 절차로도 연결되는 것이므로, 각각의 관계성을 충분히 검토해 업무들이 유기적으로 이어질 수 있도록 기획해야 한다. 예를 들어 「단위과업 A(Task A)」 내에 '업무 A-1', '업무 A-2'가, 「단위과업 B(Task B)」 내에 '업무 B-1', '업무 B-2'가 속해 있다고 가정한다면, 「단위과업 A(Task A)」의 '업무 A-1'을 통해 도출된 산출물(Output)은 '업무 A-2'의 이행을 위한 투입요소(Input)로 이용되어야 하며, 마찬가지로 '업무 A-2'을 통해 도출된 산출물(Output)은 연결된 과업인 「단위과업 B(Task B)」의 '업무 B-1'을 이행하기 위한 투입요소(Input)로 이용되어야 한다.

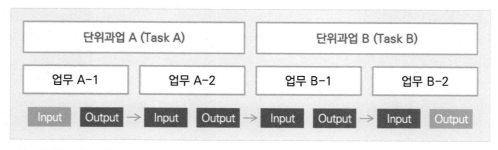

그림 ▌ 과업 내, 과업 간 업무의 연결구조

　"컨설팅의 꽃"이라 할 수 있는 '방법론' 또한 중요한 요소인데, 단계별 과업들의 이행목적과 상황에 부합하는 최적의 컨설팅 기법, 방법론 등을 제안 및 함께 살펴보고, 적용방법과 요령 등을 경험에 빗대어 설명할 예정이다. 이전까지의 과정들이 글(요구사항)에 대한 진단과 분석을 통해 내포된 의도와 의미를 파악하고, 구조화를 통해 과업단위를 도출, 과업 간 이행절차를 구성하는 등의 "논리적 사고와 글쓰기"를 위한 훈련이었다면, 본 단계는 조금은 더 "컨설팅"의 영역에 집중된다고 볼 수 있고(과업 내 추진방안으로 컨설팅 기반의 프로세스, 방법론 등을 다루기 때문에), 이에 따라 컨설턴트에게 특히 도움이 될 수 있는 단계라 할 수 있다.

　물론 실제 제안에 착수하는 과정에서 이와 같은 3단계의 접근절차를 고민하고 있을 여유는 없다. 보통 컨설팅 업계의 여건상 짧게는 일주일, 길게는 이주일 내 해당 용역의 모든 제안자료(입찰서류, 제안서, 제안발표자료 등)를 준비해야 하기 때문이다. 그렇다고 적용할 수 없다는 것이 아니다. 사업의 **PM**(Project Manager) 또는 책임급 이상의 시니어 컨설턴트라면 앞의 세 단계를 동시에 처리할 수 있어야 한다. 반복된 실무경험과 충분한 트레이닝이 뒷받침된다면 사고력의 확장을 통해 단기간 내에도 완성도를 갖춘 산출물을 만들어낼 수 있을 것이다.

PREFACE 05

What. 무엇을 분석하는지.

제안요청서 내 각각의 요구사항을 진단, 분석해 사업 전반의 논리적 이행절차와 방안이 담긴 「사업추진 프레임워크」를 구성하는 훈련(Training)이 본 서의 주요 목적인 만큼, "단순 조사 성격의 용역사업(특정 주제의 트렌드 조사, 실태조사, 통계조사 등)"과 "구축·개발사업", "R&D 지원사업" 등은 대상 사업에서 배제하기로 하고, 방법론의 기획과 적용, 논리적 절차의 구성, 종합 분석에 따른 시사점 도출 등이 요구되는 정책연구, 컨설팅 연구 성격의 용역사업들을 주 대상 사업으로 선정한다.

참고로 "구축·개발사업"은 독자에게 기술이나 IT에 대한 높은 이해도와 전문성을 요구한다는 점에서, "R&D 지원사업"은 정해진 틀(기술개발 필요성, 기술내용, 경쟁사 현황, 성과지표 등)에 따라 기업이 사업계획서를 작성해 제출하는 방식으로 별도의 논리적 절차구성이 요구되지 않는다는 점에서 분석 대상으로 적절하지 않다는 생각이다.

분석을 위한 대상 사업유형의 예로는 특정 기술이나 산업, 생태계 차원의 활성화 전략 마련, 법제도 및 규제개선 방안의 도출, 국정과제의 진단·발굴, 국가나 지자체 등의 주요 발전전략 및 계획수립, 기업지원방안 연구 등이 있을 수 있는데, 결론적으로 본 서에서 정한 분석 대상 사업들의 구성(안)은 다음과 같다.

❶ 산업·생태계 활성화 및 법제도 개선
❷ 국가 정책 및 공공플랫폼·서비스 전략수립
❸ 비즈니스모델 설계 등 기업지원방안

각각의 주제에 따라 2~3개의 용역사업을 선정하여 제안요청서를 분석하기로 하며, 이때 발생 가능한 이슈 또는 오해의 소지 발생을 사전에 방지하기 위해 이미 과업 기간이 종료된 용역만을 분석 대상으로 고려하였다.

분석을 위한 개별 용역사업의 선정은 특별한 기준에 따르기보다는 "사업 간 분석의 내용(절차, 적용 방법론 등)이 크게 중복되지는 않을지", "다양한 Case의 방향성과 분석 시 시사점을 제공할 수 있을지" 등을 종합적으로 고려하여 정하기로 한다. 또한, 가능하다면 저자의 전문연구 분야 또는 키워드(ICT, 융합 등)에 부합하거나, 실제 기획 또는 도입, 분석해본 경험이 있는 프로세스와 방법론의 적용이 필요한 용역사업을 선별하여 내용의 전문성과 타당성을 확보하고자 한다.

'앱 마켓 산업 생태계 활성화 연구' 사례

CHAPTER 01

:: 들어가기

"국내 앱 생태계 활성화 및 디지털 플랫폼 산업 육성을 위한 연구"는 「'22년 상반기 방송통신정책연구 사업안내서(과학기술정보통신부, 정보통신기획평가원)」에 포함된 38개의 정책연구과제 중 하나이다. 매년 상반기, 하반기에 걸쳐 과학기술정보통신부는 방송통신정책연구 사업의 신규과제들을 공고하는데, 이를 통해 발주되는 다양한 컨설팅, 정책연구 과제들은 수많은 관련 분야(ICT 정책, 개발, 교육, 인력양성 등의 연구를 수행하는)의 대학, 기업, 연구기관 등에 수주의 기회를 제공하고, 향후 연구수행을 통해 도출된 양질의 결과물들은 국가 차원의 ICT 정책수립과 제도개선, 각종 사업추진 등의 타당성 확보를 위한 귀중한 근거자료들로 활용된다.

'앱 마켓 산업 생태계 활성화 연구' 선정 이유

1 선정의 첫 번째 이유는 해당 연구(과제)가 포함된 방송통신정책연구 사업의 특성 때문이다. 해당 사업은 국가의 당해 정책 수요와 글로벌 트렌드가 반영된 다양한 ICT 정책연구 과제를 포함한다. 따라서 컨설턴트나 정책연구자가 국내외 정책 트렌드를 파악하고, ICT 정책수립의 프로세스를 직·간접적으로 경험, 이해하는 데 도움이 될 수 있다.

2 두 번째 이유는 본 연구의 주제가 우리나라 산업 내에서뿐만 아니라 범국가적 차원에서도 크게 이슈화되고 있는 중요 키워드이기 때문이다. 구글은 '구글 플레이'를 통해 유통하는 앱을 대상으로, 앱 구매 시 자사의 "인 앱(In-App) 결제 시스템"을 이용하도록 강제함으로써 수수료를 독점하고 있다. 이에 국내에서는 '22년 3월 「전기통신사업법 시행령 개정안(의결)」을 통해 강제행위의 구체적 유형들과 위반 시 처분 규정 등을 제시하였고, 해외에서도 현재까지 다양한 법적 소송들이 이어지고 있지만 마땅한 대책이 있는 상황은 아니다.

본 연구는 이와 같은 국가·산업 핵심정책이슈의 해결방안을 모색하기 위한 목적으로 기획된 과제라 할 수 있다. 이에 그 중요성이 높다고 판단되어 대상으로 고려하게 되었다.

제안요청서 주요 내용

개요

- ↘ (과제명) 국내 앱 생태계 활성화 및 디지털 플랫폼 산업 육성을 위한 연구
- ↘ (용역 기간) 2022.4 ~ 2022.12 / 9개월 이내
- ↘ (용역 예산) 약 120,000 천원
- ↘ (용역 배경) 국내 디지털 플랫폼 생태계 활성화를 위한 관련 산업 실태 분석 및 국내 앱 마켓 산업 육성 기반 마련 필요
- ↘ (용역 목적) 국내 앱 마켓 산업의 경쟁력 확보와 글로벌 진출을 목표로 디지털 플랫폼 산업 실태 파악 및 정책 대안 도출

연구 기간은 약 9개월로 정책연구 사업임을 고려할 때 짧지 않은 기간이며, 연구 예산은 수행 기간과 요구사항들을 종합하여 판단해볼 때 적지 않은 비용임을 알 수 있다. 보통 컨설팅 연구나 정책연구 성격의 용역사업에서 1억 원 이상의 규모가 책정된다면, 과업의 절차와 구성이 매우 복잡하거나 요구과업들의 수행 난이도가 상당한 편임을 예상할 수 있다. 또한, 해당 연구주제가 국가 또는 범국가 차원의 정책 수립 관점에서 핵심으로 주목받는 중요 키워드 또는 이슈에 속하거나, 해당 과제가 국가의 대형 국책사업 추진과 연결되는 경우에도 이와 같은 큰 규모의 예산이 배정될 수 있다.

이는 해당 용역의 기획 배경, 필요성과도 연결되는 부분이라 할 수 있다. 본 용역은 국내 앱 마켓 산업, 나아가 디지털 플랫폼 생태계의 산업 실태를 조사하고, 대내외 환경변화, 규제·제도 등의 저해요인을 발굴, 이를 바탕으로 디지털 플랫폼 산업 생태계 전반의 활성화를 위한 육성방안 모색을 주요 목적으로 한다. 앞의 선정 이유에서도 언급했듯이 현재 글로벌 플랫폼 시장에서는 구글, 애플 등의 앱 마켓 독과점 이슈가

불거진 상황이며, 이는 범국가적 차원에서 각국이 대응하고 해결해야 할 핵심 이슈이기도 하다. 본 과제는 이러한 범국가적인 정책, 제도적 이슈에 대응하기 위한 목적으로 기획된 용역이라 할 수 있고, 따라서 정책적 중요성이 강조돼 다소 높은 예산이 책정되었음을 짐작할 수 있다.

본 과제의 제안요구사항은 다음 그림과 같다. 정부 부처나 공공기관, 지자체 등에서 개별적인 수요나 필요성에 따라 발주하는 일반적인 정책연구, 컨설팅 용역의 경우, 제안요청서를 통해 요구하는 내용이 상당히 명확하고 구체적이며 장황한 편이나, 그에 비교해 방송통신정책연구 사업 내 신규과제의 요구사항들은 매우 간단한 편이라 할 수 있다.

제안요청서 요구사항 (요약)

○ **국내외 앱 마켓 산업 현황 및 전망**

- 구글, 애플, 원스토어, 갤럭시스토어 등 국내외 주요 앱 마켓 사업자 및 주요국 3rd Party 사업자 등 현황조사·분석

- 국내외 앱 마켓 정책 동향 (인 앱 결제 강제 금지 등)

○ **국내 앱 생태계 활성화 협의회 운영 및 활성화 방안 모색**

- 국내 앱 마켓 사업자, 모바일 콘텐츠 기업, 전문기관 등이 참여하는 상생 회의 및 실무반을 운영하고 업계 의견수렴

   ※ 앱 마켓(원스토어, 갤럭시스토어), 게임(NC소프트, 넥슨, 넷마블), OTT(웨이브, 티빙), 음악(지니뮤직, 멜론, 플로), 전문기관·협회(KISA, 모바일산업연합회)

- 국내 앱 마켓 사업자-콘텐츠 기업(게임, OTT, 음악 등) 간 협력방안 마련

○ **국내외 디지털 플랫폼 산업 현황분석 및 유형 분류**

- 디지털 플랫폼 관련 산업 현황 및 정의·유형 조사, 주요 디지털 플랫폼 기업들의 기술 기반 혁신서비스 사례(업종별) 등 분석

   ※ 부가통신사업 실태조사 결과 자료 활용 및 전문가 자문 등

- 국내 디지털 플랫폼 기업의 정책 지원 수요조사 등을 통해 디지털 플랫폼 산업 육성방안 도출

그림 1-1 ▮ 제안요청서(RFP)에 명시된 과제 연구범위

간략히 본 과제의 제안요청사항을 살펴보면, 마찬가지로 요구사항은 비교적 간결한 편이라 할 수 있다. 다만, 실제 용역의 수주 후 발주담당자와 세부 과업 내용을 조율하는 과정에서 실질적인 업무의 양이 늘어날 수 있으므로 이를 사전에 예상하고 양측(발주담당자, 용역사업자)이 합리적인 수준 내에서 업무 범위를 협의할 수 있도록 해야 한다. 여기서 업무의 양이 늘어난다는 것은 요구사항에 없는 과업이 추가로 생긴다는 것이 아닌, 요구사항 각각의 문장별 세부 과업 내용을 구체화하고 조율하는 과정에서 갖가지의 요구내용들이 발생할 수 있다는 의미이다. 특히 본 과제는 책정된 예산의 수준이 높은 편이기 때문에 상당한 양의 업무가 예상된다.

　본 장의 연구사례에서 발주기관(부처)이 예산에 부합하는 업무 범위로써 제안하게 될 세부 요구내용들을 예상해 본다면, 국내 디지털 플랫폼 업계로부터 정책 지원수요 등의 의견을 수렴하는 과업, 다수 전문가가 참여하는 실무반의 구성·운영 과업 등에서 상당한 수의 기업을 대상으로 한 심층 인터뷰(In-depth Interview)를 요구하거나, 대규모의, 많은 차수에 걸친 실무반 운영 등을 요청할 수 있을 것으로 보인다.

핵심요구사항(Key Sentence) 도출

1.1 개요

분석에 앞서 연구 범위 내 다양한 요구사항 중 이행의 중요도가 높은 요구사항이 무엇인지 파악할 필요가 있다. 이는 곧 해당 연구의 핵심요구사항(Key Sentence)이기도 하다. 물론 제안요청서에 담긴 모든 요구사항이 중요하다고 볼 수 있지만, 중복된 요구사항이 반복적으로 명시된 경우(문장은 다르나 결국 내용이 같은)라든지, 중요도가 낮은 과업임에도 핵심 과업인 것처럼 묘사되는 경우 등을 흔하게 찾아볼 수 있어, 전체 요구사항 중 주요 과업들은 무엇인지, 그중에서도 핵심 과업은 무엇인지 등을 사전에 파악하여 명확한 요구사항을 정립해 놓는 것이 무엇보다 중요하다. 이는 정해진 기간과 예산 내에서 효율적인 사업을 추진할 수 있게 하고, 발주담당자가 필요로 하는 핵심 산출물을 고품질로 만들어낼 가능성을 높일 것이다.

1.2 진단·분석

제안요청서의 내용을 살펴보게 되면, 주요 요구사항은 「○ 수준」을 기준으로 크게 3개로 구분되어 있다. 내용은 각각 ① 국내외 앱 마켓 산업 현황과 전망 조사, ② 국내 앱 생태계의 활성화를 위한 협의회 운영 및 활성화 방안 모색, ③ 국내외 디지털 플랫폼 산업의 현황분석 및 정의·유형 분류 등이다.

1) 국내외 앱 마켓 산업 현황 및 전망

첫 번째 「○ 수준」에 해당하는 요구사항으로, 국내외 앱 마켓 시장의 산업 현황,

동향조사를 수행하는 업무로 이해할 수 있다. 세부 과업으로는 '국내외 앱 마켓 사업자 현황조사(주요 사업자, 3rd Party 사업자 등)', '국내외 앱 마켓 정책 현황조사(인 앱 결제 강제 금지 등)' 등이 포함되어 있다.

2) 국내 앱 생태계 활성화 협의회 운영 및 활성화 방안 모색

두 번째 「○ 수준」에 해당하는 요구사항으로, 협의회 운영을 통해 업계 의견을 수렴하고, 종합 분석을 바탕으로 국내 앱 생태계의 활성화 방안을 마련하는 내용을 담고 있다. 세부 과업으로는 '앱 생태계 활성화 협의회 운영 및 업계 의견수렴', '국내 앱 마켓 사업자-콘텐츠 기업(게임, OTT, 음악 등) 간 협력방안 마련' 등이 있다.

3) 국내외 디지털 플랫폼 산업 현황분석 및 유형 분류

세 번째 「○ 수준」에 해당하는 요구사항으로, 국내외 디지털 플랫폼 기업들의 혁신서비스 사례를 포함한 산업 현황을 분석하고, 정의·유형을 분류, 디지털 플랫폼 산업의 육성방안을 도출하는 내용으로 이해할 수 있다. 첫 번째 「○ 수준」이 "앱 마켓 산업"의 현황조사에 집중되어 있다면, 본 요구사항은 앱 마켓 산업을 포괄하는 "디지털 플랫폼 산업" 전반의 현황조사를 대상으로 한다. 주요 세부 과업으로는 '디지털 플랫폼 산업 현황조사', '디지털 플랫폼 산업 정의·유형 조사', '디지털 플랫폼 기업 혁신서비스 사례 조사(업종별)', '국내 디지털 플랫폼 기업 대상 정책지원 수요조사', '디지털 플랫폼 산업 육성방안 도출' 등이 있다.

1.3 핵심요구사항

이와 같은 간단한 진단·분석을 통해 총 9개의 핵심요구사항(Key Sentence)을 도출했으며, 제안요청서에 명시된 순서를 기준으로 나열하면 다음과 같다.

- 국내외 앱 마켓 사업자 현황조사
- 국내외 앱 마켓 정책 현황조사

- 앱 생태계 활성화 협의회 운영 및 업계 의견수렴
- 국내 앱 마켓 사업자-콘텐츠 기업 간 협력방안 마련
- 디지털 플랫폼 산업 현황조사
- 디지털 플랫폼 산업 정의·유형 조사
- 디지털 플랫폼 기업 혁신서비스 사례 조사(업종별)
- 국내 디지털 플랫폼 기업 대상 정책지원 수요조사
- 디지털 플랫폼 산업 육성방안 도출

그림 1-2 ▌ 9개 핵심요구사항

구조화(Categorization) 및 논리적 절차 구성

2.1 개요

　용역수행자의 입장으로 사업의 추진에 임할 때 추구해야 할 태도 중 하나는, 최소한의 투입(인력, 시간, 비용 등)으로, 최대한의 성과(결과보고서, 연구산출물, 결과 Data 등)를 도출해 내는 것이다. 완료한 과업을 다시 또 반복해서 수행하고, 이미 작업을 통해 도출해 낸 산출물들을 뒤엎게 되는 것은 사업을 비효율적으로 수행하고 있다는 증명이다. 유사 요구사항들을 묶어 가능하면 동시에 수행하고, 이후 연결된 과업단계에서 투입되어야 할 자료들을 예상해 전(前) 과업단계에서 도출할 수 있도록 사전에 고민, 계획을 수립하는 것은 위와 같은 문제를 최소화하는 데 도움이 된다. 그리고 이를 위해서는 앞서 도출한 9개의 핵심요구사항(Key Sentence)을 중심으로 요구사항들을 구조화(Categorization)하고, 과업 간의 논리적 절차를 구성하는 것이 기본이다.

2.2 구성절차

　과업의 구성에 접근할 때, 본 연구의 경우 전반적으로 조사·분석의 범위가 넓음에 따라 이에 대한 방향 정립이 필요해 보인다. 범위는 크게 "국내외 디지털 플랫폼 산업", "국내외 앱 마켓 산업"으로 구분할 수 있으며, 앱 마켓 산업이 디지털 플랫폼 산업에 포함되는 범위임에 따라 「디지털 플랫폼 산업(거시환경) → 앱 마켓 산업(미시환경)」의 절차에 따른 조사 순서를 정하였다. 연구수행을 위한 시계열의 관점에서 과업단계를 구분하면 「조사·분석 → 협의체 운영 → 방안 도출」 등으로 구조화가 가능하다. 이때 '조사·분석' 단계에는 현황조사, 기업사례조사, 정책 현황조사 등이, '협의체 운영' 단계에는 대상의 구성, 운영계획 수립 등이, '방안 도출' 단계에는 정책의 비전과 전략, 과제 등을 발굴하는 과업이 포함된다.

다양한 범위의 조사·분석 요구사항이 있다면, 기본적인 연구의 접근 방향은 「거시적 범위 → 미시적 범위」로 설정한다. 연구를 수행하기 시작해 최종 결과를 제시하는 단계까지 도달하는 데 있어, 다양한 조사 결과들과 시사점 등이 반복적으로 종합 분석 및 집약되어 핵심 결론을 도출해 내야 하기 때문이다.

위의 사항들을 종합적으로 반영, 요구사항 간의 구조화 및 논리적 연결성을 고려해 총 6개의 대표 과업(Phase)과 15개의 단계별 세부 과업(Task)으로 구성된 사업 추진절차(안)를 마련하였으며, 해당 과업들은 「준비(Preparation) → 조사(Investigation) → 분석(Analysis) → 도출(Derivation)」 등 4단계의 이행 순서에 따라 배치·표현될 수 있다.

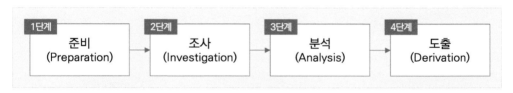

그림 1-3 ▌ 연구 이행절차

대표 과업(Phase)을 중심으로 주요 내용을 간단히 살펴보도록 한다.

1) 사전 준비 (Phase 1)

대표 과업(Phase) 중 첫 번째 단계로, 발주담당자와 미팅을 통해 용역의 추진 방향성을 협의하고, 시급 업무를 중심으로 사전 기획방안을 공유 및 논의한다. 용역사업자는 사업을 본격적으로 이행하기에 앞서 사업의 배경과 현재 이를 둘러싼 추진상황을 명확하게 이해할 필요가 있는데, 따라서 발주담당자와 충분한 협의(Consensus)를 진행하고, 공통된 방향성을 공유하는 과정이 매우 중요하다고 볼 수 있다. 이에 사업추진절차의 첫 단계로 「사전 준비」 과업을 배치한다.

2) 국내외 디지털 플랫폼 산업 조사·분석 (Phase 2)

두 번째 단계에서는 국내외 디지털 플랫폼 산업을 조사하고 분석한다. 앞서 도출한 핵심요구사항(Key Sentence) 중 '디지털 플랫폼 산업 현황조사', '산업 정의·유형 조사', '기업 혁신서비스 사례 조사(업종별)', '국내 기업 대상 정책지원 수요조사' 등의 요구내용들을 바탕으로 세부 과업을 구성하였다. 또한, 마지막 과업으로 "종합 진단에 따른 분석 과업"을 배치하여 다양한 조사내용의 결과와 분석 시사점을 종합해 제시할 수 있도록 한다.

3) 국내외 앱 마켓 산업 조사·분석 (Phase 3)

세 번째 단계에서는 국내외 앱 마켓 산업을 조사하고 분석한다. 핵심요구사항(Key Sentence) 중 '국내외 앱 마켓 사업자 현황조사', '정책 현황조사' 등의 요구내용을 반영해 세부 과업을 구성하였다. 앱 마켓 산업의 사업자 현황 및 정책 현황을 조사, 이에 대한 종합 분석을 통해 시사점을 도출하는 방향으로 과업을 수행한다.

4) 협의체 운영 (Phase 4)

네 번째는 협의체 운영 단계로, 다양한 산업의 전문가가 참여해 그동안의 선행조사 내용을 검토하고, 산업별 이슈 현황 등을 공유, 논의를 통해 활성화 방안을 모색한다. 핵심요구사항(Key Sentence) 중 '앱 생태계 활성화 협의회 운영 및 업계 의견수렴'에 해당한다.

5) 전략·과제 발굴 (Phase 5)

다섯 번째는 그간의 「조사(Investigation)」, 「분석(Analysis)」 단계를 거쳐 도출된 내용과 결과를 종합 분석해 실질적인 활성화 방안을 제시하는 단계이다. 도출되는 활성화 방안은 곧 전략이자 과제이기 때문에 우선 큰 틀에서의 정책 비전체계를 마련 후 추진과제를 발굴, 구체화하는 순서로 연구를 진행한다.

6) 정책 제언 (Phase 6)

여섯 번째는 정책 제언의 단계로, 본 단계에서는 앞서 도출된 활성화 전략·과제의 실질적인 이행을 위한 단계별 추진 로드맵을 설계하고, 각 과제의 성공적 이행과 실효적 추진을 돕기 위한 정책적 제언을 제시한다. 사실, 본 단계의 과업들은 제안요청서의 요구사항에는 없는 내용이다. 다만, 본 사업의 예산 규모에 부합하는 과업을 구성하고, 연구결과의 완결성을 높이기 위한 관점에서 반영을 결정하였다.

위 대표 과업별 추진내용들의 구성 방향을 종합해 도식화한 본 사업 추진절차는 아래와 같다.

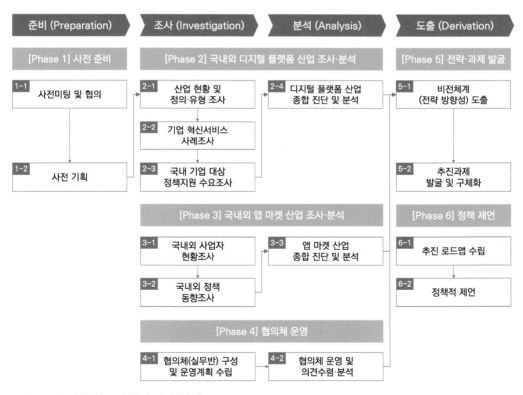

그림 1-4 ▌ 제안하는 사업 추진절차(안)

이렇듯, 최종적으로 구조화(Categorization) 및 논리적 연결에 따라 구성된 추진절차는 사실 제안요청서 내의 요구사항에서 나열하는 내용, 순서 등과 많은 차이가 있을 수 있다. 핵심요구사항(Key Sentence)의 재도출, 과업 간의 구조화(Categorization)를 통해 제안요청서 내 □, ○, — 등 문장의 작성 수준(Leveling)이 변경되고, 중복된 요구사항들이 통합·삭제, 재배치되었기 때문이다.

그렇다면 과연 잘못된 방향을 제안한 것일까? 이러한 걱정이 앞설 수 있으나 논리적 절차의 구성과 과업의 구체성, 독창성 등이 반영된 제안은 오히려 차별화 전략이될 수 있으며, 내 제안만의 강점(CSF: Critical Success Factor)으로 작용할 수 있다. 또한, 최적의 사업 추진전략과 방안, 계획 등을 기획해 제안하고, 방향을 제시·이행하는 것이 정책연구자와 컨설턴트의 역할 중 하나라고 한다면, 제안요청서 요구과업들의 추진방안을 보다 적절하게, 최적으로 조정하고, 커스터마이징(Customizing)해 제안하는 것은 오히려 바람직한 방향이라 할 수 있다.

KNOW-HOW & KNOWLEDGE

제안을 준비할 때, 제안요구사항들을 기준으로 합리적인 수준에서 논리적 절차를 재구성하고, 과업별 구체적 수행방안을 마련하며, 특정 요구사항에 대한 더 나은 대안(Alternative Plan)을 강구해 제시하는 것은 차별화 전략으로 작용해 강점요인(CSF)이 될 수 있다.

절차별 추진방안 사전 기획

3.1 개요

앞서 구성한 논리적 추진절차의 세부 과업별(Task 별) 추진내용을 구성하는 단계이다. 본 단계에서는 세부 과업별 활용을 위한 최적의 방법론을 탐색하고, 각 과업의 필요자료(Input)와 해당 과업들을 통해 도출되는 예상 산출물(Output)을 종합적으로 고려해 각각의 과업별 세부 추진방안을 마련 및 제시한다.

사업의 추진 방향과 절차, 과업별 수행내용을 한눈에 확인할 수 있도록 구성한 장표를 흔히 「사업추진 프레임워크」 라 부르며, 이를 명확하고 상세히 구성해 제시한다면 제안평가 시 이점으로 작용할 수 있다. 참고로, 주로 평가지표로써 과업 내용의 '구체성', '적절성', '독창성', '차별성' 등 항목이 포함되는데, 상세한 항목은 용역별 제안요청서를 확인해야 한다. 논리적이며 체계적으로 구성된 「사업추진 프레임워크」 장표는 제안발표를 준비하고 진행하게 될 용역 PM(Project Manager)의 입장에서도 큰 무기가 된다.

KNOW-HOW & KNOWLEDGE

일반적으로 컨설팅, 정책연구 등 용역사업의 제안을 준비할 때, 제안서와 제안발표자료를 작성하는 단계에서 세부 과업별 이행방안을 고민하게 되는데, 보통 제안사에 따라 내용의 구체성에서 많은 차이가 발생한다. 당연히 과업별 수행내용을 상세히 기획해 제시하는 것이 좋은 평가에 유리하다.

위 같은 내용을 고려해 구성한 "앱 마켓 산업 생태계 활성화 연구" 용역사업의 절차별 세부 추진방안은 그림 1-5와 같다.

준비 (Preparation)

[Phase 1] 사전 준비

1-1 사전미팅 및 협의

- 사전 인터뷰(발주담당자) 또는 Kick-off 착수회의를 통해 컨설팅 요구사항 파악
- 발주 담당자와 협의를 통해 사업추진 일정 및 범위 확정

1-2 사전 기획

- 단계별 추진 방법론, 구체적 추진방안, 일정/계획, 전문가 활용계획 등 수립

조사 (Investigation)

[Phase 2] 국내외 디지털 플랫폼 산업 조사·분석

2-1 산업 현황 및 정의·유형 조사

- 디지털 플랫폼 산업 현황 조사
- 문헌, 기업에 따른 산업 정의 및 통계에 따른 산업 유형 조사

2-2 기업 혁신서비스 사례조사

- '부가통신사업 실태조사' 결과
- (전문가 활용) 전문기관·협회 인터뷰를 통해 사례 발굴

2-3 국내 기업 대상 정책지원 수요조사

- 지원 정책 명, 지원 기업 현황, 지원을 통한 성과 등 조사

2-4 디지털 플랫폼 산업 종합 진단 및 분석

- 산업 현황, 혁신서비스 사례, 정책 지원 수요 분석에 기반한 개별 시사점 도출
- 국내외 디지털 플랫폼 산업 종합 진단

※ (진단 예시) OO 기업 서비스 사례 벤치마킹 필요, 정책 지원 다수이나 실효적 성과 미비 등

[Phase 3] 국내외 앱 마켓 산업 조사·분석

3-1 국내외 사업자 현황조사

- 국내(갤럭시스토어, 원스토어 등), 해외(구글, 애플 등), 3rd Party 사업자 및 서비스 조사

3-2 국내외 정책 동향조사

- 사업자 서비스 정책 조사 (구글: 인앱 결제 강제 정책 등)
- 국가별 정책 조사 추진 (日:「특정 디지털 플랫폼 거래 투명화법」, 美:「인앱 구매 결제수단 요구 금지」 정책 등)

3-3 앱 마켓 산업 종합 진단 및 분석

- 국내외 사업자 현황, 정책 동향 분석에 기반한 개별 시사점 도출
- 국내외 앱 마켓 산업 종합 진단

※ (진단 예시) 국내의 경우 3rd Party 부족으로 생태계 형성·확산 저조, 사업자 중심 정책에 대응할 수 있는 실질적 국가 차원 정책 부재 등

[Phase 4] 협의체 운영

4-1 협의체(실무반) 구성 및 운영계획 수립

- 「국내 앱 마켓 활성화를 위한 민간협의체(가칭)」 구성
- 분과 별 협의체(실무반) 구성 및 단계별 운영계획 수립

4-2 협의체 운영 및 의견수렴·분석

- (전문가 활용) 4개 분과 별 1~4차까지 실무반 운영

※ (1차) 선행진단·분석 결과 공유, (2차) 분과 별 문제점 공유, (3차) 분과 별 개선방안 논의, (4차) 개선과제(안) 발제

도출 (Derivation)

[Phase 5] 전략·과제 발굴

5-1 비전체계 (전략 방향성) 도출

- SWOT 방법론 기반 종합 분석 및 전략 방향 도출

※ S(강점), W(약점), O(기회), T(위협) 개별 진단 → SO·ST·WO·WT 전략 도출

- 디지털 플랫폼 생태계 활성화 (앱 마켓 산업 포함)를 위한 비전 및 목표(정량), 전략 도출

※ 상위정책 부합성 등을 고려해 발주담당자와 협의 후 비전 확정

5-2 추진과제 발굴 및 구체화

- 산업 육성·지원정책 강화, 규제 개선, 상생협력(앱 마켓 사업자-콘텐츠기업 등) 마련 등 추진과제 발굴 및 구체화
- (전문가 활용) 산·학·연 전문가, 협의체 대상 추가 아이디어 수렴 및 과제 종합 검증

[Phase 6] 정책 제언

6-1 추진 로드맵 수립

- 3개년(또는 5개년) 전략·과제 로드맵 마련
- 추진체계(주관부처·기관 등), 추진시기, 소요예산 등 상세 일정 계획 제시

6-2 정책적 제언

- 법·제도적 이슈, 추진 시 한계요소 등을 제시하고 이에 대한 정책적 해결 방향성 제시

그림 1-5 ▌추진절차별 세부 추진방안을 담은 '사업추진 프레임워크'

3.2 사전 준비 (Phase 1)

대표 과업(Phase) 중 첫 번째는 「사전 준비」 단계로, 발주담당자와 사업추진 방향성에 대한 협의 포인트를 타협(Consensus)하는 '사전미팅 및 협의' 과업(Task 1-1)과 큰 틀에서 앞으로의 추진 방향을 확정하고 단계별 핵심 이행방안을 사전 기획 및 공유하는 단계인 '사전 기획' 과업(Task 1-2)으로 구성된다.

1) 사전미팅 및 협의 (Task 1-1)

용역의 수주 후 처음으로 발주담당자와 용역사업자가 마주해 사업추진의 방향성을 공유, 협의하는 자리로 이해할 수 있다. 협의 과정을 굳이 별도 상세과업(Task)의 수준으로 구성할 필요가 있는가? 라는 질문을 할 수 있다. 특히 주니어 컨설턴트나 경력이 높지 않은 발주담당자를 중심으로 협의 단계의 중요성을 간과하는 경향이 있는데, 최적의 수행절차와 방법론의 기획이 필요하고, 각종 조사와 분석 결과, 다양한 이해관계자로부터의 의견수렴 등에 근거한 새로운 시사점의 도출이 요구되는 컨설팅, 정책연구의 특성을 고려한다면, 초기의 명확한 협의야말로 성공적 연구 추진을 위한 첫 단추라 할 수 있다.

KNOW-HOW & KNOWLEDGE

「사전미팅 및 협의」 단계는 용역사업자나 발주담당자가 그 중요성을 쉽게 간과하는 과정일 수 있으나, 용역 추진 방향성의 구체적 협의와 정립이 이뤄지는 단계인 만큼, 오히려 만전으로 준비하고 임해야 하는 과업임을 명심한다.

2) 사전 기획 (Task 1-2)

대부분 용역사업은 촉박한 기간 내에 추진되기 때문에 착수 이후 시급하게 이행되어야 할 과업이 있기 마련이다. 물론 본 연구의 수행 기간은 9개월로, 상대적으로 짧은 편은 아니다. 다만 사업의 종료 시점이 아닌, 추진 중의 시점에도 발주기관에서 중간 산출물의 활용이 필요한 경우가 빈번하게 발생하기 때문에 발주담당자와의 사전협의를 바탕으로 이행이 시급한 과업이 있는지 확인하고, 만약 있다면 사전 기획해 준비할 수 있도록 한다.

본 연구에서는 준비, 이행 등에 오랜 시간이 소요되는 「협의체 운영(Phase 4)」 과업이 그 예가 될 수 있다. 해당 과업이 만약 발주담당자의 요청으로 인해 촉박한 일정으로 진행되어야 한다면, '협의체 구성·운영계획수립', '전문가 개별 컨텍(Contact)을 바탕으로 한 협의체 운영일정 조율 및 확정' 등의 사전 준비가 필요할 것으로 보인다.

3.3 국내외 디지털 플랫폼 산업 조사·분석 (Phase 2)

두 번째는 「국내외 디지털 플랫폼 산업 조사·분석」 단계로, 크게 "조사 → 분석" 순서의 절차를 따른다. 조사대상에 따라 '산업 현황 및 정의·유형 조사' 과업(Task 2-1), '기업 혁신서비스 사례조사' 과업(Task 2-2), '국내 기업 대상 정책지원 수요조사' 과업(Task 2-3)으로 구분, 해당 과업들의 종합 진단·분석을 바탕으로 시사점을 제시하는 '디지털 플랫폼 산업 종합 진단 및 분석' 과업(Task 2-4)으로 구분된다.

1) 산업 현황 및 정의·유형 조사 (Task 2-1)

산업 현황조사의 경우, 주로 국내외 논문 연구, 글로벌 시장조사·컨설팅 기업 등이 발간한 산업연구 보고서, 정책연구보고서 등을 대상으로 조사를 수행한다. 보통 검색하는 키워드가 대내외적으로 이슈화되고 있는 주제라면, 기존에 연구된 좋은 자료나 연구결과, 보고서 등을 찾기가 쉬운데, "디지털 플랫폼" 키워드는 상당히 넓은 범위이기도 하거니와 현재 매우 주목받은 주제이기 때문에 양질의 정보들을 수월하게 탐색할 수 있어 보인다. 마찬가지로 정의·유형 조사 또한 기존 유관 연구를 통해 검증된 결과로서의 산업 정의나 유형 등을 우선 파악하는 것이 중요하다. 다양한 출처로부터 도출된 각종 정의, 유형을 정리하고, 이에 대한 종합 진단을 바탕으로 시사점을 제시한다.

2) 기업 혁신서비스 사례조사 (Task 2-2)

제안요청서의 내용에 따르면, 본 과업의 수행 시 「부가통신사업 실태조사」 결과 자료 및 전문가 자문의 활용을 요구하고 있다. 이를 반영해 1차로 「부가통신사업 실태조사」 결과 자료를 포함한 각종 문헌 검토를 통해 ① 기본적인 기업 혁신서비스 사례를 조사하고, 2차로 해당 산업과 관련된 전문기관, 협회 등 소속 전문가의 도움을 받아(In-depth Interview 등) ② 실제 산업 현장에서의 혁신사례를 추가 발굴 및 보완하는 단계로 조사를 수행한다. 특히 기업의 '혁신서비스' 사례를 조사하는 업무이기 때문에 일반적인 '서비스'의 개념과는 차별화되는 '혁신서비스'의 기준 정립을 바탕으로 사례를 선정, 이를 진단 및 분석하는 과정이 필요할 것으로 보인다.

3) 국내 기업 대상 정책지원 수요조사 (Task 2-3)

국내 디지털 플랫폼 기업을 대상으로 관련 정책지원사업으로부터의 지원현황을 조사하고, 이를 바탕으로 지원을 통한 성과나 애로사항, 요구사항 등의 의견을 수렴·분석한다. 이때, 수요조사를 위한 대상(국내 수많은 기업 중에서도 어떤 기업들을 대상으로 할지), 방법론(어떠한 방식으로 수요를 조사할지) 등을 정하기 위해 발주담당자와 필수로 협의할 수 있도록 한다. 이로부터 기존 다양한 지원사업들의 한계나 미흡 요소, 향후 보완해야 할 점, 새로운 신규 지원의 필요성 등을 도출해 이후 「전략·과제 발굴(Phase 5)」 단계에서 디지털 플랫폼 산업 육성방안 마련 등의 과제 발굴 시 연계 활용하도록 한다.

4) 디지털 플랫폼 산업 종합 진단 및 분석 (Task 2-4)

국내외 디지털 플랫폼 산업에 대한 선행조사 결과들을 종합적으로 분석해 결론과 시사점을 제시한다. '산업 현황 및 정의·유형 조사', '기업 혁신서비스 사례조사', '국내 기업 대상 정책지원 수요조사' 등 각 과업단계에서 도출된 개별 시사점도 물론 의미가 있지만, 이를 종합하여 진단하는 것은 이와는 또 다른, 넓은 시야에서의 분석 시사점을 끌어낼 수 있도록 돕는다.

3.4 국내외 앱 마켓 산업 조사·분석 (Phase 3)

세 번째는 「국내외 앱 마켓 산업 조사·분석」 단계로, 이전 단계와 유사하게 "조사 → 분석" 순서의 절차를 따른다. 조사의 경우 '국내외 사업자 현황조사' 과업(Task 3-1), '국내외 정책 동향조사' 과업(Task 3-2)으로 구분되며, 조사 결과의 종합 분석을 수행하는 '앱 마켓 산업 종합 진단 및 분석' 과업(Task 3-3)으로 구분된다.

1) 국내외 사업자 현황조사 (Task 3-1)

제안요청서에서 조사의 대상으로 명시하고 있는 서비스·사업자(국내: 갤럭시스토어, 원스토어, 해외: 구글, 애플 등)의 현황을 파악하고, 앱 마켓 시장에서의 주요국 3rd Party 사업자를 조사한다. 일반적으로 플랫폼 생태계(Ecosystem)에서 "3rd Party(서드파티)"의 개념은 시장에 직접 관여하지는 않지만, 참여자로서 간접 협업하는 대상으로 일컬어진다. "디지털 플랫폼"과 마찬가지로 "앱 마켓" 또한 주목받는 ICT 생태계의 키워드이며, 생태계는 곧 이를 구성하는 기업을 의미하기 때문에 대표사업자와 이들의 주요 서비스에 대한 현황자료는 충분한 검색을 통해 확보 가능할 것으로 예상한다.

2) 국내외 정책 동향조사 (Task 3-2)

제안요청서 요구사항에 따르면, 국내외 앱 마켓 정책 동향의 조사를 요구함과 동시에 그 예로 "인 앱 결제 강제 금지" 정책의 사례를 들고 있다. 앱 마켓 시장의 "인 앱 결제" 이슈는 현재 구글, 애플이라는 거대기업을 중심으로 떠오른 문제라 할 수 있다. 이에 저자는 한층 세분화한 접근으로, 정책 동향조사를 '사업자별 서비스 정책', '국가별 정책' 등 주체별로 구분해 수행하는 방안을 제안한다.

3) 앱 마켓 산업 종합 진단 및 분석 (Task 3-3)

'국내외 사업자 현황조사', '국내외 정책 동향조사(사업자별, 국가별)' 등 국내외 앱 마켓 산업에 대한 선행조사 결과를 종합 진단 및 분석해 시사점을 제시한다. 진단 결과의 예를 든다면, "국내의 경우 3rd Party의 부족으로 인해 생태계의 형성과 확산이 저조한 상황이며, 사업자 중심 정책에 대응할 수 있는 실질적인 국가 차원의 정책·제도 부재" 등이 도출될 수 있고, 해당 결과의 시사점으로는 "3rd Party의 확산 기반 마련을 위한 지원정책 수립, 국내 사업자의 현장 애로를 반영한 실효적인 인 앱 결제방지법 마련 필요" 등이 제시될 수 있을 것이다. 이처럼 조사 단계에서 도출된 시사점들은 연구의 후반부에 실질적인 추진전략이나 과제 등을 발굴하는 단계에서 다시 종합적으로 분석되어 보다 구체화된 이행과제로써 제안된다.

3.5 협의체 운영 (Phase 4)

네 번째는 민간협의체를 구성·운영해 국내 앱 마켓 산업 활성화를 위한 자문 의견을 수렴 및 자료를 생산하는 「협의체 운영」 단계로, '협의체(실무반) 구성 및 운영계획 수립' 과업(Task 4-1), '협의체 운영 및 의견수렴·분석' 과업(Task 4-2) 등으로 구성된다. 본 단계에서는 원활한 협의체 운영을 위해 ① 협의체(실무반) 구성, ② 운영계획 수립, ③ 운영 및 의견수렴, ④ 분석 등 일련의 절차를 구성, 이에 따른 업무수행을 제안한다.

1) 협의체(실무반) 구성 및 운영계획 수립 (Task 4-1)

제안 요구사항에 따라, "국내 앱 마켓 활성화"를 주요 목적으로 한 민간협의체를 구성하고, 운영을 위한 계획을 수립한다. 어떤 전문가들을 협의체의 구성원으로 선정할지, 분과는 어떻게 구성할지, 몇 차수에 걸쳐 협의체를 운영할지, 차수별 논의 목적(주제)과 예상 산출물은 무엇으로 정할지 등을 사전에 충분히 검토하고 계획해야 한다.

KNOW-HOW & KNOWLEDGE

협의체(실무반), 전문가위원회 운영 등 외부 전문가의 투입을 요구하는 과업은 정책연구에서 흔히 등장하는 내용으로, 컨설팅 또는 정책연구의 특성상 연구의 정답을 찾는 것이 불가능함에 따라 관련 분야의 전문가(산·학·연·관 등)로부터 산출물에 대한 검토·자문을 요청, 이에 대한 의견을 반영해 연구결과의 타당성을 확보하기 위한 목적으로 활용된다.

예로, 분과의 경우 국내 앱 마켓 시장의 주요 산업영역, 핵심 플레이어 등을 종합적으로 고려해 ① 앱 마켓, ② 게임, ③ OTT, ④ 음악 등 총 4개의 분야로, 운영 차수의 경우에는 용역의 수행 기간과 예산 규모, 적정 논의 목적(주제) 등을 고려해 총 4차례로 정의할 수 있다. 차수 별 운영 목적의 예는 다음과 같다.

- 1차 : 선행조사 결과 공유 및 문제 현황 논의 (주체: 발주처·용역사업자)
- 2차 : 산업별 문제점 공유 및 토론 (주체: 협의체 구성 전문가)
- 3차 : 산업별 문제점에 대한 개선방안 공유 및 토론 (주체: 협의체 구성 전문가)
- 4차 : 분과별 개선과제(안) 발제 및 토론 (주체: 협의체 구성 전문가)

2) 협의체 운영 및 의견수렴·분석 (Task 4-2)

실제 협의체를 운영, 전문가들로부터 의견과 자료를 수렴해 분석하는 단계이다. 앞서 구성한 4개의 분과별, 그리고 각각의 분과별 1~4차에 걸친 협의체(실무반) 회의를 운영한다. 이후 협의체 운영을 통해 분과별 도출된 자문 의견과 개선과제(안)를 종합 분석해 시사점을 도출한다. 참고로 협의체의 운영 시에는 가능한 모든 회의에 발주기관, 관련 산업의 전문기관, 협회 등이 참여할 수 있도록 해 즉각적인 대응과 현안 논의 등이 이뤄질 수 있도록 한다.

3.6 전략·과제 발굴 (Phase 5)

다섯 번째는 국내 앱 생태계의 활성화를 위한, 디지털 플랫폼 산업발전을 위한 실질적인 정책(비전, 목표 등) 방향을 수립하고, 추진전략, 과제를 도출하는 「전략·과제 발굴」 단계이다. 본 단계는 '비전체계(전략 방향성) 도출' 과업(Task 5-1)과 '추진과제 발굴 및 구체화' 과업(Task 5-2)으로 구성된다.

1) 비전체계(전략 방향성) 도출 (Task 5-1)

'사업추진 프레임워크'의 「Phase 2 ~ Phase 4」 각각의 분석 결과를 종합해 최종 정책의 비전과 전략 방향성을 도출하는 단계로, 본 연구의 핵심 과업이라 할 수 있다. 먼저 그간의 조사·분석 결과로부터 ① 핵심 전략을 도출, 이후 해당 전략을 중심으로 ② 비전체계(비전, 목표, 추진전략 등으로 구성)를 마련한다.

다각도의 조사·진단으로부터 수렴된 시사점을 이용해 추진전략을 끌어내는 대표적 인 방법론으로는 「SWOT」, 「TOWS」 기법 등이 있으며, 본 사례에서는 이중 SWOT 기법을 적용하기로 한다. 우리나라 디지털 플랫폼 생태계(앱 마켓을 포함하는)의 내 외부 환경에 대한 강점(Strength)과 약점(Weakness), 기회(Opportunity), 위협(Threats) 등 4 대 요인을 나열하고, 복합요인 분석을 통해 전략 방향성을 도출할 수 있다. 이때 복합 요인은 강점과 기회 요인을 복합한 'S-O 전략', 강점과 위협 요인을 복합한 'S-T 전 략', 약점과 기회 요인을 복합한 'W-O 전략', 약점과 위협 요인을 복합한 'W-T 전략' 등으로 구분할 수 있다. 각각의 전략을 정의하면 다음과 같다.

그림 1-6 ▎SWOT 기법의 복합요인 분석에 따른 전략 정의

- S-O 전략 : 기회를 바탕으로 강점을 극대화하는 전략
- S-T 전략 : 위협을 최소화하여 강점을 극대화하는 전략
- W-O 전략 : 약점을 보완하며 기회를 높이는 전략
- W-T 전략 : 약점을 보완하며 위협을 최소화하는 전략

  SWOT 기법과 같은 전략 도출 방법론은 다각도에서 수렴된 방대한 조사내용들을 종합·비교 진단해 핵심 전략을 도출해 낸다는 측면에서, 연구의 「조사(Investigation)」, 「분석(Analysis)」 등의 단계와 방안·결과 등을 「제시(Direction)」하는 단계를 이어주는 중요한 역할로 활용된다. 따라서 컨설팅, 정책연구 등에서 자주 활용되는 필수 방법론이라 할 수 있다.

KNOW-HOW & KNOWLEDGE

  SWOT 기법은 컨설팅, 정책연구에서 빼놓을 수 없는 핵심 방법론이다. 내외부 환경 진단의 결과를 강점(S: Strength)과 약점(W: Weakness), 기회(O: Opportunity), 위협(T: Threats) 등 4대 요인으로 구분해 진단하고, 강점(S)-기회(O), 강점(S)-위협(T), 약점(W)-기회(O), 약점(W)-위협(T) 등 두 요인 간의 복합분석을 통해 추진전략을 도출한다.

  이때 전략을 도출하는 과정에서 제안요청서의 요구사항이며, 서두에서 도출한 핵심 요구사항(Key Sentence) 중 일부이기도 한 '국내 앱 마켓 사업자-콘텐츠 기업 간 협력방안 마련', '디지털 플랫폼 산업 육성방안 도출'에 부합하는 내용을 반영해 발주담당자의 수요(요구사항)를 충족시킬 수 있도록 한다.

  SWOT 기법을 적용해 핵심 전략을 도출해 냈다면, 이제는 이를 바탕으로 비전체계를 마련한다. 비전체계는 흔히 큰 틀에서의 정책 전망을 나타내는 '비전(Vision)', 정책 추진을 통해 달성하고자 하는 정성 또는 정량의 '목표(Goal)', 나아가야 할 구체적 정책 방향성을 의미하는 '전략(Strategy)' 등으로 구성된다.

2) 추진과제 발굴 및 구체화 (Task 5-2)

앞서 비전체계와 추진전략을 마련했다면, 이제는 각각의 추진전략에 부합하는 실질적인 과제를 도출해야 한다. 엄밀히 말하면, 그간 다양한 조사 및 진단·분석을 통해 도출된 시사점과 각종 전문가로부터 수렴된 의견·자료를 바탕으로 수렴된 후보 과제(안)들을 추진전략 카테고리에 따라 구분하는 것이다.

각각의 과제는 공공의 예산이 투입되는 중요한 정책(사업)이기 때문에 방향의 기획과 내용의 구체화, 검증이 매우 중요하다고 할 수 있다. 이에 저자는 본 과업단계에서 전문가 그룹을 다시 한 번 활용해 후보 과제(안)를 구체화, 검증하도록 하여 과제들의 정책 실효성을 높이도록 하였다.

3.7 정책 제언 (Phase 6)

여섯 번째는 사업의 종료에 앞서, 최종 도출된 정책 비전과 전략, 과제의 성공적 이행을 위한 정책 방향을 제안하는 「정책 제언」 단계이다. 제안요청서 요구사항에는 없는 내용이지만, 제안 정책의 완결성을 높이기 위한 목적으로 추가하였다. 본 단계는 '추진 로드맵 수립' 과업(Task 6-1), '정책적 제언' 과업(Task 6-2)으로 구성된다.

1) 추진 로드맵 수립 (Task 6-1)

정책연구에서의 로드맵이란, 연구수행을 통해 최종 도출된 과제들을 3개년, 5개년 등의 특정 기간 내 펼쳐 놓고, 최적의 이행 시기와 추진방안 등을 명시해놓은 자료로 이해할 수 있다. 보통 과제별 이행 시기(기간), 소요예산, 추진 주체 등의 항목이 로드맵에 반영된다. 본 연구는 제안요청서를 통해 직접적인 로드맵 수립 관련 요구사항을 명시하고 있지 않기 때문에, 해당 과업은 생략해도 무방하다. 다만 저자는 높은 예산 규모(1억 원 이상)와 산출물의 완결성 등의 측면을 고려해 과업에 포함하였다.

2) 정책적 제언 (Task 6-2)

컨설팅, 정책연구과제 등에서 보통 마지막 단계에 요구되는 과업이라 볼 수 있다. 물론 위의 로드맵 수립 과업과 마찬가지로 본 연구에서는 요구하고 있지 않다. 다만, 연구보고서 마지막에 정리된 제언을 통해 정책입안자들이 해당 정책의 추진 및 지속적이고 연속적인 이행, 확산 시 우려되는 사항들을 사전에 예측하고, 해결방안을 고민할 수 있다는 측면에서 본 과업의 필요성은 높다고 할 수 있다.

:: 마무리

본 장에서 분석 및 제시하는 전반의 제안 전략은 제안요청서 내 요구사항만을 고려했을 때의 이상적인 추진방안이라 할 수 있다. 실제 컨설팅, 정책연구 등 용역사업의 제안 작업에 참여하거나 용역을 이행하는 주체가 된다면, 이와 같은 이상적인 환경을 기대하기 어렵다. 사업발주담당자의 요청에 따라 제안 시의 요구사항은 시시각각 변하고, 예상해놓은 추진일정은 매번 변경되기 때문에 정해진 일정에 따라 과업을 이행하고 완료하는 것은 거의 불가능에 가깝다고 할 수 있다.

본 서를 통해 제안하는 3단계의 제안요청서 분석 트레이닝 방식은 독자의 구조적 사고를 높여 다양한 문제를 일관된 방식으로 인지 및 체계화할 수 있게 하고, 논리적 사고를 키워 합리적 절차에 근거한 문제해결이 가능하도록 하는 데 그 제공목적이 있다. 이러한 훈련과 연습이 뒷받침된다면, 다양한 이슈와 위험요인이 발생하는 상황에서도 최적의 대응방안(접근방법론 등)을 모색함으로써 주어진 환경(요구사항의 변화 등) 내에서 최적의 업무 효율을 끌어낼 수 있을 것이다.

'플랫폼 산업 사회적 가치창출 연구' 사례

CHAPTER　　　　　　　　　　　　　　　　　　**02**

:: 들어가기

　"디지털 플랫폼을 통한 혁신선도 및 사회 가치 창출방안 연구"는 1장 (CHAPTER 01)의 분석 사례와 같이 「'22년 상반기 방송통신정책연구 사업안내서(과학기술정보통신부, 정보통신기획평가원)」에 포함된 38개의 정책연구과제 중 하나이다. 해당 사업은 ICT, 방송통신융합 분야의 국가 현안에 대응하는 정책을 수립하기 위한 목적으로 기획된 사업으로, 본 장을 통해 분석하게 될 "디지털 플랫폼을 통한 혁신선도 및 사회 가치 창출방안 연구" 과제를 비롯해 '22년도 당시 이슈 키워드였던 디지털 포용, 미래인재 양성, ICT 규제개선 등을 반영한 다양한 정책연구과제를 제시하고 있다.

'플랫폼 산업 사회적 가치창출 연구' 선정 이유

1 첫 번째 선정 이유는 본 용역 사례가 특정 산업이나 생태계의 활성화 전략을 도출하고 정책을 마련하는 일반적인 산업·생태계 연구 목적 외에도, "사회적 가치평가를 위한 프레임워크 개발"이라는 기타 목적 아래 평가체계의 확립과 이를 활용한 실증이라는 부가적인 과업요소를 포함하고 있기 때문이다. 「현황 및 문제진단(산업·기업진단 등) → 활성화 방안제시(비전·전략제시 등) → 정책과제발굴(사업·과제 도출, 구체화 등)」로 이어지는 보통의 산업정책연구를 구성하는 절차와 과업뿐만 아니라, 진단 프레임워크의 설계·평가에 관한 과업 또한 간접적으로 경험해볼 수 있다는 측면에서 컨설팅의 시야를 넓히는 데 도움이 될 수 있다는 생각이다.

2 두 번째 이유는 해당 과제 제안요청서 요구사항의 내용이 비교적 명확한 편이며 얽혀 있는 요구사항들이 많지 않아, 요구사항을 구조화하고 과업 간의 논리적 추진 절차를 구성하는 등의 측면에서 용이한 작업이 예상되기 때문이다. 이에 본 서에서 다루게 될 다양한 분석 사례 중에서도 특히 초기(두 번째) 트레이닝을 위한 사례에 적합할 것으로 판단하였다.

제안요청서 주요 내용

개요

- ↘ (과제명) 디지털 플랫폼을 통한 혁신선도 및 사회 가치 창출방안 연구
- ↘ (용역 기간) 2022.4 ~ 2022.12 / 9개월 이내
- ↘ (용역 예산) 약 300,000 천원
- ↘ (용역 배경) 플랫폼 사회, 경제에 미치는 영향력 증대에 대비해 부정적 영향을 최소화하고, 플랫폼을 활용한 가치창출 향상 방안의 모색 요구
- ↘ (용역 목적) 강건한 플랫폼 생태계 구축을 위해 플랫폼 활용 혁신사례 분석 및 플랫폼 기업의 사회 가치창출 사례기반 프레임워크 개발, 우수사례 발굴 등

본 과제의 수행 기간은 9개월이며 예산은 약 3억 원으로 책정되어 있다. 기간 대비 매우 높은 예산이 배정된 편이라 할 수 있다. 보통 정책연구 성격의 공공사업을 기획하는 경우, 이처럼 높은 예산을 확보하는 데 한계가 있다. 중앙정부나 광역시도 차원에서의 주요한 중장기 계획을 수립(법령에 따른 정책·정보화 등의 기본계획 수립, 중앙정부나 지자체 차원의 중장기 발전전략 수립 등)하는 등의 용역을 제외하곤 보통 1억 원 내외로 예산이 결정된다.

일반적으로 정책연구 성격의 용역사업에 할애되는 예산 규모가 높지 않은 이유는 정책이나 전략을 수립하는 조사·컨설팅 성향의 용역사업들의 경우, 보통 인력(인건비)을 중심으로 연구가 진행되는 반면, R&D, 건설, 인프라 구축 등 용역 수행의 과정에서 기타 기술적 요소나 소재·부품·장비(소부장) 등의 활용이 요구되는 사업들의 경우에는 이에 대한 별도의 비용이 추가로 책정되기 때문으로 이해할 수 있다. 반면, 본 과제는 정책연구임에도 불구하고 상대적으로 높은 예산이 배정되었다고 볼 수 있는데, 이에 예산의 규모를 고려한 과업의 구성과 추진절차, 방안의 마련이 필요하다고 할 수 있다.

용역의 기획 배경과 목적은 예상되는 플랫폼 사회·경제의 부정적 영향에 대비해 플랫폼 활용 혁신사례와 평가를 위한 가치창출 체계를 마련하고, 강건한 플랫폼 생태계의 조성을 위한 정책방안을 제시하는 것이라 할 수 있다.

본 과제의 제안요청서에서 요구하는 연구 범위는 다음의 그림과 같다.

제안요청서 요구사항 (요약)

○ 플랫폼 혁신사례 조사·분석
   - 플랫폼을 통한 경제·기술·사회 등 측면의 혁신사례 조사·분석
   - 혁신기업 대면 조사를 통해 애로사항·성공요인, 정책적 지원 필요사항 등 조사

○ 플랫폼 영향도 및 사회적 가치창출사례 조사·분석
   - 플랫폼이 사회·경제에 미치는 긍정적·부정적 영향, 플랫폼 기업들의 자율적 자정 노력, 사회기여, 애로사항과 성공요인, 정책적 지원 필요사항 등 조사

○ 사회적 가치평가 프레임워크 개발 및 평가 실시
   - 플랫폼의 사회적 가치 유형화 및 사회적 가치평가 프레임워크 개발, 가치평가 실시

○ 혁신 선도 및 사회 가치창출 우수사례 발굴
   - 혁신사례를 분석, 가치평가를 반영해 플랫폼 기업의 혁신 선도 및 사회 가치창출 우수사례 발굴

○ 사회 가치 확산을 위한 지원정책 방안 도출
   - 플랫폼 기반 혁신 선도를 위한 지원정책 및 사회 가치 확산을 위한 인센티브 등 정책방안 도출

그림 2-1 ▌ 제안요청서(RFP)에 명시된 과제 연구범위

요구사항은 간단한 편으로, 크게 '플랫폼 혁신사례', '사회적 가치창출 사례'의 조사와 '평가 프레임워크의 개발 및 평가 실시', '가치창출 우수사례 발굴', '지원정책 방안 도출' 등으로 구분할 수 있다. 물론 모든 과업의 중요도가 높겠지만, 이 중에서도 특히 사회적 가치평가를 위한 프레임워크를 개발해 평가를 이행하는 단계와 연구 후반의 사회 가치 확산을 위한 지원정책을 마련하고 제시하는 단계의 과업이 본 용역의 성공적 수행을 위한 핵심이 될 것으로 보인다.

핵심요구사항(Key Sentence) 도출

1.1 개요

제안요청서 요구사항의 전문을 기준으로, 본 과제에서 반드시 추진해야 하는 핵심 요구사항(Key Sentence)을 도출·나열한다. 최적의 사업추진절차를 구성하고 이에 따라 연구를 수행해야 하는 사업자의 관점에서 접근할 때, 어떠한 요구사항들이 속해 있고 이 중에서도 핵심이 무엇인지 사전에 파악하는 것은 매우 도움이 된다.

정책연구나 컨설팅 용역의 결과에는 정답이 없으므로, 결국 사업의 발주담당자가 얼마나 원하고 만족하는 산출물을 제공하느냐에 따라 사업의 성공 여부가 결정된다. 사업을 이행하는 중 발주담당자는 다양한 이슈 상황(부처, 상위 기관의 요청 등)의 발생에 따라 사업자에게 요구사항의 변경을 요청하기도 하고, 때때로 새로운 과업 내용을 추가 또는 대체하거나, 일부 요구사항의 삭제를 요청하기도 한다. 물론 이는 협의를 통해 이뤄진다. 용역의 핵심 과업을 중심으로 기획 및 추진되는 사업은 이와 같은 이슈가 발생하더라도 추진 방향을 바꾸게 될 확률이 낮고, 따라서 효율적인 이행이 가능하다는 이점이 있다.

이러한 여러 측면을 고려할 때, 제안을 준비하는 단계이자 사업에 착수하는 초기 단계에서 핵심요구사항(Key Sentence)을 도출하는 것은 중요한 과정이다.

1.2 진단·분석

간단히 요구사항을 살펴보면, 주요 과업(○ 수준)은 크게 ① 기업을 중심으로 한 플랫폼 혁신사례와 ② 플랫폼 영향도 및 사회적 가치창출사례를 조사하고, ③ 사회적 가치평가를 위한 프레임워크를 개발 및 기업 대상 평가를 수행하며, ④ 사회 가치창출 우수사례를 발굴, ⑤ 사회 가치 확산을 위한 지원정책 방안을 도출하는 내용으로 구성된다. 「사례조사 → 평가 프레임워크 개발 → 평가 및 우수사례 발굴 → 정책방안 제시」 등의 단계적 흐름을 확인할 수 있다.

1) 플랫폼 혁신사례 조사·분석

첫 번째 「○ 수준」에 해당하는 요구사항으로, 플랫폼 기업들의 혁신사례를 조사하는 내용으로 이해할 수 있다. 세부 요구내용으로는 '경제·기술·사회 측면의 플랫폼 혁신사례 조사', '혁신기업의 애로사항과 성공 요인, 정책 필요사항 조사' 등이 있다.

2) 플랫폼 영향도 및 사회적 가치창출사례 조사·분석

두 번째 「○ 수준」에 해당하는 요구사항으로, 플랫폼이 미치는 영향도와 사회적 가치창출사례를 조사하는 내용으로 볼 수 있다. 세부 요구내용으로는 '플랫폼이 사회·경제에 미치는 긍정·부정 영향 분석', '플랫폼 기업들의 사회적 가치창출사례(자율적 자정 노력, 사회기여, 애로·성공 요인 등) 조사' 등이 있다.

3) 사회적 가치평가 프레임워크 개발 및 평가 실시

세 번째 「○ 수준」에 해당하는 요구사항으로, 가치평가 프레임워크의 설계 및 이를 바탕으로 평가를 수행하는 내용이다. 세부 요구내용으로는 '플랫폼의 사회적 가치 유형화', '사회적 가치평가 프레임워크 개발', '가치평가 실시' 등이 있다.

4) 혁신 선도 및 사회 가치창출 우수사례 발굴

네 번째 「○ 수준」에 해당하는 요구사항으로, 앞의 가치평가 단계를 통해 도출된 평가 결과를 활용하여 사회 가치창출의 우수사례를 발굴하는 내용이다. '가치평가 결과를 반영한 사회 가치창출 우수사례 발굴' 등의 내용을 요구하고 있다.

5) 사회 가치 확산을 위한 지원정책 방안 도출

다섯 번째 「○ 수준」에 해당하는 요구사항으로, 기업의 사회 가치창출을 중심으로 한 플랫폼 생태계의 활성화 정책을 마련하는 내용으로 볼 수 있다. 세부 요구내용으로는 '플랫폼 기반 혁신 선도를 위한 지원정책 마련', '사회 가치 확산을 위한 인센티브 정책방안 도출' 등이 있다.

1.3 핵심요구사항

위 같은 제안요청서 요구사항의 간단한 진단을 바탕으로 도출한 핵심요구사항(Key Sentence)은 다음과 같다. 제안요청서 명시 순서를 기준으로 나열하였다.

- 플랫폼을 통한 혁신사례 조사 및 분석
- 플랫폼이 사회, 경제에 미치는 긍정·부정 영향 분석
- 플랫폼 기업의 사회적 가치창출 사례조사 및 분석
- 플랫폼의 사회적 가치 유형화
- 사회적 가치평가 프레임워크 개발
- 혁신 선도 및 사회 가치창출 우수사례 발굴
- 플랫폼 기반 혁신 선도를 위한 지원정책 도출
- 사회 가치 확산을 위한 인센티브 정책방안 도출

그림 2-2 ▌ 8개 핵심요구사항

구조화(Categorization) 및 논리적 절차 구성

2.1 개요

본격적인 제안서 작성에 앞서 사업의 기간과 비용을 고려한 최적의 사업 추진방안을 기획하고, 발주담당자가 만족하는 양질의 결과를 도출하기 위해, 앞서 제시한 8개의 핵심요구사항(Key Sentence)을 중심으로 구조화(Categorization) 및 과업 간 논리적 절차를 마련하는 과정이 필요하다.

보통 공공의 사업담당자는 정책연구, 컨설팅 성격의 용역과제를 기획·발주할 때 최종 도출되는 결과(산출물)만을 예상해 이를 제안요청서의 요구사항으로 제시하는 경우가 대부분이다. 공공에서 연구용역을 발주하는 목적이 곧 전문성을 보유한 주체가 해당 용역을 담당해 연구를 수행, 검증된 결과물을 생산하는 것이기 때문이다. 따라서 '어떠한 과정으로 사업을 진행해야 효율적인지', '어떠한 방법론을 적용해야 하는지', '주요 단계에서는 어떠한 중간 산출물들이 발생하는지' 등을 충분히 고민하지 못한 채 사업을 발주하는 경우가 발생한다. 이때 만약 역량이 부족한 용역사업자가 해당 용역을 수주해 이행하게 된다면, 사업이 성공적으로 완료되지 못할 가능성이 크다.

이러한 상황에서 제안에 임하는 사업자가 제안요청서에 명시된 요구사항들을 구조화하고 과업 간 합리적인 관계를 정립, 논리적 절차로써 구성해 제안하는 것은 위와 같은 문제를 해결하는 데 큰 도움이 된다. 발주담당자와 용역사업자의 상호보완적 역할로 더 나은 결과물을 만드는 것이다.

제안요청서의 요구사항만을 고집해 사업을 수행하는 것은 최적의 연구결과를 도출하는 데 있어 최선의 방안이 아닐 수 있다. 발주담당자가 제시하는 큰 틀의 필요 요구사항과 용역 사업자가 제안하는 구체적 추진방안(과업 구성, 절차, 방법론 등)이 유기적으로 협의·연계되어야 상호보완의 관점에서 최적의 연구결과가 도출될 수 있다.

2.2 구성절차

연구절차는 예상되는 사업의 이행 순서를 고려해 「탐색(Exploration) → 분석(Analysis) → 평가(Evaluation) → 제안(Direction)」 등의 4단계로 구분하였으며, 과업의 구성은 6개의 대표 과업(Phase)을 중심으로 이에 포함하는 14개의 단계별 세부 과업(Task)을 정의·배치하였다.

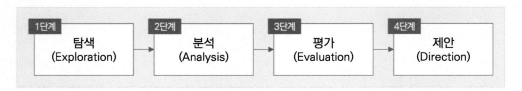

그림 2-3 ▍ 연구 이행절차

대표 과업(Phase)을 중심으로 주요 내용을 간단히 살펴보도록 한다.

1) 사전 준비 (Phase 1)

대표 과업(Phase) 중 첫 번째 단계로, 초기 발주처와 업무 방향성을 협의하고 주요 과업의 기획에 착수하는 단계이다. 약 3억 원이라는 높은 예산 규모를 고려해 제안요청서 요구사항에는 드러나 있지 않은 발주처의 의도를 확인하고, 그에 따른 과업의 구체적 수행범위를 파악 및 협의하도록 한다.

2) 환경진단 (Phase 2)

두 번째 단계에서는 플랫폼이 미치는 영향을 진단하고, 가치평가 연구 관련 사례의 현황조사를 수행한다. 8개의 핵심요구사항(Key Sentence) 중 '플랫폼이 사회, 경제에 미치는 긍정·부정 영향 분석'에 대응하는 과업으로, 사회, 경제 등 거시관점에서의 플랫폼 영향도를 진단하고, 기존 추진된 가치평가 연구사례를 조사·분석해 본 연구의 가치평가 기준 수립 시 참고할 수 있도록 한다.

3) 기업 사례분석 (Phase 3)

세 번째 단계에서는 플랫폼 기업들의 사회적 가치창출 사례를 조사·분석한다. 핵심요구사항(Key Sentence) 중 '플랫폼을 통한 혁신사례 조사 및 분석', '플랫폼 기업의 사회적 가치창출 사례조사 및 분석'의 내용에 해당하며, 이에 따라 ① 플랫폼 혁신기업, ② 플랫폼 기업으로 대상을 구분해 조사를 수행한다. 이때 제안요청서에 명시된 순서와 달리 시사점 도출의 합리성, 용이성을 고려해 「플랫폼 기업(전반)(거시) → 플랫폼 혁신기업(일부)(미시)」의 순서로 조사를 추진한다.

4) 평가 기준 마련 (Phase 4)

네 번째 단계에서는 사회적 가치평가를 위한 기준을 마련하고 프레임워크를 개발한다. 핵심요구사항(Key Sentence) 중 '플랫폼의 사회적 가치 유형화', '사회적 가치평가 프레임워크 개발'에 대응하는 과업으로, 사회적 가치를 유형화해 정의하고, 이를 반영해 사회적 가치평가 프레임워크를 설계한다.

5) 평가 이행 (Phase 5)

다섯 번째 단계에서는 앞서 개발한 평가 프레임워크를 활용, 혁신사례들에 대한 평가 이행을 통해 우수사례를 발굴한다. 핵심요구사항(Key Sentence) 중 '혁신 선도 및 사회 가치창출 우수사례 발굴'에 해당한다.

6) 추진방안 도출 (Phase 6)

여섯 번째 단계에서는 사회 가치 확산을 위한 실질적인 정책을 발굴해 제안한다. 별도의 구체적인 요구사항은 없지만, 논리적 절차에 따른 정책(과제) 도출을 위해 「비전체계 수립 → 추진과제 도출 → 정책 제언」의 순서에 따라 과업을 구성하였다. 이때 추진전략, 과제 발굴 시 핵심요구사항(Key Sentence)의 내용인 '플랫폼 기반 혁신 선도를 위한 지원정책 도출', '사회 가치 확산을 위한 인센티브 정책방안 도출'을 반영하도록 한다.

위 내용을 종합적으로 고려해 구성한 본 사업의 논리적 추진절차는 다음 그림과 같다.

그림 2-4 ▮ 제안하는 사업 추진절차(안)

이렇듯, 과업의 구조화(Categorization) 및 절차의 논리성을 고려해 제안한 본 사업의 추진절차(안)는 큰 틀에서 초기 제안요청서 요구사항의 흐름과 비교해볼 때 차이가 있다. 「환경진단(Phase 2)」 과업을 별도로 구성해 조사와 분석, 평가를 위한 기초 현황

자료와 근거를 확보하도록 하였으며, 「기업 사례분석(Phase 3)」, 「추진방안 도출 (Phase 6)」 등 단계의 세부 구성 과업들을 구체화해 마련하고 각각이 논리적 순서에 따라 추진될 수 있도록 절차를 구성하였다.

분석 3단계

절차별 추진방안 사전 기획

3.1 개요

  본 단계에서는 사업의 추진에 앞서 전체 프로세스를 한눈에 파악할 수 있도록 절차별 추진방안을 상세히 기획하여 제시한다. 이는 「사업추진 프레임워크」라고도 한다. 제안발표평가의 단계에서 이 한 장의 장표가 갖는 의미는 매우 크기 때문에, 저자는 제안사들이 해당 장표를 구성할 때 각자 제안만의 차별화 방안(과업, 방법론 등)을 강조해 구체적으로 제시하는 것을 추천한다. 이때 자료를 받아들이는 대상을 고려해 가독성을 함께 고민하는 것이 좋고, 이에 내용을 상세하게 작성하더라도 명료하게 표현할 수 있어야 한다.

KNOW-HOW & KNOWLEDGE

> 「사업추진 프레임워크」를 포함한 제안발표평가 장표를 구성할 때 상세하고 구체적인 내용을 담는 것도 물론 필요하지만, 짧은 시간 내에 발표화면을 통해 핵심 내용을 파악, 이해해야 하는 평가자의 입장을 고려한다면, 가독성을 높이기 위해 차별화된 제안 내용을 중심으로, 명료하게 표현하는 것이 중요하다.

  이처럼 제안 단계에서부터 복잡한 과업 간의 선후 관계를 파악해 합리적인 절차를 구성·제안하고, 각각의 단계별 세부 추진방안을 사전에 충분히 고민하여 제시하는 것은 발주담당자와 제안평가위원들로 하여금 해당 제안업체가 ① 대상 용역에 대한 높은 사전 준비도와 이해도를 갖추고 있고, 이를 통해 ② 이행 과정에서 발생 가능한 위험요소를 최소화할 수 있어 ③ 우수한 품질의 결과물을 산출할 수 있다는 판단이 들게 해 긍정적인 평가 결과의 도출을 유도할 수 있다.

탐색 (Exploration)	분석 (Analysis)	평가 (Evaluation)	제안 (Direction)

[Phase 1] 사전 준비

1-1 사전미팅 및 협의

- 사전 인터뷰(발주담당자) 또는 Kick-off 착수회의를 통해 컨설팅 요구사항 파악
- 발주 담당자와 협의를 통해 사업추진 일정 및 범위 확정

1-2 사전 기획

- 사업추진 프레임워크 확정
- 단계별 추진 방법론, 일정 및 계획, 전문가 활용계획 등 수립
- ※ (예시) ① 국내 플랫폼 숲 기업 전수조사 실시(대면), ② 학·연 전문가를 활용한 사회 가치평가 프레임워크 설계 및 검증 등

[Phase 2] 환경진단

2-1 플랫폼이 미치는 영향에 대한 환경진단

- 사회, 경제, 기술, 환경 등 측면에서의 플랫폼 영향 분석
- STEEP, PEST 등 영향 진단 방법론 적용

2-2 국내외 가치평가 연구·사례 현황조사

- 사회적 가치 유형화 연구, 가치평가 프레임워크 개발 및 실증 적용 사례 조사
- 국내외 연구보고서, 논문연구 등 심층 분석

[Phase 3] 기업 사례분석

3-1 플랫폼 기업 사회적 가치창출 사례조사

- (전문가 활용) 국내 플랫폼 기업 100개(안) 대상 온라인 기반 설문조사 실시
- ※ (설문항목) 자율 자정 노력 여부, 사회가치 활동 현황, 애로·성공 요인, 정책 참여 현황 등

3-2 혁신기업 대상 사회적 가치창출 사례조사

- (전문가 활용) 혁신기업 선별*, 혁신기업 대상 오프라인 In-depth Interview 실시
- * (방법) 설문조사 결과를 활용해 20개(안) 혁신기업 선별

3-3 분석 결과 및 종합시사점 도출

- 환경 진단 결과와 플랫폼 기업 대상 사회적 가치창출 사례 조사 결과를 종합 진단·분석
- 종합시사점 도출 및 벤치마킹 요소 발굴

[Phase 4] 평가 기준 마련

4-1 사회적 가치 유형화 기준 마련

- (전문가 활용) 학·연 전문가 작업반 운영(1차)을 통해 사회적 가치 유형화 기준 설계
- ※ (방법) 사회적 가치의 유형 정립 및 검증, 고도화

4-2 사회적 가치평가 프레임워크 개발

- (전문가 활용) 학·연 전문가 작업반 운영(2차)을 통해 사회 가치평가 프레임워크* 개발
- * (정의) 플랫폼 기업 사례 대상 사회가치 수준을 평가하는 Tool
- ※ (방법) 가치평가 항목 선정, AHP(예시)를 활용한 쌍대비교 기반 가중치 평가체계 수립 등

[Phase 5] 평가 이행

5-1 프레임워크 기반 가치평가 실시

- (전문가 활용) 학·연 전문가 작업반 운영(3차)을 통해 혁신사례 대상 프레임워크를 활용한 평가 실시
- ※ (방법) 혁신기업 사례(20~30개) 대상 오프라인 전문가 평가 추진

5-2 우수사례 발굴

- 평가를 통해 상위 랭크된 5개(안) 혁신사례를 선정, 분석 및 시사점 도출
- 검증을 통해 필요 시 프레임워크 개선·고도화 수행

[Phase 6] 추진방안 도출

6-1 비전·전략체계 수립

- (전문가 활용) 정책·전략, 법·제도 전문가 자문위원회 운영(1차)을 통해 비전 및 목표, 전략체계 검토
- ※ 초안은 연구진이 설계, 전문가를 통해 검증·보완

6-2 추진과제 도출 및 상세화

- (전문가 활용) 정책·전략, 법·제도 전문가 자문위원회 운영(2차)을 통해 세부 추진과제 기획 및 발굴
- ※ 초안은 연구진이 설계, 전문가를 통해 검증 및 추가과제 발굴 등

6-3 정책 제언

- 추진과제의 실효성을 높이기 위한 정책적 지원, 역할 제언
- 정책적 한계, 애로 등에 대한 중장기적 해결방향성 제시 등

그림 2-5 ▮ 추진절차별 세부 추진방안을 담은 '사업추진 프레임워크'

물론 제안하는 추진절차나 세부 내용이 발주담당자가 기존에 생각했던 방향이나 선호하는 내용과 일부 다를 수도, 틀릴 수도 있는데, 논리적인 절차의 흐름과 상황에 부합하는 합리적인 추진방안과 방법론 등을 제안했다고 가정한다면 오히려 평가위원 또는 발주담당자에게 새로운 시각과 관점을 제공할 수 있어 매력도를 높이는 요인으로 작용할 수 있다.

위 내용을 종합적으로 반영해 최종 제시하는 "디지털 플랫폼을 통한 혁신선도 및 사회 가치 창출방안 연구" 용역의 「사업추진 프레임워크」는 그림 2-5와 같다.

3.2 사전 준비 (Phase 1)

대표 과업(Phase) 중 첫 번째는 「사전 준비」 단계이다. 말 그대로 용역착수 이전의 준비 단계로서, 발주담당자와의 미팅이나 인터뷰를 통해 수행범위와 추진일정, 과업 전반의 요구사항 등을 파악·협의하는 '사전미팅 및 협의' 과업(Task 1-1), 특히 중요도가 높거나 촉박한 일정으로의 추진이 예상되는 과업들의 방향성을 미리 기획하는 '사전 기획' 과업(Task 1-2)으로 구분된다.

1) 사전미팅 및 협의 (Task 1-1)

본격적인 착수에 앞서 발주담당자와 사전미팅을 통해 사업의 추진 방향성을 공유·협의한다. 본 용역의 경우, 3억 원이라는 매우 높은 예산이 배정되어 있는데, 사실 제안요청서의 요구사항을 고려해볼 때 이는 상당히 높은 비용이라 할 수 있다. 따라서 사전미팅을 통해 어떠한 배경으로 인해 본 연구가 기획되었으며, 어느 요구사항 때문에 높은 비용이 책정되었는지, 해당 과업의 구체적인 수행범위와 요구내용은 무엇인지 등을 확실히 파악할 수 있도록 한다.

2) 사전 기획 (Task 1-2)

연구수행의 초기 시점에, 특히 계획 수립에 많은 시간이 소요되는 시급 과업, 중요 과업을 중심으로 사전 추진방안을 기획한다. 제안을 준비하는 단계에서 단기에 집중적인 고민을 바탕으로 최적의 과업을 구성하고 과업별 예상 수행방안들을 마련했지만, 이는 짧은 기간 내에 이루어졌기 때문에 충분한 고민이 반영되지 않았을 확률이 높다. 또한 발주담당자와의 협의가 진행되기 전이었으므로, 사전미팅을 통해 협의를 마친 시점에 다시 한 번 구체적인 기획과 준비에 돌입한다.

저자가 용역 초반에 중요 과업들의 "사전 기획"을 강조하는 이유는 크게 다음의 두 가지 경우(CASE 1, CASE 2) 때문으로 설명할 수 있다. 해당 이유에 따라 사업의 효율적 추진을 위해서는 연구의 초반에, 상대적으로 시간적 여유가 있을 때 주요 과업들의 이행계획과 방안을 선제적으로 확립해 놓는 것이 좋다.

:: CASE 1

용역착수 이후 한 달간의 시기가 용역사업자들에게는 보편적으로 가장 여유가 있는 시기일 확률이 높다. 보통 용역 초반에 연구의 주제를 둘러싼 환경을 파악·진단하는 「탐색(Exploration)」, 「조사(Investigation)」 성격의 업무들이 수행되는 반면, 실질적인 연구의 방향성을 「제시(Direction)」하거나, 주요 산출물이 「도출(Derivation)」되는 핵심 과업들은 주로 후반부에 배치되기 때문이다.

:: CASE 2

착수에 앞서 용역 전반의 업무분류체계(WBS: Work Breakdown Structure)를 마련, 발주담당자와의 협의를 통해 과업별 추진일정, 방안 등을 상세히 계획했을지라도, 업무를 수행하는 과정에서 과업들의 일정계획은 미뤄지기 일쑤이다. 공공의 정책연구, 컨설팅 사업의 특성상 정부, 지자체 등의 기타 요구사항이 수시로 생길 수 있고, 연구수행 과정에서도 예기치 못한 문제 상황이 빈번하게 등장하기도 하며, 대안(Alternative plan)을 찾아 적용하는 과정에서도 상당한 시간적 소모가 발생할 수 있기 때문이다. 연쇄적인 일정의 밀림은 곧 연구 후반부에 촉박한 업무환경을 조성하여 산출물의 품질 저하를 초래한다.

본 용역에서 "사전 기획"이 필요하다고 판단되는 과업에는 기업 사례조사, 평가 프레임워크 개발·적용 등이 있다. 이는 설문조사, 심층 인터뷰, 전문가 활용 등이 요구되는 과업들로, 내부 연구진 중심의 연구가 아닌, 모두 외부 관계자와의 연계를 바탕으로 업무를 수행해야 한다는 특성이 있다. 참고로 제안요청서 요구사항에는 전문가 활용에 대한 언급이 전혀 없는데, 사업에 배정된 높은 예산 금액과 전문성이 요구되는 과업(유형화 기준 마련, 평가 프레임워크 설계, 가치평가 수행 등) 특성을 고려해 비교적 풍부한 전문가 활용방안을 기획 및 반영하였다.

이와 같은 방향성을 고려해 수립한 본 용역 내 주요 과업별 전문가(외부인력) 활용방안은 그림 2-6으로 표현될 수 있다.

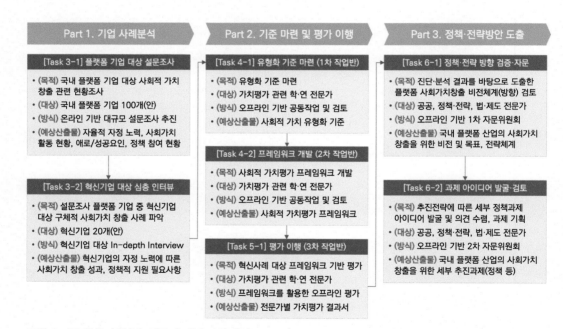

그림 2-6 ▌주요 과업별 전문가 활용 계획(안)

크게 '기업 사례분석(Part 1)', '기준 마련 및 평가 이행(Part 2)', '정책·전략방안 도출(Part 3)' 등 3단계에 걸친 주요 과업단계에서 기업 대상의 설문조사, 심층 인터뷰, 각종 기준 마련에 따른 평가, 정책의 검증·자문, 과제 아이디어의 발굴·검토 등을 목적으로 전문가(외부인력)를 활용하고자 한다.

❶ 기업 사례분석: 플랫폼 기업 대상 설문조사 → 혁신기업 대상 심층 인터뷰
❷ 기준 마련 및 평가 이행: 유형화 기준 마련(1차 작업반) → 프레임워크 개발 (2차 작업반) → 평가 이행(3차 작업반)
❸ 정책·전략방안 도출: 정책·전략 방향 검증·자문(1차 위원회) → 과제 아이디어 발굴·검토(2차 위원회)

3.3 환경진단 (Phase 2)

두 번째는 「환경진단」 단계로, 과업은 크게 사회·경제·기술·환경 측면에서의 플랫폼 영향도를 파악하는 '플랫폼이 미치는 영향에 대한 환경진단' 과업(Task 2-1)과 사회적 가치의 유형화 연구, 평가 프레임워크 개발·적용 연구 등 각종 유관 연구사례의 현황을 조사해 시사점을 도출하는 '국내외 가치평가 연구·사례 현황조사' 과업(Task 2-2)으로 구성된다.

1) 플랫폼이 미치는 영향에 대한 환경진단 (Task 2-1)

8개의 핵심요구사항(Key Sentence) 중 "플랫폼이 사회, 경제에 미치는 긍정·부정 영향 분석"을 수행하기 위한 과업이다. 이에 따르면 진단의 영역을 사회와 경제로 한정하고 있는데, 그 외 추가 요소(기술, 환경 등)에 대한 현황조사도 필요하다고 판단되어 거시환경분석, 영향 진단 시 주로 활용되는 기법인 STEEP, PEST 등 방법론의 적용을 제안하였다. STEEP, PEST 기법은 각각 Social(사회), Technological(기술), Economical(경제), Environmental(환경), Political(정책) 요소, Political(정책), Economical(경제), Social(사회), Technological(기술) 요소에 대한 진단이 가능한 환경분석 방법론으로, 분석이 필요한 영역에 따라 방법론의 선택이 결정된다.

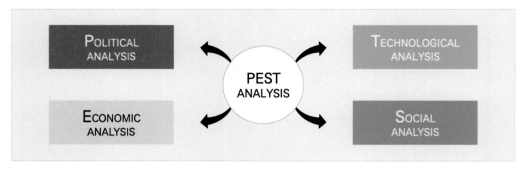

그림 2-7 ┃ PEST 분석 방법론 구성요소

2) 국내외 가치평가 연구·사례 현황조사 (Task 2-2)

본래 제안요청서에는 없는 요구과업이나, 이후 「평가(Evaluation)」 단계의 「평가기준 마련(Phase 4)」 수행에 앞서 필요한 선행조사의 범위로 판단되어 추가로 추진방안을 고민, 연구절차에 반영하였다. 이처럼, 요구사항에는 없더라도 논리상 필요한 과업이 있다고 판단된다면 용역사업자가 제안할 수 있어야 하는데, 어차피 특정 결과의 도출을 위해 수행하게 될 과업이라고 한다면 제안평가 등의 단계에서 해당 과업을 추가로 제안한다는 내용을 강조해 어필하는 것이 현명하다고 할 수 있다.

조사의 경우 국내외 연구보고서, 논문자료 등을 중심으로 추진, 사회 가치평가와 관련해 기존 연구된 정의나 유형화·분류 기준을 탐색하고, 평가 프레임워크의 개발·검증 및 실증 연구사례들을 비교·분석해 종합시사점을 도출한다.

3.4 기업 사례분석 (Phase 3)

세 번째는 플랫폼 기업들을 대상으로 사회적 가치창출 사례를 조사하는 「기업 사례분석」 단계이다. 본 단계는 '플랫폼 기업 사회적 가치창출 사례조사' 과업(Task 3-1), '혁신기업 대상 사회적 가치창출 사례조사' 과업(Task 3-2), '분석 결과 및 종합시사점 도출' 과업(Task 3-3) 등 3개의 과업으로 구성되며, 크게 「조사 → 종합진단」의 순서를 따른다.

1) 플랫폼 기업 사회적 가치창출 사례조사 (Task 3-1)

기업 사례분석의 두 가지 관점 중 첫 번째로, 플랫폼 기업 전반을 대상으로 사회적 가치창출 사례를 조사한다. 연구의 모집단(Population)인 전체 플랫폼 기업을 모두 조사할 수는 없으므로 용역 예산과 기간 등을 고려해 약 100개(안)의 국내 플랫폼 기업을 선정하고, 이를 대상으로 온라인 설문조사를 수행해 결과를 수집하기로 한다. 100개 규모의 표본(Sample)에 대한 설문조사라면 결코 대상이 적지 않기 때문에, 오프라인 인터뷰보다는 온라인 설문이 바람직해 보인다. 설문항목으로는 '플랫폼 기업들의 자율적 자정 노력 사례', '사회적 가치 활동 현황', '애로사항 및 성공 요인', '정책 참여 현황' 등을 구성, 다각도의 측면에서 사회적 가치창출 사례를 조사할 수 있도록 한다. 이때 조사 기업의 수, 조사 방식, 설문항목 구성 등의 내용은 당연히 발주담당자와의 협의를 통해 결정하도록 한다.

2) 혁신기업 대상 사회적 가치창출 사례조사 (Task 3-2)

기업 사례분석의 두 가지 관점 중 두 번째로, 플랫폼 기업 중에서도 혁신기업을 선정, 이들을 대상으로 사회적 가치창출 사례를 조사한다. 혁신기업 대상의 조사는 앞의 국내 플랫폼 기업 전반을 대상으로 한 조사와 비교해 볼 때 고려해야 할 사항이 더욱 늘어난다.

먼저 조사에 앞서 혁신기업을 선정해야 하므로, 이에 대한 선정기준 마련이 필요하다. 혁신기업이란 무엇인지(정의), 혁신기업의 충족 기준은 무엇인지 등의 개념을 구체적으로 정립한다. 이후, 앞서 100개(안) 기업을 대상으로 수행한 조사 결과를 종합적으로 분석, 마련한 혁신기업의 구분 기준에 부합하는 기업들을 최종 혁신기업들로 선별한다. 물론 기타 다양한 선정기준이나 방안들이 고려될 수 있으므로, 발주담당자와의 논의를 통해 최종 선정방안을 결정해 혁신기업을 선별할 수 있도록 한다. 해당 과정을 통해 약 20개(안)의 혁신기업이 선정되면, 각 기업에 대한 심층 인터뷰를 수행해 사회 가치 활동 현황, 애로사항, 자정 노력에 따른 사회 가치창출 성과, 필요정책 등을 구체적으로 파악한다.

3) 분석 결과 및 종합시사점 도출 (Task 3-3)

'플랫폼 기업 사회적 가치창출 사례조사(Task 3-1)', '혁신기업 대상 사회적 가치창출 사례조사(Task 3-2)'의 추진 결과를 통합 분석해 시사점을 도출한다. 이때 「환경진단 (Phase 2)」 과업의 플랫폼 영향도 진단 결과와 국내외 가치평가 연구·사례 조사 결과 또한 함께 분석해 시사점으로 반영함으로써, 이후 「평가(Evaluation)」, 「제안(Direction)」 단계의 과업 추진 시 활용을 위한 벤치마킹 요소들을 최종 정리·제시할 수 있도록 한다.

3.5 평가 기준 마련 (Phase 4)

네 번째는 「평가 기준 마련」 단계로, '사회적 가치 유형화 기준 마련' 과업(Task 4-1)과 '사회적 가치평가 프레임워크 개발' 과업(Task 4-2)으로 구분된다. 가치평가 프레임워크의 설계는 전문 영역의 범위로 판단됨에 따라 사회적 가치 연구와 관련된 학계, 연구계 중심의 전문가 작업반을 구성(1~3차), 주제에 따른 단계별(1차: 유형화 기준 마련, 2차: 가치평가 프레임워크 개발, 3차: 프레임워크 기반 평가) 운영전략을 구상하였다. 참고로 3차 작업반은 「평가 이행(Phase 5)」 단계에서 운영된다.

1) 사회적 가치 유형화 기준 마련 (Task 4-1)

1차 작업반 운영을 통해 사회적 가치 유형화 기준을 정립한다. 용역의 효율적 추진을 위해 앞의 '국내외 가치평가 연구·사례 현황조사' 과업(Task 2-2)에서 선행 조사된 유형화 사례를 참고, 내부 연구진이 주도하여 사회적 가치 유형화 기준의 초안을 우선 마련한다. 이후 1차 작업반 운영을 통해 이를 검증, 필요한 경우 공동작업 등을 수행해 내용을 고도화함으로써 최종적으로 유형화 기준을 확정할 수 있도록 한다.

2) 사회적 가치평가 프레임워크 개발 (Task 4-2)

앞서 사회적 가치의 유형화 기준을 정립했다면, 이제는 본격적으로 사회적 가치평가 프레임워크를 개발할 차례이다. "프레임워크 개발" 과업의 범위에는 다양한 요소가 포함되어야 하는데, 프레임워크의 정의부터 목적, 구성, 평가 대상, 평가 방법론, 평가 결과 등이 이에 해당한다고 할 수 있다. 이와 같은 사항들을 기획하고 결정하기 위해 마찬가지로 '국내외 가치평가 연구·사례 현황조사' 과업(Task 2-2)에서 진행된 다양한 가치평가 프레임워크 연구사례의 선행조사 결과를 참고 및 활용하도록 한다. 저자는 본 연구에서의 사회적 가치평가 프레임워크 개발 방향을 다음의 그림과 같이 정의하였다.

↘ **(프레임워크 정의)** 플랫폼 기업 사례들의 **사회적 가치창출수준을 종합 평가하는 도구**

↘ **(목적)** 사회적 가치창출수준의 진단·평가를 통한 **우수사례 발굴 및 시사점 도출**

↘ **(구성)** 3개의 대지표(평가지표)에 따라 X축, Y축, 볼륨(Volume)으로 표현

↘ **(평가 대상)** 20개 내외의 플랫폼 혁신기업 사례

↘ **(평가 방법론)** 사회적 가치평가를 위한 **핵심지표(계층화)를** 발굴하고, 이를 대상으로 다수의 전문가가 참여해 **AHP 기반 평가 수행**

↘ **(평가 결과)** AHP 종합평가 결과에 근거한 대상 사례별 **사회적 가치창출 우선순위 및** 프레임워크 진단 영역에 따른 **사례별 시사점**

그림 2-8 ▎ 사회적 가치평가 프레임워크 개발 방향(안)

여기서 평가 방법론의 경우, 물론 선행연구들의 조사·분석 내용을 종합적으로 고려해 선정되어야 하겠지만, 수많은 기업 사례 중 우수사례를 선정해야 하는 본 프레임워크의 목적성을 고려할 때 유관 연구들에서 대중적으로 활용되는 방식 중의 하나인 AHP(Analytic Hierarchy Process) 방법론의 채택을 추천·제안한다. AHP 기법은 계층화된 평가요인(지표)을 발굴해 각각의 다양한 요인이 갖는 가중치를 도출, 의사결정에 활용하는 방법론으로, 정책연구, 서비스·산업연구 분야에서 주로 기획 과제나 후보 서비스·제품, 기술 등의 우선순위를 도출하기 위한 목적으로 활용된다.

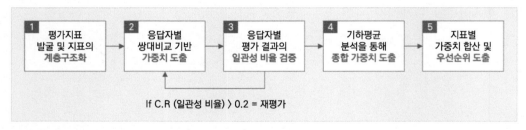

그림 2-9 ┃ AHP 방법론에 따른 지표 우선순위 도출 프로세스

특히 AHP 기법은 평가지표를 발굴·검증하고, 각 지표 간의 쌍대비교(Pairwise Comparison)를 통해 가중치를 도출, 이를 반영해 후보 간 우선순위를 선정하는 과정에서 분야별 다양한 전문가로부터의 응답 결과를 활용하기 때문에 실제 정책의 수요자라 할 수 있는 국민과 기업, 공공 등 이해관계자의 참여와 의견수렴이 중요한 정책연구, 컨설팅 연구에서 활발히 채택·적용되고 있다.

'사회적 가치 유형화 기준 마련' 과업(Task 4-1)과 마찬가지로 본 과업 단계에서도 전문가 자문을 활용하는데, 2차 작업반 운영을 통해 내부 연구진이 마련한 사회적 가치평가 프레임워크 초안을 검증·보완해 최종 설계한다.

3.6 평가 이행 (Phase 5)

다섯 번째는 「평가 이행」 단계로, 앞서 설계한 사회적 가치평가 프레임워크를 바탕으로 혁신기업 사례 대상 평가를 수행하는 '프레임워크 기반 가치평가 실시' 과업 (Task 5-1), 이를 통해 우수사례를 발굴하고, 도출 결과에 대한 분석 및 시사점을 제시하는 '우수사례 발굴' 과업(Task 5-2)으로 구성된다.

1) 프레임워크 기반 가치평가 실시 (Task 5-1)

앞서 학계, 연구계 전문가를 중심으로 구성된 작업반을 운영(3차), 사회적 가치평가 프레임워크를 활용한 혁신기업 사례(20개(안)) 대상 평가를 수행한다. AHP 기법을 활용한 평가 결과의 표본 오차(Margin of error)를 최소화하기 위해 평가자의 수는 작업반 구성 전문가를 포함, 최소 20~30명(안) 이상으로 정한다. 평가를 통해 평가자별, 혁신기업 사례별, 계층화된 평가지표별 점수가 제시되며(전문가별 가치평가 결과서), 이를 바탕으로 한 종합 분석(AHP 기법에 따른)을 통해 최종 혁신기업 사례별 사회적 가치창출수준의 우선순위가 도출된다.

2) 우수사례 발굴 (Task 5-2)

가치평가 실시의 결과로 대상 기업(20개(안)) 간의 우선순위가 도출되었다면, 특정 기준의 범위에 부합하는 상위기업사례를 우수사례(예: 상위 5개 사례(안))로 선정한다. 우수사례를 발굴하는 과업은 이처럼 마무리할 수 있지만, 사실 발주처의 의도에 따라 다양한 관점에서의 추가적인 분석과 시사점 도출이 가능하다. 예를 들면, 순위에 근거한 우수사례의 발굴에 그치지 않고, X축, Y축, 볼륨(Volume)으로 구성된 2차원 프레임워크의 배치(영역) 결과에 따른 각각의 사례별 진단 시사점(예: 사분면의 위치에 따른 시사점, 유형화 기준에 따른 시사점 등)과 개선 방향을 제시할 수 있으며, 이를 반영해 본 연구의 정책 추진방안을 제안할 수도 있을 것이다. 또한, 평가체계의 관점에서 본다면, 해당 평가 프레임워크의 미흡 요소 등을 진단·파악해 이에 대한 향후 개선방안을 제시할 수도 있다. 이와 같은 연구 추진의 방향성은 사전에 발주담당자와의 충분한 협의를 바탕으로 설정하는 것이 바람직하다.

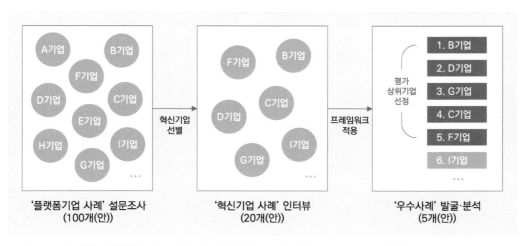

그림 2-10 ▮ 사회 가치창출 우수사례 발굴을 위한 기업 대상 조사·평가 절차(안)

3.7 추진방안 도출 (Phase 6)

여섯 번째는 「추진방안 도출」 단계로, 과업의 구성은 '비전·전략체계 수립' 과업 (Task 6-1), '추진과제 도출 및 상세화' 과업(Task 6-2), '정책 제언' 과업(Task 6-3)으로 이뤄진다. 일반적으로 정부·공공기관, 지자체 등에서 발주하는 용역 중 제안요청서 요구사항에 "정책방안 마련, 전략 수립, 과제 발굴, 로드맵 수립" 등의 키워드가 포함되어 있다면, 이는 흔히 말하는 정책연구 성격의 사업으로 이해할 수 있다. 해당 과제들의 경우, 용역 수행을 통해 도출되는 결과물이 실제 상위 기관·부처의 정책예산 수립시 직결되어 활용될 확률이 높아 그 중요성이 매우 크다고 할 수 있다. 이러한 이유에 따라 본 사례의 제안요청서 요구사항에는 비록 축약된 한 줄로 표현되어 있을지라도, 체계적이며 논리에 근거한 지원정책을 제시하기 위해 「비전·전략체계 수립 → 과제 발굴·구체화 → 정책 제언」 등의 단계적 순서에 따른 연구수행절차를 구성 및 이행하도록 한다.

이때 정책의 비전과 전략, 목표, 추진과제를 발굴해야 하는 본 과업 단계(Phase 6)의 특성을 고려해 산출물의 검증과 고도화를 위한 목적으로 국가·산업정책의 이해도가 높은 정책·전략, 법·제도 분야의 전문가를 활용할 계획이며, 이에 "정책·전략 방향의 검증·자문", "과제 아이디어의 발굴·검토" 등 두 단계에 걸친 전문가 자문위원회 운영방안(각 1차, 2차)을 구성·제안한다.

1) 비전·전략체계 수립 (Task 6-1)

그간 진행한 「환경진단(Phase 2)」, 「기업 사례분석(Phase 3)」, 「평가 이행(Phase 5)」 등 단계의 과업수행을 통해 도출된 결과와 분석 시사점을 총망라해 국내 플랫폼 산업(기업)의 사회 가치 확산을 위한 정책적 지원 방향성을 제시한다. 도출된 정책의 방향성은 곧 정책의 비전(Vision)이자, 추진전략으로 연결된다. 업무의 효율적 수행을 위해 우선 내부 연구진을 중심으로 비전·전략체계의 초안을 마련하고, 이후 1차 전문가 자문위원회를 개최해 이에 대한 다각도의 자문(검토) 의견을 수렴, 개선·고도화 시 반영한다.

전문가를 활용해 연구 과정과 결과물에 대한 검증을 수행하는 행위는 ① 연구의 미흡한 지점과 문제 현황을 인지, 개선·보완할 기회를 제공해 더욱 완성도를 갖춘 결과물을 산출할 수 있다는 측면에서, ② 연구 과정과 결과의 신뢰성, 타당성을 확보함으로써 각종 비판이나 공격의 여지를 줄이고, 근거를 갖춘 대응이 가능하다는 측면에서 매우 중요하며 현명한 방법론이라 할 수 있다.

KNOW-HOW & KNOWLEDGE

사업자의 측면에서 연구수행 시 전문가를 활용하는 것은 '자문비용의 소요', '시간·인력 자원의 할애' 등의 이유로 부담스러운 과정일 수 있다. 다만, 적재적소의 전문가 투입은 ① 과정과 결과의 완성도를 높이고, ② 신뢰도와 타당성을 높일 수 있다는 차원에서 적극적으로 고려해야 할 방법론이기도 하다.

2) 추진과제 도출 및 상세화 (Task 6-2)

나아가야 할 정책의 큰 방향성을 비전·전략체계라 한다면, 추진과제란, 전략의 하위계층(Hierarchy)에 속하는 실질적인 사업의 단위라 칭할 수 있다. 어떻게 보면 실제 수요대상(기업, 국민 등)들이 체감하는 정책의 단위이기 때문에, 구현의 시급성이 높다고 할 수 있으며 이 때문에 구체적이고 명확한 계획의 수립이 필수이다. 특히 정부, 공공기관, 지자체 등에서 현재 추진 또는 기획 중인 사업의 방향, 계획과 직·간접적으로 맞닿아 있는 부분들이 많아, 용역의 발주담당자와 긴밀한 소통을 바탕으로 추진과제 아이템을 협의·확정해야 할 필요가 있고, 현장의 애로사항(이해관계자 간 갈등, 제도적 문제 등)과 요구사항을 충분히 반영하여 현실적으로 추진이 가능한 내용으로의 과제 기획이 무엇보다 중요하다고 할 수 있다.

추진과제를 도출하고 상세화하는 본 과업 단계에서도 마찬가지로 전문가 자문위원회(2차)를 활용한다. 정답이 있는 것은 아니지만, 내부 연구진을 통해 과제의 대략적인 후보(안)를 미리 도출, 초안 형태를 마련하고 이를 바탕으로 전문가들과의 토론을 진행하는 것이 여러모로 용역을 수행하는 측면에서 효율적이며 생산적일 수 있다. 특히

2차 자문위원회에서는 후보 과제(안)의 검증뿐만 아니라, 각계의 전문가들이 각 영역에서 발생하는 현안, 사회·제도적 이슈, 정책개선 수요 등을 바탕으로 새로운 과제를 제안하고, 각종 아이디어를 활발히 개진할 수 있도록 해 추가적인 혁신과제의 발굴을 유도한다.

3) 정책 제언 (Task 6-3)

말 그대로 해당 연구를 통해 제안하는 정책이 실제 무리 없이 적용될 수 있도록, 도입되어서도 효과를 창출하고 성과를 낼 수 있도록 방향성을 제시하는 단계라 할 수 있다. 해당 정책이 갖는 한계와 우려 상황, 애로 등을 파악해 이를 해결하기 위한 정책 차원의 세부 방안들과 중장기적 방향성을 제시하며, 정책을 수립하고 추진하는 데 있어 주요한 역할을 담당하는 이해관계자들의 R&R(Roles and Responsibilities)을 제언하기도 한다.

:: 마무리

보통 제안요청서의 요구사항이 상세하고 구체적일수록 제안서의 작성이 편리한 것이 사실이다. 제안요청서에 명시되어 있는 내용만을 적절히 조합하여 합리적인 절차를 마련해 제안하면 되기 때문이다. 물론 주어진 내용을 바탕으로 얼마나 합리적인 절차를 구성하는지, 더 나은 차별화된 방안을 제시하는지 등은 연구수행자 개개인의 역량에 따라 다르다고 할 수 있다. 반면, 본 사례와 같이 요구사항이 간단하면서도(함축적이면서도) 높은 예산이 투입된 사업도 있기 마련인데, 이때는 단순히 합리적인 방향에 따라 제안 요구사항들을 적절히 조합·배치해 과업을 구성하는 수준을 넘어, 추가적인 과업 또는 과업별 세부 추진방안을 새롭게 기획하고 제안할 수 있어야 한다. 이 같은 특성(요구사항의 구성이 단순한)을 갖는 본 장의 분석 사례는 본 서의 목적이기도 한 트레이닝의 측면에서 적합한 대상일 수 있지만, 경쟁력을 갖춘 제안서를 만들어내야 하는 실전의 측면에서 본다면 난이도가 상당한, 까다로운 사례라고 할 수 있다.

본 서의 주요 목적은 독자들이 직·간접적으로 문제(요구사항)를 진단해 핵심을 간파하고, 체계화해 분석하며, 이치에 맞는 절차를 구성해봄으로써 스스로의 문제해결 능력을 높이는 데 있다. 반복적인 제안요청서 분석 훈련을 통해 구조적·논리적 사고력과 기획력을 높인다면, 다소 함축적이고 두루뭉술하게 표현된 요구사항에 대해서도 구체적이며 명료한 해결방안(과업, 추진절차, 방법론 등)을 기획하고 제시할 수 있게 된다. 물론 이때의 전제조건은 발주담당자와의 소통을 통한 추진 방향의 합의임을 명심한다.

'블록체인
산업진흥 법제도 연구'
사례

CHAPTER   **03**

:: 들어가기

"NFT 규제개선 및 블록체인 진흥을 위한 법제도 연구"는 과학기술정보통신부 산하기관인 정보통신산업진흥원(NIPA)에서 '22년도 3월에 발주한 용역이다. 정보통신산업진흥원은 국내 ICT 분야의 정책연구, 진흥기관 중에서도 특히 AI, 메타버스, 블록체인 등의 특정 디지털 기술과 관련한 정책 및 산업연구를 담당하고 있다.

빠르게 발전하고 진화하며, 갑작스럽게 등장하기도 하는 각종 디지털 신기술에 관한 공공연구는 부처별 특성에 따라, 나아가 부처 내에서도 각 기관의 강점과 위치(Stance), 그리고 정책·사업적 전략 방향성에 따라 구분, 배분된다고 볼 수 있다. 각각의 기관은 특화된 전문성을 바탕으로 특정 기술 분야의 연구개발 및 산업진흥, 생태계 발전 등을 위한 각자만의 사업과 연구를 기획하고 수행한다. 예로 ICT 분야의 공공정책사업을 담당하는 대표기관들을 살펴보면, 한국인터넷진흥원(KISA, 과학기술정보통신부)은 블록체인, 각종 보안 관련 기술을, 한국지능정보사회진흥원(NIA, 과학기술정보통신부)은 5G, AI, 클라우드, 디지털 트윈(Digital Twin) 등의 기술을, 국토교통과학기술진흥원(KAIA, 국토교통부)은 UAM(Urban Air Mobility: 도심항공교통), 스마트시티 관련 기술을, 한국국토정보공사(LX, 국토교통부)는 공간정보기술을 중심으로 특화사업들을 기획·운영하고 관리한다.

'블록체인 산업진흥 법제도 연구' 선정 이유

1 선정을 고려하게 된 첫 번째 이유는 다양한 산업 및 생태계에 빠르게 침투하고 있는 디지털 신기술 중 하나인 "블록체인(Blockchain)"을 다룬다는 점이다. 본 서에서는 분석을 위한 대상 사업들의 영역 카테고리로 '산업·생태계 활성화 및 법제도 개선', '국가 정책 및 공공플랫폼·서비스 전략수립', '비즈니스모델 설계 등 기업지원방안' 등을 정하고 있다. 이러한 분류 기준의 특성에 따라 분석의 대상이 될 사업들은 과학기술, 인문 분야와도 관련성이 있지만, IT·기술과도 밀접하게 연관되어 있다. IT·기술의 관점에서 접근할 때 분석을 위한 대상 사업의 선정 시, 가능하다면 다양한 기술 사례를, 글로벌 기술 트렌드에 부합하는 유망기술 사례를 중점으로 고려하고자 하는데, "블록체인(Blockchain)", 특히 "NFT"를 다루는 본 장의 연구사례는 이에 매우 적절하다는 판단이다.

블록체인은 지능화, 개인화가 강조된 미래 인터넷 환경이라 할 수 있는 "Web 3.0"의 핵심 기술로, 인공지능, 메타버스와 함께 디지털 대전환을 위한 동력으로 언급된다. 특히 대체 불가능한 토큰을 의미하는 NFT(Non-Fungible Token)는 높은 보안성을 제공하는 블록체인을 통해 특정 디지털 콘텐츠에 대한 소유권을 증명(유일성을 바탕으로)할 수 있는 기술로, 수많은 이용자가 온라인 플랫폼을 통해 사진, 동영상, 음악, 게임과 같은 가상자산, 디지털작품 등을 소유하고 유통하며 거래(수익화)하게 될 앞으로의 디지털 경제 생태계에서 빼놓을 수 없는 요소로 주목받고 있다.

2 두 번째 이유는 법률과 제도, 규제 현황 등을 분석해 입법과 제도적 차원의 개선방안을 마련한다는 점이다. 특정 기술 또는 제품, 산업 생태계의 활성화를 위해 빼놓을 수 없는 과제가 바로 법제도 인프라의 개선이다.

앞의 분석 사례들을 살펴보게 되면, '앱 산업 생태계 활성화를 위한 전략수립', '플랫폼 산업 사회 가치창출을 위한 과제 발굴' 등 대체로 국가 산업, 생태계의 발전을 위한 "정책수립"에 그 목적이 있음을 알 수 있다. 반면 본 사업은 용역명에서도 알 수 있듯이 법률과 제도, 각종 규제 현황을 조사·분석해 개선방안을 마련하는 "법제도 개선" 목적의 연구라는 점에서 차이가 있어 기존의 분석 사례들과는 또 다른 측면에서의 경험과 노하우, 지식을 공유할 수 있을 것으로 생각한다. 법제도 개선은 정책수립과는 또 다른 영역의 연구로 볼 수 있고, 법령의 구조와 해석, 입법절차, 법률·제도 조사를 위한 접근방안(국가법령정보센터, 의안정보시스템의 활용 등) 등에 대한 이해가 필요하다고 할 수 있다.

제안요청서 주요 내용

개요

↘ (과제명) '22년 NFT 규제개선 및 블록체인 진흥을 위한 법제도 연구용역

↘ (용역 기간) 2022.6 ~ 2022.12 / 7개월 이내

↘ (용역 예산) 약 150,000 천원

↘ (용역 배경) NFT, 블록체인 서비스의 도입 과정에서 기존 규제와의 잦은 충돌, 제도적 불투명성으로 인해 시장 형성의 제약이 있음에 따라, ① 분야별로 본격적인 법, 제도 정비와 함께 구체적 충돌 해결을 위한 방안을 발굴하고, ② 차기 정부의 NFT 활성화를 위한 제도적 기반 구축 및 법제도 정비 요구에 따른 사전 NFT 규제개선 연구 추진 필요

↘ (용역 목적) ① NFT, 블록체인 관련 기술발전과 산업 분야별 서비스 적용·확산 시나리오를 예측 및 이에 선제적 대응을 위한 단계적 규제개선 방안을 마련하고, ② 전문가 및 현장 의견수렴을 통해 진흥법 하위법령안을 보완

연구 기간은 7개월 이내, 예산은 약 1억 5천만 원으로, 정책연구 성격의 용역임을 고려한다면 상대적으로 높은 예산이 책정된 사업이라 할 수 있고, 사업을 수주해 수행하게 될 용역 업체의 측면에서도 수익성이 높은 용역이라 할 수 있다. 본 용역에서 요구하는 주요 과업의 목적은 크게 두 가지로 구분할 수 있는데, 첫 번째는 기술이나 산업, 서비스 등 측면의 블록체인·NFT 동향조사를 수행하여 핵심 규제 분야를 도출해 개선방안을 제시하는 "법·제도 개선과제 발굴", 두 번째는 현재 진행되고 있는 관련 법안의 입법절차를 실질적으로 지원하고, 하위법령을 마련하는 "법률(안) 제·개정 업무 지원"이다.

사실 두 개의 큰 업무 영역을 살펴보면, 전자는 일반적인 ICT 분야의 정책 컨설팅 기업이나 대학, 연구기관들이 수행할 수 있는 과업으로 보이지만, 후자의 업무는 문턱이 있어 보이는 것이 사실이다. 따라서 보통 국회에서 진행 중인 입법절차를 직접 지원하거나 법 또는 시행령, 시행규칙 등의 마련을 요구사항으로 명시하는 용역사업의 경우, 전문성을 앞세워 주로 법무법인이 수주, 변호사를 중심으로 사업을 수행하는 경우가 대부분이다. 또는 컨설팅 기업과 법무법인이 컨소시엄을 구성해 제안에 참여하는 전략을 택할 수도 있다. 만약 단순한 법·제도 측면의 동향조사를 넘어, 정책, 시장, 기술, 트렌드 등 다양한 영역의 조사·분석을 요구하는 과업 내용을 포함하고 있다거나 특정 연구 방법론의 기획과 적용을 요구하는 경우, 실제 정책수립 체계에 따른 추진전략과 과제 도출 등의 과업을 요구하는 경우라면, 대상 용역에의 입찰 여부를 고민하는 법무법인의 측면에서는 전문 컨설팅 기업과의 컨소시엄 구성이 하나의 전략적 대안이 될 수 있다.

KNOW-HOW & KNOWLEDGE

보통 특정 용역사업에 입찰을 고려하는 사업자들은 제안요청서의 종합적인 요구사항을 파악 후 전략적으로 컨소시엄 구성 여부를 검토한다. 성공적인 컨소시엄 전략은 제안사의 규모, 보유 역량 등의 한계에도 불구하고, 자사에 ① 그 이상의 큰 규모, 다양한 분야 또는 형태의 사업에 수주할 수 있는 기회를, 만약 수주를 가정한다면 ② 해당 사업의 용역수행경력을 확보하는 기회를 제공한다.

이처럼 법률제정이나 입법절차 지원 등의 과업이 포함된 용역사업을 기획해야 하는 경우, 보통 변호사의 사업참여를 예상하여 발주담당자가 제안요청서를 작성, 적정 예산을 책정하게 되므로, 일반적인 정책연구나 컨설팅 용역사업과 비교해 다소 높은 예산이 배정되는 경향이 있다.

본 용역의 제안요청서에서 요구하는 구체적인 과업수행범위는 다음의 그림과 같다.

제안요청서 요구사항 (요약)

가. NFT 진흥을 위한 법·규제 개선방안 마련

☐ 선제적 규제 발굴 및 개선, 미래 NFT 기술의 진화 방향을 도출하고 향후 발전전망 제시

　○ 블록체인 기술 로드맵, NFT 신규 서비스 발굴을 통해 수요 기반 NFT 기술 발전 시나리오 도출

☐ NFT 대표 수요 분야(규제혁신) 선정 및 규제·기술영향을 고려한 서비스 적용·확산 시나리오 제안

　○ 메타버스·게임, 예술·수집품, 엔터테인먼트, 금융 등 NFT 활용 증가가 예상되는 수요분야 도출

　○ 향후 서비스 확산에 규제로 작용할 수 있는 요소들에 대한 규제·기술영향 사전 검토 수행

☐ NFT 규제개선 세부 추진과제 및 맞춤형 상세 개선안 제안

　○ NFT 서비스 확산 시나리오에 따라 개선이 필요한 공통·산업 분야별 규제개선 추진과제 제안

　○ 규제 유형별 분석을 바탕으로, 유형별 구체적인 맞춤형 개선방안 제시

나. 국내외 NFT 산업 현황 및 정책 동향, 생태계 조사·분석

☐ NFT, 가상자산 관련 국내외 산업/정책 동향, 생태계, 가치사슬 분석을 통해 정책적 시사점 도출

　○ (ICT 환경변화) 거시 측면에서 NFT 메가 트렌드에 따른 주요국 대응전략, 우리의 현주소 진단

　○ (정책) 국내외 NFT 관련 정책, 법제도 동향, 정부 추진 유사 사업현황 등 종합분석

　○ (기술) 기술 분류, 요소 기술동향(특허, 표준화 동향 등) 국내외 NFT 기술 동향 조사·분석

　○ (시장) 국내외 NFT 시장 규모와 전망, 기업/시장구조, 생태계, 가치사슬 등 시장동향 종합분석

☐ NFT 관련 산업 진흥 및 확산 저해요인 등 문제점 제시 (중앙정부, 지자체, 민간 등 다각도 고려)

☐ NFT 활용 및 확산에 따른 법적·제도적 근거 규정 및 규제개선을 위한 필요사항 분석

다. 블록체인 관련 법률제정 및 입법절차 지원

☐ 블록체인 진흥 관련 법률안과 연계된 법적 검토 통해 시행령, 시행규칙 등 하위법령안 보완

　※ (방안) '21년도 블록체인 법제도 개선 방안연구 및 법제정 지원연구를 통해 마련된 하위법령 초안 대상 보완 수행

☐ 블록체인 발전 및 진흥, NFT, 가상자산 등 관련 국회 발의 법률안 검토 및 요구사항 대응

　※ (대상) 블록체인 진흥 및 육성 등에 관한 법률안, 가상자산법안, 특금법 일부 개정안, 메타버스산업 진흥법안 등

라. NFT 규제혁신 협의체 및 연구반 구성·운영

☐ NFT 규제혁신 협의체 운영 지원

　○ 직접 참여를 통해 검토의견을 과제화하고 관계 부처 간 협의·조정으로 내용 보완 및 과제 확정

☐ NFT 규제개선 연구반 구성·운영 및 연구수행

　○ 부처, NFT 산업계, 법률전문가 등으로 규제개선 연구반을 구성, 산업별로 분과 분류 및 운영

그림 3-1 ┃ 제안요청서(RFP)에 명시된 과제 연구범위

제안요청서 상의 요구과업은 크게 '법·규제 개선방안 마련', '국내외 산업, 정책, 생태계 등 조사·분석', '법률제정 및 입법절차 지원', '협의체 및 연구반 구성·운영' 등 4개로 구분된다. 이중, "협의체, 연구반 운영" 등 전문가 집단을 활용하는 과업이 별도의 요구과업으로 명시되어 있다는 것은 그만큼 연구 과정과 결과에 대한 타당성 확보와 검증이 중요하다는 것으로 해석할 수 있다. 물론, 공공의 정책 사업인 만큼 다양한 이해관계자가 모여 정책과 사업, 추진방안을 공론화하고 확산시키기 위한 장(場)의 마련이 필요하다는 측면으로도 이해할 수 있다. 따라서 사업 전반의 주요 과업에 적절한 목적과 필요에 따라 배치될 수 있는 연구반 구성·운영계획의 수립이 중요할 것으로 보이며, 이는 해당 사업의 제안자료를 구성하거나 이후 실제 사업을 이행하는 측면에서도 사업을 수주하고, 또한 성공적으로 용역을 추진하는 데 있어 큰 이점으로 작용할 것이다.

핵심요구사항(Key Sentence) 도출

1.1 개요

본 사업의 제안요청서를 분석해 구체적인 사업 이행전략을 마련하기 위한 첫 번째 단계는 핵심요구사항(Key Sentence)의 도출이다. 여기서 핵심요구사항이란, 제안요청서에 명시된 다양한 요구과업 중에서도 특히 중요도가 높은, 우수한 품질의 결과물 산출로 이어져야 하는 요구사항들이라 할 수 있다. 핵심 과업을 사전에 파악하고, 발굴해 내어 이의 요구사항들에 집중할 수 있다는 관점에서 의미가 있다.

경험이 상대적으로 부족한 용역 수행업체나 컨설턴트, 연구원들이 사업을 수행할 때 쉽게 저지르는 실수 중 하나는, 집중해야 할 핵심 과업이 아닌 중요도가 다소 떨어지는 과업에 인력이나 시간 등의 자원을 과도히 투자하는 경우이다. 용역 수행을 책임지는 PM이나 팀장이 이를 바로잡는다면 문제없겠지만, 어떠한 이유에서든 그렇게 되지 못한다면 대략 낭패라 할 수 있다. 실제로 용역의 발주기관 담당자와 사업자의 능력이 모두 부족하다거나, 사업 초기 양측간 연구 추진 방향성에 대한 협의가 미흡한 경우, 타 업무 수행으로 해당 용역의 운영·관리에 소홀한 경우 등으로 인해 사업의 추진이 전혀 엉뚱한 방향으로 흘러가는 경우도 상당히 많다. 초기 제안을 준비하는 단계부터 대상 용역의 핵심 과업을 판별해 내는 습관을 들인다면 이와 같은 문제를 최소화할 수 있고, 만약 발생한다고 해도 사업의 추진 방향이 올바르게 가는 데 도움이 될 수 있다.

이처럼, 본격적인 분석에 앞서 핵심요구사항(Key Sentence)을 도출한다는 것은 성공적이고 효율적인 사업 이행을 위해 중요한 첫걸음이라 할 수 있다.

1.2 진단·분석

제안요청서를 기준으로 요구사항을 살펴보게 되면, 과업은 크게 'NFT 진흥 법·규제 개선방안 마련', '산업, 정책 등의 동향조사 및 분석', '법률제정 및 입법절차 지원', '협의체 및 연구반 구성·운영' 등 4개로 구분되고 있다(제안요청서의 「가, 나, 다, 라 수준」을 기준으로). 이 중에서도 첫 번째와 두 번째 과업은 조사·분석을 통해 방안을 마련 및 제시하는 '연구' 성격의 과업으로, 세 번째와 네 번째 과업은 법률제정 및 입법절차대응을 지원하고, 전문가 협의체·연구반의 구성, 운영 등을 지원하는 '보조' 성격의 과업으로 정의할 수 있다.

1) NFT 진흥을 위한 법·규제 개선방안 마련

첫 번째 「가 수준」에 해당하는 요구사항으로, '수요 기반의 NFT 기술발전 시나리오 도출', 'NFT 대표 수요 분야 선정', '규제·기술영향 사전 검토', '서비스 적용 및 확산 시나리오 제안', '규제개선 세부 추진과제 발굴 및 상세 개선안 제안' 등을 주요 과업으로 제시하고 있다. 첫 번째 단계의 요구사항임에도 불구하고 '탐색(Exploration)'이나 '조사(Investigation)'를 위한 내용보다는 결과물을 제안하는 '방향 제시(Direction)' 성격의 과업 내용을 주로 포함하고 있다는 것이 특징이다.

2) 국내외 NFT 산업 현황 및 정책 동향, 생태계 조사·분석

두 번째 「나 수준」에 해당하는 요구사항으로, '다각도의 환경진단(ICT 환경변화, 정책, 기술, 시장)을 통한 시사점 도출', 'NFT 산업진흥 및 확산 저해요인 등 문제점 제시', '법·제도적 근거 규정 및 규제개선을 위한 필요사항 분석' 등을 핵심 과업으로 제시하고 있다. 전형적인 동향조사, 환경진단 과업의 범위로 이해할 수 있다.

3) 블록체인 관련 법률제정 및 입법절차 지원

세 번째 「다 수준」에 해당하는 요구사항으로, 세부 요구과업 내용으로는 '시행령, 시행규칙 등의 하위법령안 보완', '국회 발의 법률안 검토 및 요구사항 대응' 등을 포

함하고 있다. 해당 단계의 과업들은 지원 성격의 업무 범위임에도 불구하고, 법률 제·
개정(시행령, 시행규칙 등 하위법령안의 보완 등), 국회 발의 법률안 검토, 입법절차 대응 등을
요구하고 있어, 법·제도 차원의 전문성을 갖춘 법률 전문가(변호사 등)의 투입이 특히 요
구되는 과업단계라 할 수 있다.

4) NFT 규제혁신 협의체 및 연구반 구성·운영

네 번째 「라 수준」에 해당하는 요구사항으로, 세부 내용으로는 'NFT 규제혁신
협의체 운영지원', 'NFT 규제개선 연구반 구성, 운영 및 연구수행' 등이 있다. 전문가
집단을 활용하여 연구 과정과 결과를 검증, 자문을 요구하는 등의 업무로 이해할 수
있다.

1.3 핵심요구사항

이와 같은 제안요청서의 간단한 진단·분석을 통해 도출한 본 용역 핵심요구사항(Key
Sentence)은 다음과 같다. 참고로, 제안요청서 상에 명시된 순서(가, 나, 다 순)에 따라 나
열하였다.

- NFT 기술발전 시나리오 도출
- NFT 핵심 수요 분야(규제혁신 분야) 선정
- 수요 분야별 서비스 규제 및 기술영향 사전 검토
- 서비스 적용 및 확산 시나리오 제안
- 규제개선 추진과제 발굴 및 맞춤형 개선방안 제시
- 국내외 환경진단 (트렌드, 정책, 기술, 시장)
- 산업진흥 및 확산 저해요인 발굴
- 법제도 근거 규정 및 규제개선 필요사항 분석
- 블록체인 진흥 관련 하위법령안 보완

- 국회 발의 법률안 검토 및 요구사항 대응
- NFT 규제혁신 협의체 운영지원
- NFT 규제개선 연구반 구성, 운영 및 연구수행

↘ NFT 기술발전 시나리오 도출	↘ NFT 핵심 수요 분야 (규제혁신 분야) 선정	↘ 수요 분야별 서비스 규제 및 기술영향 사전 검토
↘ 서비스 적용 및 확산 시나리오 제안	↘ 규제개선 추진과제 발굴 및 맞춤형 개선방안 제시	↘ 국내외 환경진단 (트렌드, 정책, 기술, 시장)
↘ 산업진흥 및 확산 저해요인 발굴	↘ 법제도 근거 규정 및 규제개선 필요사항 분석	↘ 블록체인 진흥 관련 하위법령안 보완
↘ 국회 발의 법률안 검토 및 요구사항 대응	↘ NFT 규제혁신 협의체 운영지원	↘ NFT 규제개선 연구반 구성, 운영 및 연구수행

그림 3-2 ▮ 12개 핵심요구사항

분석 2단계

구조화(Categorization) 및 논리적 절차 구성

2.1 개요

앞서 제안요청서에 명시된 요구과업들을 대상으로 총 12개의 핵심요구사항(Key Sentence)을 도출했지만, 이 요구사항들을 그대로 추진과업으로 활용해 사업을 이행할 수는 없다. 과업 간의 선후 관계가 맞지 않음으로 인해 선행 과업의 산출물(Output)이 후행 과업의 활용자료(Input)로 이용되기 위한 논리적 연결성이 부족할 수 있고, 중복된 업무들을 반복해서 수행하게 될 가능성이 있으며, 각각의 과업단계에서 도출된 결과물들이 활용되지 못하거나, 또는 분절되어 활용됨으로 인해 기대 이하의 산출물들이 도출될 수 있기 때문이다.

이러한 문제를 해결하기 위해 12개의 핵심요구사항을 우선 진단하여 각각의 요구사항들이 독립적이고 동등한 수준의 과업 단위가 될 수 있도록 조정한다. 유사 또는 중복 요구사항은 삭제하고, 특정 요구사항의 수준(Leveling)이 너무 낮거나 높은 경우(예로, 소수의 인력이 투입되어 처리할 수 있는 간단한 과업인 경우, 아니면 반대로 다양한 요구사항이 얽혀있고 수행범위가 매우 방대한 과업인 경우)에는 유사 수준의 과업 단위로 통합 또는 특정 과업을 여러 과업 단위로 나누는 등의 작업을 수행한다. 이후 유사 수준으로 구성된 과업 단위들이 마련되었다면, 이제는 각각 과업 간의 유기적인 업무 이행을 통해 양질의 결과물들이 도출될 수 있도록 논리적 절차에 근거해 과업 단위 간의 순서를 재배치한다.

본 서에서는 이와 같은 과정들을 각각 구조화(Categorization)와 논리적 절차의 구성(과업 단위 간 인과관계를 고려한 최적의 이행절차)이라 칭한다.

2.2 구성절차

본 사업의 예상 추진절차는 총 6개의 대표 과업(Phase), 14개의 세부 과업(Task)으로 구성되며, 과업 전반의 이행 흐름은 「탐색(Exploration) → 진단·분석(Analysis) → 방향 제시(Direction) ← 연구지원(Support)」 등 4단계의 절차로 구분되어 진다. 이때 「연구 지원(Support)」 단계는 본 사업의 원활한 추진을 돕기 위한 지원단계로 볼 수 있어 화살표의 방향을 역으로 표현하였다.

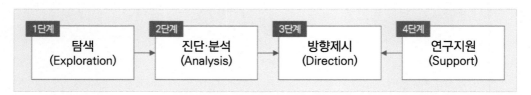

그림 3-3 ▮ 연구 이행절차

대표 과업을 중심으로 주요 추진내용들을 어떻게 구성하였는지 간단히 살펴보도록 한다.

1) 환경진단 (Phase 1)

대표 과업(Phase) 중 첫 번째 단계이다. 앞서 정의한 12개의 핵심요구사항(Key Sentence)을 살펴보면, 'NFT 기술발전 시나리오 도출' 과업이 첫 번째로 나열되어 있어 이를 우선으로 이행해야 한다고 생각할 수 있지만, 사실 가장 먼저 추진이 필요한 과업은 여섯 번째에 배치된 '국내외 환경진단' 과업으로 볼 수 있다. '국내외 환경진단' 과업에서는 타 주요 과업단계에서 도출 및 설계되는 산출물을 만드는데 필요한 기초자료(동향)를 종합적으로 조사하고, 이에 대한 진단·분석을 통해 시사점을 발굴한다. 이때, 기초자료로써 정의한 환경진단의 범위는 제안요청서의 요구사항을 고려해 "ICT 환경변화(메가트렌드에 따른 주요국 대응전략 등), 정책(국내외 NFT 관련 정책, 법제도 동향 등), 기술(기술분류체계, 특허·표준화 현황 등), 시장(NFT 시장 규모 및 전망, 생태계 현황 등)" 등의 영역으로 정한다.

2) 수요 분야 선정 (Phase 2)

두 번째 대표 과업(Phase) 단계는 규제개선을 위한 핵심 수요 분야 선정을 목표로 한다. 따라서 '핵심 수요 분야 선정'에 도달하기까지의 논리적 과업 절차를 구성하기 위해 12개 핵심요구사항의 나열 순서를 기준으로 과업을 재배치하였다. 이행 순서를 적어본다면 「NFT 기술발전 시나리오 도출 → 법제도 근거 규정 및 규제개선 필요사항 분석 → 산업진흥 및 확산 저해요인 발굴 → NFT 핵심 수요 분야(규제혁신 분야) 선정」 등으로 표현할 수 있다.

3) 시나리오 설계 (Phase 3)

세 번째는 앞서 선정한 규제개선 핵심 수요 분야별 대표 서비스모델을 발굴하고, 규제·기술관점의 영향도 등을 종합적으로 고려해 모델별 적용 및 확산 시나리오를 설계하는 단계이다. 마찬가지로 12개의 핵심요구사항을 기준으로 세부 과업 순서를 나열해 본다면, 「수요 분야별 서비스 규제 및 기술영향 사전 검토 → 서비스 적용 및 확산 시나리오 제안」으로 표현이 가능하다.

4) 추진과제 도출 (Phase 4)

네 번째는 규제개선을 위한 추진과제를 도출하고, 과제별 구체화 및 맞춤형 개선방안을 제시하는 단계이다. 실질적인 정책, 법제도 차원의 추진과제를 발굴하는 과업단계이기 때문에, 본 용역에서 요구사항으로 제시하고 있는 전문가 협의체 및 연구반 운영을 통해 도출되는 과제 아이디어, 검증 의견 등을 충분히 반영할 필요가 있다. 12개의 핵심요구사항 중 다섯 번째인 '규제개선 추진과제 발굴 및 맞춤형 개선방안 제시'에 해당하는 과업으로 볼 수 있다.

5) 자문단 운영 (Phase 5)

다섯 번째는 연구지원(Support)의 성격으로 볼 수 있는 자문단 운영 단계이다. 본 과업단계는 전문가로부터 주요 연구절차 및 방법론, 결과 등에 대한 검증 의견을 받고,

추진과제, 개선방안 등에 대한 자문을 구하는 데 그 목적이 있다. 과업은 자문단의 운영 목적에 따라 크게 'NFT 규제혁신 협의체 운영지원', 'NFT 규제개선 연구반 구성 및 운영'으로 구분된다.

6) 입법 대응 (Phase 6)

여섯 번째는 블록체인 진흥 관련 하위법령안을 보완하고, 부처·발주기관의 입법절차 마련 등을 지원하는 입법 대응 단계이다. 「자문단 운영(Phase 5)」 단계와 마찬가지로 지원(Support) 성격의 업무로 이해할 수 있다. 다만, 부처 또는 발주기관이 주도적으로 진행하는 '입법절차 대응' 등의 업무를 보조로 지원하는 역할이긴 하나, 업무 특성상 요구되는 전문성에 따라 실질적인 업무를 법률 전문가(용역사업자)가 수행해야 하는 만큼, 용역 내에서도 본 과업의 비중과 중요성은 매우 크다고 할 수 있다. 세부 과업은 '블록체인 진흥 관련 하위법령안 보완', '국회 발의 법률안 입법절차 요구사항 대응' 등으로 구분된다.

위 대표 과업별 추진내용들의 구성 방향을 종합해 도식화한 본 사업 추진절차는 그림 3-4와 같다. 서두에도 설명했듯이 제안요청서의 요구사항만을 보게 되면 본 용역의 요구과업은 크게 조사와 연구를 통해 규제개선 과제를 발굴하는 '연구' 성격의 영역과 전문가 자문단 운영지원, 입법절차대응 등으로 구성된 '보조' 성격의 영역으로 구분될 수 있다. 이는 각각 독립적으로 느껴질 수 있는 과업의 범위들이지만, 사실 효율적인 사업 이행을 위해서는 유기적으로 진행되어야만 하는 관계를 지니고 있다. 그림 3-4의 사업 추진절차(안)를 살펴보면 규제혁신 협의체의 운영지원 결과가 규제개선 추진과제 발굴 시 연계·활용되어야 한다는 점(Task 5-1 → 4-1)과 연구 초기 법·제도 측면의 환경진단 결과를 바탕으로 하위법령안의 보완, 입법절차 요구 대응이 이뤄져야 한다는 점(Task 1-3 → 6-1, 6-2) 등을 일례로 확인할 수 있다.

| 탐색 (Exploration) | 진단·분석 (Analysis) | 방향제시 (Direction) | 연구지원 (Support) |

[Phase 1] 환경진단

1-1	사전미팅을 통한 연구 방향 설정
1-2	국내외 NFT 환경진단
1-3	국내외 NFT 동향 종합시사점 도출

[Phase 2] 수요 분야 선정

2-1	NFT 기술발전 시나리오 도출
2-2	법제도 및 규제개선 필요사항 분석
2-3	규제개선을 위한 핵심 수요 분야 선정

[Phase 3] 시나리오 설계

| 3-1 | 분야별 서비스 규제 및 기술영향 사전 검토 |
| 3-2 | 서비스 적용 및 확산 시나리오 설계 |

[Phase 4] 추진과제 도출

| 4-1 | 규제개선을 위한 추진과제 발굴 |
| 4-2 | 과제별 맞춤형 개선방안 도출 |

[Phase 5] 자문단 운영

| 5-1 | NFT 규제혁신 협의체 운영지원 |
| 5-2 | NFT 규제개선 연구반 구성 및 운영 |

[Phase 6] 입법 대응

| 6-1 | 블록체인 진흥 하위법령안 보완 |
| 6-2 | 입법절차 요구사항 대응 |

그림 3-4 ▋ 제안하는 사업 추진절차(안)

이렇듯, 연구 착수에 앞서 사업 추진절차 등을 기획하고 구상할 때 과업 간의 연결성을 꼼꼼하게 따져보고 고민해 보는 것은 사업의 착수부터 종료까지의 큰 그림을 머릿속에 그릴 수 있게(또는 정리된 문서로서) 해 주어 각종 보고나 회의, 발표, 예기치 않게 발생하는 다양한 이슈 상황에 즉시 대처할 수 있는 좋은 무기가 된다. 나아가 이는 곧 사업의 안정적인 운영과도 직결된다.

KNOW-HOW & KNOWLEDGE

제안요청서의 요구사항에 명시되어 있지 않더라도, 각각의 단위과업들을 분석해 최적의 과업 간 연결구조를 찾고, 이를 제안할 수 있어야 한다. 사업의 PM으로서 주요 과업 간의 관계를 머릿속에 담고 있다면 사업추진 시 발생하는 다양한 이슈, 리스크(Risk)에도 쉽게 대응할 수 있어 사업추진의 성공 확률을 한층 높일 수 있다.

절차별 추진방안 사전 기획

3.1 개요

앞서 본 사업의 추진절차를 총 14개의 세부 과업(Task)으로 구성, 이를 조망하는 추진 방향을 제시했다면, 이제는 각 과업단계의 구체적 추진방안을 고민해야 한다. 여기서, 사업의 수행이 아닌 제안서를 작성하는 단계임에도 굳이 구체적인 과업 추진방안을 고민할 필요가 있냐는 물음이 있을 수 있는데, 이는 사업의 성공적 완수가 중요한 발주처뿐만 아니라 사업에 수주해야 하는 제안업체의 측면에서도 매우 중요한 요소라 할 수 있다.

전자(발주처 측면)의 예를 들어보자. 만약 제안 참여 업체의 'A 사업' 수주를 가정할 때, 본 시점에 해당 업체의 사업 수행 PM은 보통 타 사업의 제안에 관여하고 있거나 동시에 여러 프로젝트를 운영·관리하고 있을 확률이 높다. 따라서 이미 수주된 'A 사업'에 품을 들이지 못할 가능성이 커 본격적으로 착수에 돌입해야 하는 'A 사업'의 이행방안을 충분히 분석하고 고민하지 못한 채 사업에 임하는 상황이 발생할 수 있다. 이는 곧 사업 수행을 통해 산출되어야 하는 결과물의 품질과 직결되어 사업의 성공적 완수에 걸림돌로 작용할 수 있다. 후자(제안업체 측면)의 예로, 제안 참여 업체가 사업 제안 단계에서 구체적 사업추진절차를 제시하지 못한다면 수주의 가능성은 현저히 떨어진다. 실제 수행사 선정을 위한 평가 세부기준으로 사업수행계획의 '구체성'과 '타당성', 제안 내용의 '적정성', '실현 가능성' 등 지표를 명시하고 있으므로, 수주의 유·무에 큰 영향을 미칠 수 있음을 인지해야 한다. 참고로 명확한 평가 세부기준은 각각의 사업별 제안요청서(RFP)에 자세히 명시되어 있으므로 확인이 필요하다.

탐색 (Exploration)	진단·분석 (Analysis)	방향제시 (Direction)	연구지원 (Support)

[Phase 1] 환경진단

1-1 사전미팅을 통한 연구 방향 설정

- 발주담당자와의 사전미팅을 통해 주요 과업 단계의 예상 산출물 이미지 협의, 사업추진 일정 조율 등 연구방향 수립

1-2 국내외 NFT 환경진단

- 정책, 시장, 트렌드, 기술, 법제도 측면 동향조사 추진
  - ※ (Political) 정책, 정부사업 등
  - ※ (Market) 규모, 전망, 생태계 등
  - ※ (Trend) 메가 트렌드, 현상 등
  - ※ (Technical) 분류체계, 특허 등
  - ※ (Legal) 제정 현황, 연구자료*, 국회 발의 법률안 추진현황 등
  - • (자료) '21 블록체인 법제도 개선 및 법령제정 연구 (하위법령 초안)

1-3 국내외 NFT 동향 종합시사점 도출

- 정책, 시장, 트렌드, 기술, 법제도 측면의 동향조사 결과를 종합 정리
- 주요국 현황 중 국내 도입이 가능한 벤치마킹 요소 발굴

[Phase 2] 수요 분야 선정

2-1 NFT 기술발전 시나리오 도출

- '기술 로드맵', 'NFT 신규 서비스'에 대한 조사·분석을 바탕으로 블록체인·NFT 기술발전 방향성 제시

2-2 법제도 및 규제개선 필요사항 분석

- NFT 활용·확산을 위해 개선이 필요하다고 판단되는 법률 및 각종 규제·제도 현황 파악
  - ※ 법제도(Legal) 환경진단 결과와 기술발전 시나리오 결과(시기, 서비스모델, 핵심기술)를 연계해 법제도, 규제개선 이슈 도출
- 해당 법령, 제도 등의 개선 필요사항(내용)을 구체적으로 확인, 개선 방향성 제시

2-3 규제개선을 위한 핵심 수요 분야 선정

- (1차 연구반) ① 다각도 전문가 참여를 통해 NFT 산업의 진흥 저해요인 및 문제점 논의, ② 규제혁신 수요분야 선정*
  - • (예) 메타버스·게임, 예술·수집품, 엔터테인먼트, 금융 등

[Phase 3] 시나리오 설계

3-1 분야별 서비스 규제 및 기술영향 사전 검토

- (2차 연구반) ① 수요 분야별 핵심 서비스모델 발굴 및 주요 서비스의 규제·기술영향 평가(온라인), ② 평가 방식, 결과의 타당성 검증(오프라인)

3-2 서비스 적용 및 확산 시나리오 설계

- 평가를 통해 도출된 서비스별 정량 지수, 순위를 활용하여 서비스 시나리오 초안 설계*
  - • (예) 기술의 상용화가 용이한 서비스는 선(先) 적용, 多 규제가 얽혀 있는 서비스는 후(後) 확산
- (3차 연구반) 분과 별 연구반 운영(오프라인)을 통해 시나리오 타당성 검토 및 보완·개선작업 수행

[Phase 4] 추진과제 도출

4-1 규제개선을 위한 추진과제 발굴

- 도출 시나리오, 선행 조사 결과를 활용해 과제 초안 도출
- (4차 연구반) 분과 별 연구반 운영을 통해 과제 보완 및 추가 발굴·기획 (공통/분야별)

4-2 과제별 맞춤형 개선방안 도출

- 과제별 규제개선 특성을 유형별로 구분, 이를 바탕으로 과제별 맞춤형 개선방안 제시
  - ※ (유형) 명시적 규제, 과도기적 규제, 불명확 규제, 법제도 제정, 법리적 우회방안 마련 등

[Phase 5] 자문단 운영

5-1 NFT 규제혁신 협의체 운영지원

- 기 운영중인 NFT 규제혁신 협의체 운영 지원
- 협의체 운영 결과를 규제개선 추진과제 발굴 시 연계 활용 (Task 4-1)

5-2 NFT 규제개선 연구반 구성 및 운영

- 과기정통부, NFT 산·학·연, 법률전문가 등으로 연구반 구성 및 분야별 분과 구분·운영
- 수요분야 선정, 규제·기술영향 검토, 시나리오 설계, 과제발굴 단계*에서 공동연구 및 검증
  - • 각각의 단계는 「Task 2-3, 3-1, 3-2, 4-1」 해당
  - ※ 필요 시 설문조사, 간담회 등 의견수렴 방법론 활용

[Phase 6] 입법 대응

6-1 블록체인 진흥 하위법령안 보완

- 환경진단 결과(Legal)* 활용, 블록체인 진흥 법안 시행령, 시행규칙 등 보완
  - * 「21년 블록체인 법제도 개선 및 법령제정 지원연구」 수행으로 마련된 하위법령 초안 분석 결과

6-2 입법절차 요구사항 대응

- 환경진단 결과(Legal)* 활용, 국회 발의 법률안 입법 절차 대응
  - * 블록체인, NFT, 가상자산 관련 국회 발의된 법률안의 입법 절차 모니터링 결과

그림 3-5 ▌추진절차별 세부 추진방안을 담은 '사업추진 프레임워크'

이러한 두 가지 측면의 예시에 따라, 제안 단계부터 구체적 과업별 방법론을 고민하고 제시하는 것은 선택이 아닌 필수라 할 수 있다.

본론으로 돌아와, 본 서에서 제시하는 "NFT 규제개선 및 블록체인 진흥을 위한 법제도 연구" 용역사업의 추진절차별 세부 추진방안은 그림 3-5와 같다. 해당 장표의 구성 내용을 토대로 대표 과업(Phase) 중심의 핵심 추진방안을 설명하도록 한다.

3.2 환경진단 (Phase 1)

대표 과업(Phase) 중 첫 번째는 「환경진단」 단계로, 본 단계는 발주담당자와 미팅을 통해 예상 산출물 이미지를 협의하고, 사업 이행의 세부 추진일정을 조율하는 '사전미팅을 통한 연구 방향 설정' 과업(Task 1-1)과 제안요청서 상의 요구사항과 같이 ICT 환경변화, 정책, 기술, 시장 키워드에 대한 국내외 현황을 파악하는 '국내외 NFT 환경진단' 과업(Task 1-2), 각각의 키워드별 환경진단 결과의 종합 분석을 바탕으로 국내 적용 가능한 벤치마킹 요소를 발굴하는 '국내외 NFT 동향 종합시사점 도출' 과업(Task 1-3)으로 구성된다.

1) 사전미팅을 통한 연구 방향 설정 (Task 1-1)

사업의 수행을 위한 첫 단추라 할 수 있는 본 과업은 제안평가를 통해 최종선정된 사업자와 해당 사업의 발주담당자가 처음으로 마주해 인사를 나누는, 다소 가벼운 마음가짐으로 임하는 자리이기도 하지만, 반대로 수행업체가 제안을 준비하는 과정에서 제안요청서의 내용만으로 충분한 파악과 방향 수립에 애로를 겪었던 요구사항들을 발주담당자와 직접 소통하여 공감함으로써 합의점(Consensus)을 이룰 수 있는 단계이기 때문에 그 중요성은 생각보다 크다고 할 수 있다.

예를 들어 본 용역 내 요구과업인 '블록체인 진흥 하위법령안 보완', 'NFT 규제혁신 협의체 및 규제개선 연구반 운영지원' 등의 수행과 관련해 ① 시행령, 시행규칙 등 하위법령의 예상 제·개정 일정은 대략 언제인지(하위법령 보완 일정계획을 수립하기 위해), ②

현재 운영 중인 규제혁신 협의체의 이후 계획과 일정은 어떻게 되는지(협의체 운영지원 일정계획을 수립하기 위해), ③ 규제개선 연구반은 앞선 규제혁신 협의체와 무엇이 다르고, 어떠한 방향으로 구성 및 운영해야 하는지(연구반의 운영 목적을 파악하고 논의 안건, 활용 전문가 등의 추진방안을 마련하기 위해) 등을 파악하고 논의할 필요가 있다.

2) 국내외 NFT 환경진단 (Task 1-2)

실질적으로 블록체인, NFT 기술을 둘러싼 환경진단을 수행하고, 관련 동향을 파악하는 단계이다. 이때, 제안요청서 요구사항 중 「나. 국내외 NFT 산업 현황 및 정책 동향, 생태계 조사·분석」에서 제시하고 있는 '정책', '시장', '트렌드(ICT 환경변화)', '기술' 키워드뿐만 아니라, 추가로 '법제도' 영역의 조사도 함께 수행하도록 한다. 제안요구사항에서 직접 명시하고 있지는 않지만, 향후 「다. 블록체인 관련 법률제정 및 입법절차 지원」 업무를 성공적으로 수행하기 위해서는 관련 법의 하위법령안 초안('21년도 "블록체인 법제도 개선 방안연구 및 법령제정 지원연구"를 통해 마련된), 주요 법의 제·개정 내용, 국회 발의 법률안의 現 추진 현황 등 관련 동향들의 선행적인 파악이 필요하다고 할 수 있다. 이와 같은 내용은 '법제도'의 영역으로 볼 수 있으므로, '국내외 NFT 환경진단' 과업 범위에 이를 포함, 총 5개의 영역에 대한 환경진단을 수행하도록 한다.

보통 환경진단 과업이 포함된 과제를 발주하는 부처, 기관담당자는 크게는 주요 계획 또는 정책 등의 마련에 활용하기 위해, 작게는 각종 연구보고서, 보고자료, 기획자료 등의 작성에 필요한 근거자료를 수집하기 위한 목적으로 '시장(경제)', '정책', '기술', '트렌드', '법제도' 등 다양한 영역의 현황조사를 요청하게 된다. 이때, 당시 직면한 현안이나 이슈를 해결하기 위한 조사 결과가 필요하므로 분석 영역은 매번 달라질 수 있다. 조사의 관점으로 빈번하게 활용되는 영역들은 공통으로 묶어 PEST, PESTEL, STEEP 등 하나의 환경분석 방법론으로서 진단할 수 있는데, 조사 연구 수행 시 이러한 대표 방법론의 명칭에 매몰되기보다는 실제 필요로 하는 연구 결과와 시사점을 도출하는 데 도움이 될 수 있는 영역만을 선정해 이에 대한 깊이 있는 조사를 수행하는 것이 바람직하다고 할 수 있다.

결론적으로, 본 과업에서 환경진단의 대상 영역은 '정책(Political)', '시장(Market & Service)', '트렌드(Trend)', '기술(Technical)', '법제도(Legal)' 등의 5개로 정하였다. 간단히 접근방안을 들여다보자.

대표적으로 먼저 '정책(Political)' 영역을 살펴본다면, 우선 계층적(Hierarchy) 관점으로 접근할 때, 크게 중앙정부의 정책과 지방정부(지자체)의 정책으로 구분한 조사가 가능하다. 이렇게 접근하는 경우, 큰 틀의 국가 정책 기조뿐만 아니라 지역별 추진 정책의 특성을 파악할 수 있어 지역 간의 균형성, 특정 지역의 우수사례 등에 관한 시사점을 도출할 수 있다. 또한, '정책'과 '사업'을 구분해 조사하기도 하는데, 구분의 기준은 모호할 수 있지만 정책은 크게 정부에서 발표하는 국가 규모의 전략 또는 계획(예: 가상융합경제 발전전략, 한국판 뉴딜 종합계획 등)을 말하며, 사업은 특정 정책을 이행하기 위한 실체적 개념으로, 예산, 주체, 목표, 수혜 대상 등을 정해 국가나 공공, 기업, 국민을 대상으로 혜택을 제공하는 제도(예: 국민의 주거안정 향상을 높이기 위한 '도시개발사업', 중소기업의 기술경쟁력 향상을 도모하기 위한 '중소기업 R&D 지원사업' 등)의 형태로 이해할 수 있다. 사업의 경우, 목적에 따라 'R&D', '비 R&D'로 구분해 분석하기도 한다.

추가로, 정책 관점 외에 앞서 환경진단 과업에 편입하기로 한 '법제도(Legal)' 영역의 진단 방향을 간단히 살펴보도록 한다. 조사 범위는 크게 ① 하위법령안 초안, ② 주요 법 제·개정 내용, ③ 국회 발의 법률안 現 추진 현황으로 구분할 수 있다. '21년도 연구를 통해 도출된 초안에 대한 분석으로 접근할 수 있는 '하위법령안 초안' 조사방안은 제외한 후 고민해 본다면, 먼저 '주요 법 제·개정 내용'의 경우, 관련 연구를 통해 정리된 타 자료의 분석 결과를 인용하는 방법과 직접 법령을 검색해 제·개정 여부 및 내용을 검토하는 방법이 있을 수 있다. 보통 전자의 조사 방식을 추천하지만, 인용하거나 참고할만한 내용이 너무 부족하다면 후자의 방안을 선택해야 한다. 이때 법제처의 「국가법령정보센터」를 이용, 검색을 통해 각 법령의 전문을 확인할 수 있으며, 제·개정 이유와 해당 내용, 3단 비교(법-시행령-시행규칙 간) 결과 등을 쉽게 파악할 수 있으므로 비교·분석에 따른 시사점을 도출하는데 요

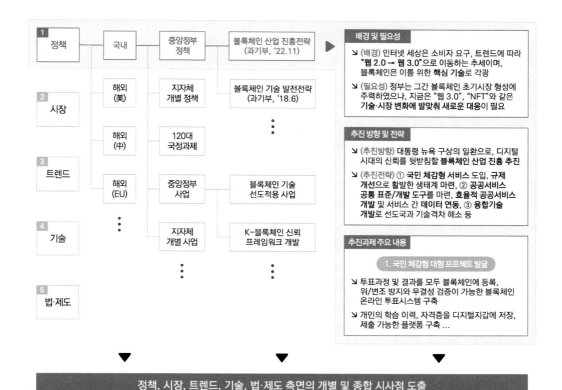

그림 3-6 ▮ 국내외 블록체인·NFT 환경진단을 위한 프레임워크 및 일부 분석 예시

긴하게 활용할 수 있다. '국회 발의 법률안 現 추진 현황'의 경우, 흔한 과업요구
사항이 아니므로, 타 자료의 조사 결과를 찾거나 이용하는 데 한계가 있을 것으로
보인다. 현업에서는 「의안정보시스템」을 많이 활용하는데, 해당 사이트를 통해
의안(법률안 등) 키워드를 검색하면 관련 내용이 표출되므로 정리 및 비교, 분석에 이
용할 수 있다. 특히 각각의 법률 발의안에 대한 의안 원문 내용(제안 이유와 내용 등)뿐
만 아니라 의안 번호, 제안 일자, 제안자(대표 발의자 등), 現 심사 진행단계 등 부가정
보를 모두 제공하므로 상세내용 파악이 쉽다.

그림 3-7은 직접 저자가 「의안정보시스템」을 통해 '블록체인' 키워드를 검색, 관련 대표 발의 법률안 정보를 찾아 정리한 내용 일부이다. 국내 법률안의 특성상, 특정 키워드에 관한 의안 명들이 매우 유사해 구분이 어려울 수 있는데, 실제 내용을 비교·분석해보면 차이를 알 수 있다.

블록체인 진흥 및 육성 등에 관한 법률안 (이상민 의원 대표 발의(2020.9.22), 의안번호 : 4109)

심사 진행 단계

↘ 접수 – 위원회 심사 – 체계자구 심사 – 본 회의 심의 – 정부 이송 – 공포

주요 내용 (일부)

↘ (안 제1조) 이 법은 블록체인 기술의 연구기반을 조성하고, 블록체인 산업을 진흥함으로써 과학기술의 혁신과 국민경제의 발전에 이바지함을 목적으로 함

↘ (안 제3조) 블록체인 기술의 연구개발 촉진 및 블록체인 산업의 진흥은 블록체인 산업의 기반 조성 및 블록체인과 관련된 혁신적인 연구·창업의 촉진을 우선적으로 고려하여 이루어져야 함

❖ (시사점) 국가 차원의 블록체인 혁신기술 연구기반 조성, 산업 진흥 기본법 제정을 위한 법적 근거 마련

블록체인산업 진흥에 관한 법률안 (이영 의원 대표 발의(2021.8.2), 의안번호 : 11866)

심사 진행 단계

↘ 접수 – 위원회 심사 – 체계자구 심사 – 본 회의 심의 – 정부 이송 – 공포

주요 내용 (일부)

↘ (안 제3조) 국가는 블록체인 산업의 진흥에 필요한 종합적인 시책을 수립하고 필요한 재원을 확보하도록 하며, 지방자치단체는 지역적 특성을 고려하여 필요한 시책을 마련하도록 하는 등 국가 및 지방자치단체의 책무사항을 규정

↘ (안 제12조) 블록체인 산업과 관련한 산업계·학계·연구계가 유기적 연계를 통해 블록체인 기술 연구개발의 효율을 높이고, 국내외 블록체인 기술 집약기업을 유치 및 육성하기 위하여 블록체인 진흥단지를 지정하거나 조성하도록 함

❖ (시사점) 공공·민간의 업무 효율화를 통한 새로운 가치 창출, 글로벌 시장 선점 촉진을 위한 법적 근거 마련

블록체인기술 발전 및 산업 진흥에 관한 법률안 (정희용 의원 대표 발의(2021.8.5), 의안번호 : 11938)

심사 진행 단계

↘ 접수 – 위원회 심사 – 체계자구 심사 – 본 회의 심의 – 정부 이송 – 공포

주요 내용 (일부)

↘ (안 제9조부터 제11조까지) 과학기술정보통신부장관은 블록체인기술 개발을 촉진하고, 블록체인기술 및 산업 관련 전문인력의 양성·표준화 추진 사업을 시행할 수 있음

↘ (안 제12조 및 제13조) 과학기술정보통신부장관은 블록체인기술 및 산업 관련 창업자와 중소기업을 지원할 수 있음

↘ (안 제20조) 정부는 블록체인기술의 발전 및 산업의 진흥에 지장을 초래하는 불필요한 규제를 점검, 개선하여야 함

❖ (시사점) 블록체인 기술의 체계적인 발전 기반 조성, 생태계 및 산업 진흥을 위한 법적 근거 마련

그림 3-7 ▌'블록체인' 관련 국회 발의 법률안 비교/분석 예시 (일부)

3) 국내외 NFT 동향 종합시사점 도출 (Task 1-3)

앞서 5개의 환경진단 영역에 대한 충분한 조사와 분석으로부터 각각의 개별 시사점을 도출했다면, 이를 종합할 수 있는 통합 관점의 시사점도 제시하는 것이 좋다. 각각의 영역에서 진단한 결과도 물론 의미가 있지만, 한 문장으로의 요약을 통해 도출해 낸 "핵심 시사점"은 본 연구의 핵심 산출물인 추진과제, 과제별 개선방안과도 직결될 수 있기 때문이다.

KNOW-HOW & KNOWLEDGE

조사, 진단·분석 등의 요구과업이 포함된 보고서(컨설팅, 정책연구 등)를 작성할 때, 각 과업 단위별 수행이 종료되는 시점마다 내용의 요약 또는 결론, 시사점 등을 정리(표 등을 활용)해 제시하는 것이 좋다. 이는 연구 후반의 주요 산출물(추진과제 등)을 기획하고 도출하는 과정으로 연계되어 활용될 수 있기 때문에 논리적인 보고서를 쉽게 작성하기 위한 측면에서 큰 도움이 된다.

3.3 수요 분야 선정 (Phase 2)

두 번째는 「수요 분야 선정」 단계이다. 본 과업단계는 현재 시장의 기술 구현 수준과 기술 수요 등을 바탕으로 기술발전 방향성을 제시하는 'NFT 기술발전 시나리오 도출' 과업(Task 2-1)과 도출 시나리오의 관점에서 관련 법령, 제도 등의 문제 현황을 파악해 개선 방향을 제시하는 '법제도 및 규제개선 필요사항 분석' 과업(Task 2-2), 이에 대한 종합결과를 이용, 각계 전문가 활용을 통해 규제개선 분야를 정하는 '규제개선을 위한 핵심 수요 분야 선정' 과업(Task 2-3)으로 구분된다.

1) NFT 기술발전 시나리오 도출 (Task 2-1)

제안요청서의 요구사항을 반영했을 때, 기술발전 시나리오의 도출은 '블록체인 기술로드맵 설계', 'NFT 신규 서비스 발굴' 등의 업무를 중심으로 추진될 필요가 있다.

여기서 본 용역 전반에 걸친 과업들의 중요성을 고려해본다면 '기술발전 시나리오 도출' 과업의 비중이 크게 높지 않다고 판단되므로, '블록체인 기술로드맵 설계'와 '신규 서비스 발굴'의 경우 각각의 연구를 통해 도출해 내기보다는 기존 연구되거나 생산되었던 자료의 수집과 분석으로 대체, 이를 바탕으로 최종 "NFT 기술발전 시나리오"를 제시하는 모습이 바람직해 보인다.

국내 기관에서 발간하는 기술로드맵 형태의 자료로는 대표적으로 정보통신기획평가원(IITP)의 「ICT R&D 기술로드맵」, 중소기업기술정보진흥원(TIPA)의 「중소기업 기술로드맵」이 있다. 해당 로드맵들은 풍부한 동향조사분석을 바탕으로 기술에 대한 수준, 수요, 발전전망 등을 종합적으로 진단·평가하여 만들어진 검증된 자료들이라 할 수 있다. 다만 두 로드맵은 수립 목적이 다르므로(ICT R&D 기술로드맵: 국가 차원의 미래 신성장 동력 발굴을 위한 목적으로 향후 5년간의 국가 ICT R&D 방향성을 제시, 중소기업 기술로드맵: 중소기업 기술 역량 강화를 목표로 중소기업의 향후 기술개발 방향성을 제시), 이를 고려한 선택과 활용이 필요하다. 각 로드맵은 매년 대상 기술을 선정하게 되는데, 이러한 특성에 따라 찾고자 하는 기술이 없을 가능성도 있다. 이때는 해당 기술과 관련된 유사 기술명 또는 관련 키워드를 최대한 활용할 수 있도록 한다. 본 서의 작성 시점인 '24년을 기준으로 '블록체인', 'NFT' 키워드를 검색해보면, 「ICT R&D 기술로드맵」의 경우 "차세대보안·블록체인"을 기술명으로 하여 6개년 간('20~'25)의 기술로드맵을 제시하고 있으며, 「중소기업 기술로드맵」의 경우 명확한 키워드로 분류되지는 않지만, "디지털전환 > 사이버보안 > 블록체인 기반 디지털 콘텐츠 관리 플랫폼, 블록체인 기반 데이터 통합관리 시스템"과 같이 세부 플랫폼·서비스로서 블록체인 관련 기술로드맵 자료를 제공하고 있다.

NFT 신규 서비스의 경우, 수많은 서비스모델 연구사례가 존재하기 때문에 관련 연구보고서, 논문 등을 활용한 분석이 가능할 것으로 보이고, 필요한 경우 NFT 대표 기업들의 서비스모델(웹사이트, 기업소개자료 등)을 파악하는 것도 좋다.

구분			2020	2021	2022	2023	2024	2025
달성 목표	서비스		전자문서 사용이력/추적 서비스	모바일 신분증 확인 서비스	글로벌 무역 거래 체인	대용량 데이터 유통 체인	스마트계약 활용 AI 연계 서비스	IoT 블록체인 서비스
	제품		트랜잭션 모니터링 탐색기	DID 플랫폼	BaeS 플랫폼	MyData 플랫폼	Ai 데이터/모델 연동 플랫폼	공공 블록체인 플랫폼
분산 정부 기술	협의 기술	응용 개발	위임형 비잔틴 합의 알고리즘	탈중앙화 노드 선택 기술			비잔틴 감내 탈중앙화 합의기술	
			초저지연 경량 블록체인 연구	합의 단계/노드구성 최적화 기술			합의 프로토콜 메시지 최적화 기술	
				초경량/저전력 합의기술			다계층/지능형 합의기술	
	스마트 컨트랙트 기술	응용 개발	스마트 컨트랙트 가독성 향상 기술	지능형 스마트 컨트랙트 처리 기술			자율형 서비스 구현 기술	
			스마트 컨트랙트 정형명세 기술	스마트 컨트랙트 취약점 동적 분석		지능형 스마트 컨트랙트 취약점 자동 탐지 기술		
			스마트 컨트랙트 오라클 기초 연구	스마트 컨트랙트 오라클 처리 기술			스마트 컨트랙트 법적 지위 대응 기술	
블록 체인 데이터 기술	프라이 버시 보호 기술	응용 개발	개인 콘텐츠 추적 및 완전소멸 연구	블록체인 트랜잭션 암호화 기술		블록체인 트랜잭션 암호화 연산 효율 향상 기술		
			자기주권 신원정보관리 연구	발행인 및 사용자 익명성 기술		안전한 프라이빗(오프체인) 저장소		
	분산 원장 데이터 처리 기술	응용 개발	멀티 채널 병렬처리 기술연구	트랜잭션 데이터 고속 저장기술		대규모 트랜잭션 데이터 분산저장 장애 복구 기술		
				블록체인 데이터 검색 기술		분산 병렬 질의 처리 및 고속 분석 기술		
			온-오프 체인 연계 연구	블록체인 데이터 경량화 및 압축 기술		블록체인 데이터 변경 및 최적화 기술		

출처: 정보통신기획평가원

그림 3-8 ▮ '블록체인' 분야 ICT R&D 기술로드맵 2025 일부 내용

이후 종합 분석 결과를 바탕으로 기술로드맵의 핵심 구성요소인 시기(향후 5개년 등), 서비스모델(플랫폼·서비스, 제품, 비즈니스모델 등), 핵심 기술(원천기술, 응용기술 등) 등을 포함한 최종 'NFT 기술발전 시나리오'를 제시한다.

2) 법제도 및 규제개선 필요사항 분석 (Task 2-2)

본 과업에서는 앞서 설계한 기술발전 시나리오에 포함된 서비스, 비즈니스모델, 기술 등의 활용·확산에 걸림돌로 작용할 수 있는 규제 및 제도 현황을 파악하고, 개선 방향성을 탐색한다. 이때 '국내외 NFT 환경진단' 과업(Task 1-2)을 통해 조사된 '법제도' 영역의 조사 결과(주요 법령의 제·개정 현황, 세부 내용 등)를 활용, 기술발전 시나리오와의 연계 분석을 통해 예상되는 법·제도적 이슈를 도출한다.

3) 규제개선을 위한 핵심 수요 분야 선정 (Task 2-3)

앞서 연구를 통해 'NFT 기술발전 시나리오'와 '법제도 및 규제개선 필요사항'을 도출했다면, 이제 해당 결과들을 활용해 규제개선의 필요성이 높은 핵심 수요 분야(예: 메타버스·게임, 예술·수집품, 엔터테인먼트, 금융, 유통 등)를 선정할 차례이다. 이때 유관 산업에 종사하는 전문가들의 의견을 종합 반영하고, 현장의 문제점을 진단해 최적의 규제혁신 필요 분야를 발굴하기 위해서 유관 부처 및 산·학·연 전문가, 법률 전문가 등으로 구성된 「NFT 규제개선 연구반(1차)」을 운영, ① 실제 산업 현장에서의 NFT 진흥 저해요인을 발굴하고, ② 규제혁신을 위한 핵심 수요 분야(분과)를 선정한다. 여기서 「NFT 규제개선 연구반」은 「자문단 운영(Phase 5)」 단계의 'NFT 규제개선 연구반 구성 및 운영' 과업(Task 5-2)에 해당한다.

선정된 수요 분야는 곧 분과를 의미하는데, 각 분과의 구성원으로서 해당 분과의 주제에 부합하는 지식을 갖춘 전문가들이 배치된다고 볼 수 있다. 또한, 구성원 중에서도 이들을 대표할 수 있는 역량과 지식을 갖춘 전문가를 분과장으로 선정, 분과 회의를 주도 및 리딩하도록 한다.

통상적으로 정책, 컨설팅 연구에서 '연구반'의 개념은 연구진이 마련한 초안 수준의 결과물에 대해 전문가로부터 검증·검토 의견을 받는 단발성의 전문가 자문 행위가 아닌, 연구 초반부터 전문가 그룹이 참여해 함께 문제를 진단 및 방향성을 기획하고, 결과물을 도출·집필해가는 지속적인 협력 연구 과정을 의미한다.

3.4 시나리오 설계 (Phase 3)

세 번째는 선정된 수요 분야를 대상으로 규제 및 기술 영향도 등을 고려한 서비스 적용·확산 시나리오를 도출하는 「시나리오 설계」 단계이다. 본 과업단계는 수요 분야별 주요 서비스모델을 발굴하고 이에 대한 규제·기술영향을 파악하는 '분야별 서비스 규제 및 기술영향 사전 검토' 과업(Task 3-1)과 검토 결과에 따라 서비스별 도입·확산 시나리오를 설계하는 '서비스 적용 및 확산 시나리오 설계' 과업(Task 3-2)으로 구분한다. 두 세부 과업(Task)의 추진 시에도 「NFT 규제개선 연구반」을 활용, 영향도 평가 절차와 방안, 수행 결과, 설계 시나리오 등의 타당성을 확보할 수 있도록 한다.

1) 분야별 서비스 규제 및 기술영향 사전 검토 (Task 3-1)

분야별 서비스 규제 및 기술영향 사전 검토를 위한 절차는 ① 수요 분야별 핵심 서비스모델을 발굴하고, 해당 서비스별 규제 및 기술영향 수준을 파악하기 위한 ② 평가체계를 마련(내부 연구진), 이후 분과별 구성 전문가를 통해 서비스모델에 대한 ③ 규제·기술영향 평가를 수행하여 ④ 결과를 도출 및 의견을 수렴하는 총 4단계로 이루어진다.

우선, 연구 기간이 정해져 있는 용역사업의 특성을 고려, 기간 내 원활한 진행을 위해 수요 분야별 서비스모델 도출과 평가체계를 마련하는 과업은 내부 연구진을 통해 수행하는 것을 제안한다. 서비스모델 도출의 경우, 특정 기업의 비즈니스모델을 제시하기보다는 해당 수요 분야 내의 국내외 블록체인·NFT 산업을 선도하는 다양한 기업 서비스 사례를 조사·분석해 이중 대표 서비스 유형들을 선별하는 방식으로 진행하는데, 앞서 'NFT 기술발전 시나리오 도출' 과업(Task 2-1)을 통해 'NFT 신규 서비스'를 심층 조사하였으므로, 이를 충분히 활용하기로 한다. 평가체계 마련의 경우, 규제영향 측면, 기술영향 측면에 대한 서비스모델 평가지표를 정의 및 구성하고, 이를 바탕으로 실제 평가를 위한 구체적 방안(평가 방법론, 지표별 배점 등)을 마련한다. 평가지표의 예로는 '기술 수준 신뢰성', '기술혁신 수용성', '기술 신규시장 창출 가능성', '多 규제 중복성', '규제개선 가능성' 등(기술규제영향평가 관련 연구내용 참고)이 있을 수 있다. 평가를 위한 준비가 완료되었다면, 연구반 분과별 구성 전문가에게 평가를 요청해 해당 서비스모델에 대한 규제·기술영향 평가를 수행(사전 온라인 평가)하고, 다시 내부 연구진을 중심으로 평가 결과를 취합, 종합 분석을 통해 시사점을 도출한다. 이후 오프라인 기반의 「NFT 규제개선 연구반(2차)」을 개최해 평가방식과 결과 등에 대한 타당성을 검증하고, 분야별 서비스모델의 규제·기술영향평가 결과에 대한 논의를 진행한다.

2) 서비스 적용 및 확산 시나리오 설계 (Task 3-2)

이후, 앞서 도출된 서비스모델별 규제·기술영향도 평가 결과와 전문가 검토의견을 활용해 분야별 서비스모델의 도입·확산 전략을 시나리오 형태로 마련한다. 예를 들어 적용되는 기술의 복잡도가 낮고 기술 상용화가 쉬운 서비스모델은 선(先) 도입을, 다양한 법령과 규제가 얽혀 있는 서비스모델은 후(後) 확산을 고려하는 시나리오 등이 가능하다. 마찬가지로 본 과업에서도 「NFT 규제개선 연구반」을 활용하는데, 이전 과업과 마찬가지로 용역의 효율적 추진을 위해 우선 내부 연구진을 중심으로 시나리오 초안을 설계, 이후 분과별 연구반(3차) 운영을 바탕으로 시나리오 초안을 검증·보완하기로 한다.

3.5 추진과제 도출 (Phase 4)

네 번째는 NFT 서비스 도입·확산 시나리오의 이행을 위해 개선이 필요한 규제개선 추진과제를 발굴하고, 이에 대한 상세 개선방안을 마련하는 「추진과제 도출」 단계이다. 본 과업단계는 시나리오에 따라 개선이 요구되는 규제혁신과제를 공통·분야별로 도출 및 제안하는 '규제개선을 위한 추진과제 발굴' 과업(Task 4-1)과 규제 유형별 구분에 따라 맞춤형 개선방안을 제시하는 '과제별 맞춤형 개선방안 도출' 과업(Task 4-2)으로 구성된다.

1) 규제개선을 위한 추진과제 발굴 (Task 4-1)

규제개선 추진과제의 경우, 제안요청서의 요구사항에서도 명시하고 있듯이 공통 분야와 산업 분야로 구분해 제시할 필요가 있어 보인다. 여기서 산업 분야의 경우, 본 연구의 서두에서 정의한 '규제혁신 핵심 수요 분야'를 의미한다. 우선 공통 분야의 추진과제는 범 분야에 공통으로 적용될 수 있는 규제개선방안으로 볼 수 있으며, 이러한 특성에 따라 블록체인, NFT, 가상자산 등의 키워드와 직접 연관성이 있는 법·규제(가상자산이용자보호법, 블록체인산업진흥법안 등), 제도, 지침의 제·개정 또는 보완 등으로 주요과제의 구성이 예상된다. 산업 분야별 추진과제는 산업별 특성과 결합한 블록체인·NFT 서비스의 활용·확산을 저해하는 규제요인에 대한 개선방안으로, 예를 들어 메타버스·게임 산업에서는 「게임산업법(예: NFT 결합 게임의 환가성, 우연성, 사행성에 관한 기준)」 등을, 예술·수집품 산업에서는 「문화예술진흥법, 미술진흥법(예: NFT 미술품이 미술작품에 해당하는지에 대한 여부)」 등을, 금융산업에서는 「전자금융거래법, 특정금융정보법(예: 해당 법의 '가상자산' 범주에 NFT가 포함되는지에 대한 여부)」 등을 검토해 각종 규제이슈에 대한 제·개정 방안을 모색하는 등 산업 분야별 대표 법·규제, 제도 측면의 개선과제를 중점적으로 발굴하도록 한다.

규제개선을 위한 추진과제의 도출은 법제도 개선 연구의 핵심 과업단계라 할 수 있는 만큼, 추진 시 「NFT 규제개선 연구반(4차)」을 활용해 사회 현안이 잘 반영된, 검증되고 잘 다듬어진 과제가 기획 및 발굴될 수 있도록 한다.

2) 과제별 맞춤형 개선방안 도출 (Task 4-2)

앞서 추진과제들이 도출되었다면, 본 과업에서는 각종 규제의 특성을 분석 후 유형별로 구분, 이를 바탕으로 추진과제별 맞춤형 개선방안을 제시한다. 규제의 구분 기준, 분석 유형 등과 관련한 연구사례는 이미 추진된 사례가 많으므로, 유사한 연구 또는 정책수립 사례들을 참고(예: '가상·증강현실 선제적 규제혁신 로드맵' → ① 명시적 규제, ② 과도기적 규제, ③ 불명확 규제 등, '메타버스 생태계 활성화를 위한 선제적 규제혁신 방안' → ① 자율규제, ② 최소규제, ③ 선제적 규제혁신 등), 유형을 정립하도록 한다.

3.6 자문단 운영 (Phase 5)

다섯 번째는 「자문단 운영」 단계로, 연구지원(Support) 목적에 따라 구성된 과업단계라 할 수 있다. 크게, 발주기관과 부처를 중심으로 추진 중인 규제혁신 협의체의 운영을 돕는 'NFT 규제혁신 협의체 운영지원' 과업(Task 5-1)과 규제개선 연구반을 구성해 주요 과업단계에서 기획 방향의 검토, 산출물의 검증 등을 위한 목적으로 운영하는 'NFT 규제개선 연구반 구성 및 운영' 과업(Task 5-2)으로 구분된다.

1) NFT 규제혁신 협의체 운영지원 (Task 5-1)

제안 요구사항을 파악해 보면, 해당 협의체는 사업 추진 당시 발주기관과 부처에서 이미 운영 중이었던 협의체임을 예상할 수 있다. 이에 예상 업무로는 해당 협의체를 통해 이후 발생하는 각종 회의의 개최 또는 운영, 필요 안건의 작성, 회의를 통해 개진된 의견의 기록과 정리 등을 포괄 지원하는 내용으로 파악된다. 특히 제안요청서를 통해 "협의체를 통해 도출된 검토의견의 과제화"를 요구사항으로 명시하고 있으므로, 협의체 운영으로 도출되는 주요 의견을 종합적으로 분석 후 규제개선 추진과제 발굴 시 (Task 4-1) 연계·활용할 수 있도록 한다.

본 과업의 경우, 용역이행사업자의 측면에서는 지원성 업무이기 때문에 별도 기획 등이 필요 없어 다소 쉽게 느껴질 수도 있지만, 지나치게 많은 수의 회의 운영을 지원해야 한다거나 예상보다 많은 인력의 투입이 요구되는 경우가 발생한다면 발주담당자와의 협의를 통해 지원범위를 적절히 조율하도록 해야 한다.

2) NFT 규제개선 연구반 구성 및 운영 (Task 5-2)

본 과업의 내용은 앞서 각각의 주요 과업단계(Task 2-3, 3-1, 3-2, 4-1)에서 설명한 내용과 같다. 전문가의 활용이 필요하다고 판단되는 '규제개선 수요 분야 선정(Task 2-3)', '규제 및 기술영향 검토(Task 3-1)', '서비스 적용·확산 시나리오 설계(Task 3-2)', '추진과제 발굴(Task 4-1)' 단계에 연구반 운영계획을 포함, 총 네 차례에 걸친 연구반 구성·운영방안을 마련하였다. 참고로, 본 용역처럼 제안요청서 요구내용 중 전문가의 활용을 요구하는 과업을 두 가지로 구분(협의체 운영, 연구반 운영)해 제시할 때도 있는데, 이때에는 방향이 겹치지 않도록 목적을 명확히 구분하여 기획·운영하는 것이 중요하다. 다시 한 번 주요 과업단계별 연구반 구성·운영방안을 정리해 보면 그림 3-9와 같다.

Task 2-3
규제개선을 위한 핵심 수요분야 선정
- (목적) ① NFT 산업 진흥 저해요인 및 문제점 논의, ② 규제혁신 핵심 수요 분야 선정을 위한 **1차 연구반** 운영
- (전문가 구성) 부처, NFT 관련 산·학·연(다양한 분야별) 전문가, 법률 전문가를 모집해 연구반 운영 Pool 구성
- (운영 방법) 모집 전문가가 모두 참여하는 통합 FGI를 개최해 진흥 저해 이슈 논의 및 규제혁신 핵심 수요 분야 선정
- (예상산출물) ① 실제 현장에서의 NFT 진흥 저해 이슈, ② 규제혁신 핵심 수요 분야(분과 구성 및 전문가 배치)

Task 3-1
분야별 서비스 규제 및 기술영향 사전 검토
- (목적) ① 분야별 서비스모델 발굴 및 규제·기술영향 검토, ② 검토 방식·결과의 타당성 검증을 위한 **2차 연구반** 운영
- (전문가 구성) 1차 연구반과 동일, 분과 별 해당 분야 전문가(산·학·연) + 부처, 법률 전문가로 구성
- (운영 방법) 평가체계 마련 후 분야별 주요 서비스 대상 **사전 온라인 평가**, 이후 **오프라인으로 논의 및 타당성 검증**
- (예상산출물) ① 분야별 대표 서비스모델, ② 규제·기술영향평가 결과, ③ 서비스별 영향도 결과에 대한 검증 의견
  ※ 평가를 통해 서비스별 정량 지수와 순위가 도출, 이를 서비스 적용 시나리오 설계 시 활용 (예: **多** 규제 서비스 → **후(後)** 도입)

Task 3-2
서비스 적용 및 확산 시나리오 설계
- (목적) 분야별 규제·기술영향 평가 결과를 바탕으로 설계한 시나리오의 검증 및 보완·개선을 위한 **3차 연구반** 운영
- (전문가 구성) 1차 연구반과 동일, 분과 별 해당 분야 전문가(산·학·연) + 부처, 법률 전문가로 구성
- (운영 방법) 내부 초안 마련 후 분과 별 오프라인 연구반 운영을 통해 시나리오 타당성 검토 및 보완·개선작업 수행
- (예상산출물) 분과 별 서비스 적용 및 확산 시나리오

Task 4-1
규제개선을 위한 추진과제 발굴
- (목적) 분과 별 서비스 적용 및 확산 시나리오에 따른 규제개선 추진과제를 발굴, 기획하기 위한 **4차 연구반** 운영
- (전문가 구성) 1차 연구반과 동일, 분과 별 해당 분야 전문가(산·학·연) + 부처, 법률 전문가로 구성
- (운영 방법) 시나리오 + 선행 조사·분석 결과를 활용하여 초안 마련 후 **오프라인 연구반**을 통해 과제 보완, 추가 발굴
- (예상산출물) 규제개선을 위한 추진과제 (공통/분야별)

그림 3-9 ▮ NFT 규제개선 연구반 구성 및 운영 계획(안)

3.7 입법 대응 (Phase 6)

여섯 번째는 「입법 대응」 단계로, 다양한 관련 법의 하위법령안(시행령, 시행규칙 등)을 검토, 개선 및 고도화하는 '블록체인 진흥 하위법령안 보완' 과업(Task 6-1)과 국회에 발의 중인 법률안의 추진 현황을 모니터링하고, 각종 이슈에 대응하는 업무인 '입법절차 요구사항 대응' 과업(Task 6-2)으로 구성된다.

과업 내용을 보면 알겠지만, 해당 과업만큼은 변호사와 같은 법률 전문가의 투입이 필수라고 말할 수 있다. 물론 법학을 전공했거나 유관업무의 수행 경험이 풍부한 연구원, 컨설턴트 등이 투입되어 과업을 주도할 수도 있겠지만, 시행령, 시행규칙 등의 초안을 직접 마련 또는 개선, 보완한다거나 입법절차 추진 과정에서 발생하는 국회, 부처의 요구사항, 각종 질의 등에 직접 대응해야 하므로, 이는 법률 전문가의 수행 영역으로 보는 것이 바람직하다. 보통 이러한 요구과업이 포함된 용역의 경우, ① 컨설팅 기업이 법무법인과의 컨소시엄을 구성해 제안에 참여한다거나, 또는 ② 상시 투입 가능한 변호사를 투입인력에 포함하여 제안, ③ 컨설팅 역량을 갖춘 법무법인이 단독으로 입찰에 참여하는 등 다양한 형태의 제안 전략이 가능할 수 있다.

1) 블록체인 진흥 하위법령안 보완 (Task 6-1)

제안요청서의 요구사항에 따르면, 보완을 위한 하위법령안의 범주는 블록체인 진흥 관련 법률안과 연계된 시행령, 시행규칙 정도로 보인다. 특히, '21년도에 연구 완료된 용역인 "블록체인 법제도 개선 방안연구 및 법령제정 지원연구"의 결과를 활용, 당시 사업의 결과물로 도출된 시행령, 시행규칙의 초안 작업물에 대한 보완과 고도화를 요구하는 과업으로 이해할 수 있다.

'국내외 NFT 환경진단' 과업(Task 1-3)에 법제도 영역의 현황조사대상으로 "블록체인 법제도 개선 방안연구 및 법령제정 지원연구"의 결과보고자료가 포함되어 있으므로, 본 과업단계에서는 선행 과업(Task 1-3)에서의 진단·분석 결과를 연계·활용하여 시행령과 시행규칙의 보완작업을 수행하도록 한다. 이때 선행조사의 결과를 바탕으로 현재 하위법령안의 마련 수준을 파악해 미흡 요소를 진단했다면, 여기에 본 용역 수행을 통해 직·간접적으로 도출된 다양한 법제도 개선 아이디어와 자문단 운영으로 개진된 주요 의견 등을 추가로 담아내어, 개선되는 시행령과 시행규칙의 실효성을 높일 수 있도록 한다.

2) 입법절차 요구사항 대응 (Task 6-2)

본 과업은 블록체인 발전 및 진흥, NFT, 가상자산 등에 관한 각종 국회 발의 법률안의 검토와 요구사항 대응을 지원하는 내용으로 이해할 수 있다. 대상 법률안은 「블록체인 진흥 및 육성 등에 관한 법률안」, 「가상자산법안」, 「메타버스 산업 진흥법안」 등이다. 마찬가지로 '국내외 NFT 환경진단' 과업(Task 1-3)의 법제도 영역에 대한 현황조사범위에 "국회 발의 법률안 現 추진 현황"이 포함되어 있으므로, 본 과업단계에서는 선행 과업(Task 1-3)의 수행으로 도출되는 각종 국회 발의 법률안들에 대한 입법추진 모니터링 현황 및 분석 결과를 참고자료로써 활용, 용역 기간 중 수시로 발생 가능한 입법절차 상황의 필요사항과 요구사항 요청에 긴밀히 대응할 수 있도록 한다.

:: 마무리

보통 공공 영역에서 발주하는 연구용역사업 중 과제명에 '법률', '제도', '규제' 등의 키워드를 포함하는 사업들은 크게 세 가지 유형으로 구분될 수 있다. 국내외의 각종 현황, 쟁점 등을 폭넓게 조사·비교 후 우수사례를 도출해 국내에 반영하기 위한 시사점(법률의 제·개정 방향, 규제 및 제도개선을 위한 방향 등)을 제시하는 「현황조사 및 개선방안 연구」 유형, 관련 법률·제도의 특성을 분석하거나, 규제 진단을 위한 평가 프레임워크를 설계, 법·규제 정비 로드맵을 마련하는 등의 「진단·평가체계 연구」 유형, 직접 법안이나 하위법령안 등의 초안을 마련·보완하고, 입법을 지원하는 「법제도 마련 및 입법절차 대응 지원」 유형 등이다.

본 용역은 위 세 가지 유형의 특성을 모두 포함하는 만큼, 용역 수행의 결과를 직접적인 정책의 성과로 연결지어야 하는 발주담당자(부처)에게도, 연구를 주도적으로 수행하고 리딩해야 하는 용역사업자에게도 난이도가 상당한 사업이라는 생각이다. 이에, 발주담당자는 사업을 수행하는 기간 중 정부(부처, 국회 등의)의 요구사항과 추진 현황을 수시로 사업자에게 공유해 즉각적인 입법 지원 대응과 규제개선 반영 등을 가능케 하고, 사업자는 논리적 추진절차와 과업별 구체적 추진방안을 마련해 사전에 제시, 발주담당자와 협의를 통해 최적의 사업추진방안을 확정 및 이행함으로써 사업의 성공적 완수를 위한 확률을 높일 필요가 있다.

'국가 농정비전 및 전략수립 연구' 사례

CHAPTER 04

:: 들어가기

"윤석열 정부 농정비전 및 중장기 정책 방향 연구"는 대통령소속 자문기구인 「농어업·농어촌특별위원회(이하 '농특위')」에서 '22년도 12월에 발주한 용역사업이다. '농특위'는 우리나라 농어업·농어촌의 지속 가능한 발전과 농어업인의 복지증진 등에 이바지함을 목적으로 설립된 위원회로, 해당 산업의 중장기 정책 방향 수립, 농어촌 지역발전을 위한 협의, 관련 각종 자문·연구 등을 주 기능으로 하고 있다. 본 용역은 윤석열 정부의 농어업, 농어촌 산업 분야가 나아가야 할 지향점과 중장기 정책 방향성을 수립하기 위해 기획된 정책연구 성격의 과제라 할 수 있다.

'국가 농정비전 및 전략수립 연구' 선정 이유

1 국가 차원의 대표 산업 분야인 '농업'에 관한 정책을 다룬다는 점이 본 연구사례를 선정하게 된 첫 번째 이유다. 컨설팅, 정책연구를 통해 자주 다뤄지는 산업이라 한다면, 제조, 금융, 의료·의약품(헬스케어 등), 자동차(전기차 등), 물류 등이 있다. 모두 ICT와의 접점이 크고, 전 세계적으로 빠르게 진화하며 변화하는 트렌드를 가진 분야들이라 할 수 있다. 반면, 농업정책에 관한 컨설팅 연구는 상대적으로 찾아보기 힘들다. 하지만 농업정책이야말로 현재의 사회에서 매우 중요한 가치를 갖는다. '도농 간 삶의 질 격차', '농가경영 불확실성 증대', '유통·소비구조 변화', '고령화, 청년농어민 유출로 인한 농업 혁신 한계' 등(참고: 2023~2027 농업·농촌 및 식품산업 발전계획)의 다양한 사회적·경제적 문제와 밀접하게 연관되어 있기 때문이다. 이에 들여다볼 필요가 있는 산업 분야라는 판단에 따라 본 사례의 선정을 고려하게 되었다.

2 두 번째 선정 이유는 정책연구 중에서도 정부의 핵심 정책이라 할 수 있는 '국정과제'를 대상으로 하는 용역이기 때문이다. 국정과제란 매번 임기마다 수립되는, 정부의 추진 기조와 방향성을 대변하는 핵심 정책키워드라 할 수 있다. 물론, 본 장의 대상 사례는 직접적인 국정과제 도출을 위한 연구용역으로 볼 수는 없지만, 윤석열 정부 120대 국정과제(농정 분야)의 심층 조사·진단과 정책 수요 발굴을 위한 대국민 의견수렴, 이를 반영한 정부의 농정 비전체계 및 방향성 도출 등을 요구하고 있음에 따라 국정과제 분석을 위한 접근 과정과 방안 제시, 방법론 채택과 활용 등의 측면에서 의미가 있다고 판단하였다.

제안요청서 주요 내용

개요

- ↘ **(과제명)** 윤석열 정부 농정비전 및 중장기 정책 방향 연구
- ↘ **(용역 기간)** 2023.1 ~ 2023.3 / 3개월 이내
- ↘ **(용역 예산)** 약 50,000 천원
- ↘ **(용역 배경)** 국정 비전, 목표를 반영한 농정(농업, 농어촌분야)의 지향점(비전과 방향)을 수립하고, 다양한 이해관계자(농어업인, 소비자, 국민 등) 대상의 농정 정책 공론화 및 확산 필요
- ↘ **(용역 목적)** ① 정부 국정 비전과 국정 목표에 부응하는 농어업, 농어촌분야 비전 수립 및 중장기 정책 방향의 마련, ② 농특위 위원, 해당 부처 공무원, 농어민 단체, 관련 전문가 논의를 통한 농정 국정과제 공론화 및 확산

정권이 교체될 때마다 정부는 새로운 국가 운영의 방향성과 목표, 정책 기조를 담아 국가 차원의 국정 비전체계를 수립한다. 이에 윤석열 정부는 지난해('22.7) 「다시 도약하는 대한민국, 함께 잘 사는 국민의 나라」의 국정 비전 아래, 6대 국정 목표, 120대 국정과제를 수립하여 발표했다. 여기에는 국가 주요 산업의 지원 및 성장과 관련한 핵심 과제 내용으로 '농산어촌'을 비롯한 '과학기술', '교육', '환경' 등 다양한 산업 분야의 "성장 생태계 구축과 혁신, 경제 재도약"을 위한 전략, 과제 등이 대거 포함되어 있다. 참고로, 120대 국정과제 중 '농산어촌'과 관련된 과제는 「70: 농산촌 지원강화 및 성장환경 조성」, 「71: 농업의 미래 성장산업화」, 「72: 식량 주권 확보와 농가 경영 안전 강화」, 「73: 풍요로운 어촌, 활기찬 해양」 등으로 확인된다. 해당 연구는 이러한 국가 차원의 '농산어촌' 산업 성장을 위한 정책 기조와 과제추진 필요성에 의해 기획된 용역사업 중 하나로 볼 수 있다.

본 용역은 인프라나 시설의 구축(건설, 엔지니어링, 소방 등), 시스템·서비스의 설계(정보화 사업의 경우 ISMP: Information System Master Plan, ISP: Information Strategy Plan 등) 및 개발·운영, 연구개발(R&D) 등 성격의 타 용역과제와 비교할 때 상대적으로 예산 규모가 크지 않은, 컨설팅 연구 성격의 과제로 볼 수 있는데, 그 와중에서도 특히 해당 용역에 할애된 수행 기간(약 3개월)과 예산 규모(약 50,000 천원)는 매우 넉넉지 못한 편이다. 본 장의 사례에서는 이와 같은 상황을 고려, 용역 기간과 예산 등에 합리적인 수준으로 사업 추진절차와 방법론을 구성 및 제안할 예정이다.

제안요청서 요구사항을 통해 명시하고 있는 과업의 수행범위(요약)는 다음의 그림과 같으며, 크게 '현황분석', '방향 제시'의 두 단계로 구성된다. 이는 곧 조사와 분석을 통해 문제점을 찾고, 이에 대한 해답을 찾아 제시하는 전형적인 컨설팅 프로세스라 할 수 있는데, 다양한 제안요청서의 요구사항들과 비교해볼 때에도 특히 간결하면서도 핵심만을 담아놓은 제안 요구사항이라는 생각이다.

제안요청서 요구사항 (요약)

□ **(현황분석) 국정 비전 및 목표에 따른 농어업·농어촌 과제 분석**

○ 농식품부, 해수부, 그 외 부처 소관의 농어업·농어촌 관련 국정 과제 현황 분석 및
농어업·농어촌 분야 다부처 협력과제 현황

○ 국정비전-국정목표-국정과제 관련 농어업·농어촌의 현실 문제와 개선 방향 도출

○ 상기 국정과제 현황과 현실 문제를 기반으로 농어업·농어촌 정책의 지향점(비전과 방향)
설정을 위한 의견 수렴

※ 농특위, 관련 부처 및 기관, 농어민단체, 전문가 등 대상 간담회, 인터뷰, FGI 등

※ 농어민, 국민 대상 농어업·농어촌, 먹거리 분야 정책요구 설문지 개발
(설문은 농특위에서 수행하며, 그 결과를 본 연구 용역 내용에 반영)

□ **(방향 제시) 국정 비전과 목표, 국내외 경제적·사회적 변화 및 정책 관련 이슈를 토대로
정부 농정(농림어업, 농산어촌 부문) 비전 및 중장기 정책 방향도출**

※ 4차 산업혁명, 기후위기, 글로벌 인플레이션, 우크라이나 전쟁 등으로 인한 곡물가 폭등, 식량 위기, 도-농 간
격차 확대, 지방소멸 위기, 농촌 고령화와 영세농가의 급증, 청년과 여성 문제 등

○ 前 정부 농정의 평가와 정책 환경변화에 따른 윤석열정부의 농정 비전, 중장기 정책 방향 및
바람직한 농어업·농어촌 미래상을 제시

※ 법·제도, 정책, 추진체계, 예산(재정), 국정과제 우선순위 등

○ 시행 예정인 "2023~2028년 농업, 농촌 및 식품산업 발전계획(농발계획)"의 주요 농정
기조를 참고하되, 다부처 협력이 필요한 과제, 농어업인을 비롯한 국민 설문조사 등 반영

○ 윤석열정부의 농정설계 및 추진에 있어서 대통령소속 자문기구인 농특위의 새로운
역할 정립, 나아가야 할 방향 제시

그림 4-1 ▮ 제안요청서(RFP)에 명시된 과제 연구범위

1.1 개요

사업을 마주할 때, 사업을 수행해야 하는 용역 업체의 입장에서는 중요도가 낮은 과업보다는 핵심 과업에 집중해 주요 산출물의 품질을 높이고, 용역의 이행결과 등에 유의미한 도움을 제공하지 못하는 불필요한 과업들은 과감히 생략(협의를 통해)해 정해진 기간과 예산을 바탕으로 효율적인 사업을 수행하는 것이 중요하다. 유사하게, 해당 사업을 총괄·관리해야 하는 발주처의 입장에서는 사업의 종료 시점에 발주기관에 실질적으로 도움이 되며 발주기관이 활용할 수 있는, 발주기관이 원하는 내용과 형태로 만들어진 산출물을 얻어내는 것이 가장 중요하다고 할 수 있다. 이는 곧 용역수행업체와 발주처 모두에게 효율적이고 생산적인 사업의 수행 및 관리가 중요함을 의미하는 것으로, 핵심은 중요과업을 중심으로 최적의 사업추진 절차를 마련하는 것이라 할 수 있다.

이를 위한 첫 단계는 제안요청서에 명시되어 있는 내용과 요구사항들을 검토해 중요 요구사항을 발라내는 핵심요구사항(Key Sentence)의 도출이다. 간단한 절차이기도 하거니와 건너뜔 수 있는 부분으로 생각할 수 있을지 모르지만, 제안요청서의 면밀한 검토와 분석에 앞서 초기 기반을 확인하고 다질 수 있는 단계이기 때문에 반드시 짚고 넘어갈 수 있도록 한다.

1.2 진단·분석

앞서 간단히 살펴본 바와 같이 본 사업 제안요청서의 요구사항은 크게 두 단계로 구분(□ 수준)되며, 각각 ① 국정 비전과 목표에 따른 농어업·농어촌 국정과제를 조사하고 진단하는 '현황분석', ② 국정 비전과 목표, 국내외 경제적·사회적 변화 및 정책 관련 이슈를 토대로 정부 농정의 비전과 중장기 정책 방향성을 도출하는 '방향 제시' 성격의 내용으로 파악할 수 있다.

1) 국정 비전 및 목표에 따른 농어업·농어촌 과제 분석

첫 번째 「□ 수준」에 해당하는 요구사항은 현(現) 윤석열 정부의 농정 관련 국정 비전과 전략, 과제 등을 조사하고 분석하는 과업으로, 상세 요구과업으로는 '농어업·농어촌 소관 부처의 농정 관련 국정과제 현황조사', '다부처 협력과제 현황조사', '국정 비전 및 목표, 과제와 관련한 농정의 현실문제 진단', '문제해결을 위한 개선 방향 도출', '지향점(비전과 방향) 설정을 위한 다각도의 의견수렴' 등이 있음을 확인할 수 있다. 조사 방법론의 관점으로 볼 때, 현재 발표된 국정과제에 대한 "문헌 기반 현황조사"와 농정이 직면하고 있는 "실질적인 문제를 체감하고 파악하기 위한 현황조사"를 동시에 수행해야 할 필요가 있어 보인다.

2) 정부 농정비전 및 중장기 정책 방향도출

두 번째 「□ 수준」은 선행조사 및 분석 내용을 바탕으로 앞으로의 국가 농정비전과 중장기 정책 방향성 수립을 요구하는 내용으로, 세부 요구사항으로는 '기후위기, 글로벌 인플레이션, 지방소멸 위기 등 국내외 정책·경제·사회적 변화의 진단', '전(前) 정부의 농정에 대한 진단 및 평가', '현(現) 정부의 농정비전 및 중장기 정책 방향성 도출', '농특위의 새로운 역할 정립 및 나아가야 할 방향 제시' 등을 제시하고 있다. 참고로 '국내외 정책·경제·사회적 변화의 진단' 과업의 경우, 제안요청서 내용 중 "정책 관련 이슈, 정책 환경변화" 등의 키워드를 요구사항으로 간접 제시하고 있어, 이를 반영해 '정책'의 영역을 진단과업에 포함하였다.

1.3 핵심요구사항

위와 같은 제안요청서 요구사항에 대한 진단을 통해 총 9개의 핵심요구사항(Key Sentence)을 도출하였으며, 나열하면 다음과 같다.

- 농어업·농어촌 소관 부처 국정과제 현황조사
- 농어업·농어촌 관련 다부처 협력과제 현황조사
- 농정 산업의 현실문제 진단
- 농정 산업 진단문제 해결을 위한 개선 방향도출
- 농어촌 정책 지향점 설정을 위한 의견수렴
- 국내외 정책, 경제, 사회적 변화 진단
- 전(前) 정부 농정에 대한 진단 및 평가
- 현(現) 정부의 농정비전, 중장기 정책 방향도출
- '농특위'의 새로운 역할 정립과 방향성 제시

그림 4-2 ▌9개 핵심요구사항

구조화(Categorization) 및 논리적 절차 구성

2.1 개요

앞서 제안요청서 요구사항에 대한 검토를 바탕으로 9개의 핵심요구사항(Key Sentence)을 도출했지만, 요구사항 간의 순서라든지 각 요구사항의 범위를 그대로 적용해 사업추진절차를 마련·제안하기에는 다소 한계가 있다. 이는 사업의 수주 또는 사업 완수의 실패로 이어질 확률이 높다. 물론 과업 간 순서의 배치나 절차의 구성, 구조화 수준, 그리고 세밀한 요구사항이나 유의사항 등에 관한 관점이 잘 반영된 제안요청서의 경우라면 요구내용을 그대로 옮겨 사업추진절차를 구성할 수도 있지만, 그러한 경우는 소수에 불과하다.

용역을 통해 발주처는 원하는 시기에 양질의 결과물을 취해야 하고, 사업자는 문제없이 사업을 이행해 적절한 이윤을 발생시키며 해당 산업에서 좋은 평판(Reputation)을 얻어야 하는데, 이를 위한 전제조건은 사업의 성공적인 완수라 할 수 있다. 성공적인 사업의 완수는 체계적으로 수립된 사업 전반의 추진절차에 따른 이행으로부터 가능하고, 이때의 사업추진절차는 명확하게 정의된 개별 과업의 내용과 과업 간 순서를 비롯하여 용역 수행 기간과 비용, 주요 과업별 예상 산출물, 위험요소, 대안요소 등의 종합적인 분석으로부터 도출된다. 이 중에서도 핵심은 개별 과업에 대한 명확한 이해와 구분이라고 할 수 있는데, 앞서 도출된 9개의 핵심요구사항을 어떻게 구조화(Categorization)해야 할지, 어떠한 절차를 통해 논리적 연결성을 갖추어야 할지에 대한 고민이 바로 이에 해당한다고 할 수 있다.

2.2 구성절차

본 용역의 기획 취지를 예상해 보면, 이미 수립된 정부의 120대 국정과제 중 농업 관련 정책에 대한 구체화의 목적도 물론 있겠지만, 추가로 실제 농어촌이라는 환경, 산업에 종사하며 생활하는 국민, 지역 주민으로부터의 의견을 수렴해 삶에 녹아드는 정책을 발굴하기 위함도 있을 것이다. 이러한 목적에 따라 제안요청서 요구사항에서도 연구 추진 시 대국민, 농어민단체 등 관련 이해관계자로부터의 긴밀한 참여를 강조하고 있다.

이를 고려해 연구 이행의 주요 단계 중 하나로 「의견공유(Ideation)」 절차를 별도 구성해 이해관계자 참여의 중요성을 강조하였고, 이를 바탕으로 본 사업의 연구 이행 절차는 크게 「탐색(Exploration) → 조사(Investigation) → 의견공유(Ideation) → 방향제시 (Direction)」 등 4단계로 구분, 과업의 구성은 총 6개의 대표 과업(Phase)과 13개의 단계별 세부 과업(Task)으로 정의하였다.

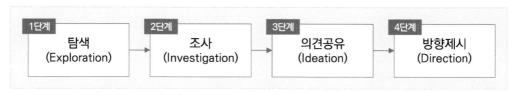

그림 4-3 ▌ 연구 이행절차

6개의 대표 과업(Phase)을 중심으로 주요 내용을 간단히 살펴보도록 한다.

1) 사전 준비 (Phase 1)

대표 과업(Phase) 중 첫 번째 단계로, 본격적인 사업의 이행에 앞서 발주담당자와 수행을 위한 방향을 협의하고, 큰 틀에서의 추진방안을 사전 고민하는 단계이다. 해당 과정을 통해 제안요청서 요구사항과 제안 내용을 토대로 실제 이행을 위한 과업 내용, 예상되는 한계점, 산출물 등을 발주담당자와 논의해 이행범위를 명확히 협의하고, 필요한 경우 시급성이나 중요성이 높은 과업의 추진방안 등을 사전 기획하기도 한다.

2) 환경진단 (Phase 2)

두 번째는 농정 국정과제의 조사·진단, 이해관계자 대상 현실문제에 관한 의견수렴 등의 핵심 조사과업에 앞서 이를 둘러싼 외부환경을 선행 파악하는 단계로, 국내외 농어촌 관련 정책과 경제, 사회적 변화 트렌드를 조사하고 지난 우리나라 정부의 농정에 대한 진단과 평가를 수행한다.

3) 국정과제 조사 (Phase 3)

세 번째는 윤석열 정부가 발표한 「120대 국정과제」 중 농정과 관련된 국정과제를 심층 조사하는 단계로, 농식품부, 해수부 등 유관 부처의 단일 국정과제와 다부처 협력과제를 구분하여 조사한다.

4) 현실문제 진단 (Phase 4)

네 번째 단계에서는 농어업·농어촌 산업이 직면한 현실문제를 파악하고 진단한다. 앞서 도출한 9개의 핵심요구사항(Key Sentence) 중 '농정 산업의 현실문제 진단'에 대응하는 과업으로 볼 수 있는데, 해당 사항과 관련해 제안요청서 상에서 이 이상의 구체적인 내용을 요구하고 있지는 않으나, 다양한 경로를 통한 다각도의 문제파악이 필요하다는 판단 아래 ① 문헌 조사를 통한 파악, ② 실제 의견수렴을 통한 파악 등 두 단계로 구분해 과업을 수행한다.

5) 대국민 참여 (Phase 5)

다섯 번째는 앞서 정의한 본 용역의 4단계 연구이행절차(탐색-조사-의견공유-방향제시) 중 「의견공유(Ideation)」 단계에 해당하는 과업으로, 논의 테이블에 직접 국민이 참여, 아이디어의 개진과 토론을 바탕으로 정책 지향점을 모색한다. 이때 대국민(농어민 중심) 뿐만 아니라 농어민단체, 협회, 농특위 등이 함께 참여해 문제점을 진단·논의함으로써 각계각층의 소신이 반영된 농정 개선 방향을 도출할 수 있도록 한다.

6) 정책 방향도출 (Phase 6)

여섯 번째는 그간의 조사·진단 및 대국민 중심의 의견수렴, 활발한 논의 등을 통해 도출된 시사점을 바탕으로 농정의 방향성을 제시하는 단계이다. 구체적으로는 윤석열 정부의 농정 비전체계를 수립 및 고도화하고, 주요 정책에 따른 농어업, 농어촌의 미래상을 제시(To-Be 모델수립 등을 통해)하며, 정책 제언의 성격으로 '농특위'의 새로운 역할과 방향성을 제안한다.

이와 같은 과업별 주요 내용을 바탕으로 구성한 논리적 추진절차는 다음의 그림과 같다.

그림 4-4 ▌ 제안하는 사업 추진절차(안)

제안 단계에서 작성되어 제출된 사업 추진절차의 안은 사업의 수주 이후 용역을 시작하면서 크게 변경되기도 한다. 보통, 수주가 확정된 이후 용역사업자는 발주담당자의 수정 요청사항을 반영하여 추진절차, 내용 등이 보완된 "수행계획서"를 준비, 이를 바탕으로 착수보고 등의 단계에서 실제 용역의 이행을 위한 내용을 공유하고 발주담당자와 협의 후 본격적인 사업을 수행하게 된다.

이렇듯 제안 단계에서 용역사업자가 마련한 사업 추진절차의 모습은 결국 변경이 될 가능성이 큰데, 적용하고자 했던 제안 방법론이 바뀌기도 하고, 특정 과업이 없어지거나 추가되기도 한다. 그럼에도 불구하고, 용역사업자가 사업의 착수 이전에 충분한 고민을 들여 사업 추진절차의 안을 만들어보는 것은 여러 가지 이유에서 의미가 있다. 비록 사업의 세부 방향들이 변경될지라도, 큰 틀의 추진 방향과 흐름, 사업의 목적, 예상 산출물 등을 이해하고 있으므로 쉽게 차선책이라든지, 더 좋은 최적의 방안을 찾아낼 수 있으며, 이를 통해 사업을 주도적으로 이행할 수 있다. 또한 높은 이해도를 바탕으로, 역으로 발주담당자에게 새로운 추진 방향과 적절한 방안들을 제안함으로써 용역의 이행과정과 결과에 참신성, 혁신성을 더할 수 있다.

절차별 추진방안 사전 기획

3.1 개요

주요 과업의 구성과 과업 간 연결성을 고려한 사업 전반의 절차를 구성했다면, 다음 단계로는 각각의 과업별 수행해야 할 세부 추진내용의 기획이 필요하다. 당연하게도 과업별 추진방안은 구체적으로 고민하고 계획할수록 좋다. 다만, 제안을 준비하는 제안서 작성단계에서는 상대적으로 시간이 촉박함에 따라 상세한 추진방안을 마련하기에 어려움이 있다. 예로, 보통 공공의 용역사업은 국가종합전자조달시스템인 나라장터를 통해 공고되는데, 이에 입찰을 참여하고자 하는 제안업체는 공고일로부터 통상 2~3주 내 모든 제안자료를 준비하여 제출해야 한다. 물론 이렇게 제약이 있는 상황이더라도 제안에 임하는 용역 업체의 입장에서는 수주의 가능성을 조금이나마 더 높이기 위해 주어진 기간을 십분 활용, 가능한 구체적인 추진방안을 고민해 제시해야 할 것이다.

본 서에서 구성한 "윤석열 정부 농정비전 및 중장기 정책 방향 연구" 용역의 세부 과업별 상세 추진방안은 그림 4-5와 같다. 앞서 구성한 사업추진절차에 따라 총 6개의 대표 과업(Phase)에 해당하는 13개의 세부 과업(Task)별 추진방안(안)을 마련하였다.

3.2 사전 준비 (Phase 1)

대표 과업(Phase) 중 첫 번째는 착수에 앞서 발주담당자와 사업의 배경과 목적을 공유 및 과업 범위를 협의하고 핵심 과업 등의 추진방안을 기획하는 「사전 준비」 단계로, '사전미팅 및 추진방안 사전 기획' 과업(Task 1-1)을 통해 이행한다.

탐색 (Exploration)	조사 (Investigation)	의견공유 (Ideation)	방향제시 (Direction)

[Phase 1] 사전 준비

1-1 사전미팅 및 추진방안 사전 기획

- 제안 준비 단계 또는 사업 착수 이후 사업 추진배경, 목적을 명확히 이해하고 추진절차 및 방안, 일정 등을 협의하기 위한 사전미팅 진행
- 특히, 다양한 이해관계자의 의견수렴이 필요한 간담회, FGI 등 사전 기획 및 준비

※ 본 용역의 주요 과업에는 다양한 이해관계자의 의견을 수렴하는 절차가 포함되어 있어 이에 대한 선행적·구체적 계획 수립 중요

(예시) ① 의견수렴 방법론 설정 및 추진절차 마련, ② 대상 확정 및 후보 Pool 확보방안 마련, ③ 일정계획 수립 등

[Phase 3] 국정과제 조사

3-1 유관 부처 국정과제 조사·진단

- 120대 국정과제 중 농식품부, 해수부 소관 농어업·농어촌 관련 국정과제 조사 및 진단

※ (과제 예시) ① 농산촌 지원 강화 및 성장환경 조성(농식품부), ② 미래 성장산업화(농식품부), ③ 식량주권 확보 및 농가 경영 안정 강화(농식품부), ④ 풍요로운 어촌, 활기찬 해양 (해수부) 등

3-2 다부처 협력 국정과제 조사·진단

- 120대 국정과제 중 다부처 협력 농어업·농어촌 과제 조사

[Phase 5] 대국민 참여

5-1 대국민 대상 사업 취지 및 현황 공유

- (간담회) 간담회*를 통해 사업 취지와 국정과제 현황, 농어촌 현실문제를 공유(인식) 하고, 지속적인 협조 요청

  * (대상) 농어민단체 및 협회, 부처, 농특위, 농어민 등

5-2 문제 심층진단 및 농정 개선 방향도출

- (FGI) Focus Group* 구성을 통해 선행 발굴한 현실문제를 심층 진단, 개선 아이디어 발굴

  * (예시) ① 단체, 협회, ② 농어민 대표, ③ 공무원, 연구원 등

5-3 윤석열 정부 농어촌 정책 지향점 설정

- 이해관계자 참여 기반 활동 (간담회, FGI) 결과를 활용해 농어촌 정책 지향점 도출

[Phase 6] 정책 방향도출

6-1 윤석열 정부 농정 비전체계 수립

- '윤석열 정부 농정 비전체계도 (비전, 목표, 전략, 과제)' 수립

※ 「120대 국정과제」, 「'23~28년 농발계획」의 기조와 내용 반영

6-2 중장기 정책에 따른 농어업·농어촌 미래상 제시

- 전략 또는 과제에 대한 As-Is, To-Be 모델을 구성하여 제시

※ 도식화를 바탕으로 추진 시 예상되는 기대효과, 성과 제시

6-3 '농특위' 새로운 역할 및 방향성 제안

- '환경진단' 과업의 '농특위' 현황 진단 결과를 바탕으로 '농특위' 방향성 도출

[Phase 2] 환경진단

2-1 국내외 정책 및 경제·사회적 변화 진단

- 국내외 농정 정책 현황 및 경제, 사회적 측면의 환경변화 진단 (Political, Economic, Social)
- 현재 '농특위'의 설립근거 및 역할, 주요활동 등 현황파악

2-2 전(前) 정부 농정 진단 및 평가

- 거버넌스*를 중심으로 전(前) 정부의 농정 진단 및 평가

  * 법·제도, 정책 비전, 추진체계, 예산, 국정과제 우선순위, 성과

[Phase 4] 현실문제 진단

4-1 언론기사, 보고서 등 문헌 기반 현실문제 진단

- 농어업·농어촌 산업 및 지역 내 사회문제에 대한 기사, 보고서 등을 분석해 체감형 이슈 파악

※ 언론기사, 지역실태조사 등 연구 결과, 지자체 국민의견 등 활용

4-2 의견수렴을 통한 국민 체감 중심 문제 발굴

- (설문조사) 농어민, 지역 주민 대상 설문을 통해 농어촌사회 문제 및 해결 정책 수요 발굴

※ '농특위'에서 수행하는 설문에 해당 질의를 반영하여 조사 실시

그림 4-5 ┃ 추진절차별 세부 추진방안을 담은 '사업추진 프레임워크'

1) 사전미팅 및 추진방안 사전 기획 (Task 1-1)

여느 정책연구 용역과 마찬가지로 발주담당자와의 사전미팅을 통한 사업 취지 및 배경, 목적의 이해, 초기 자료의 공유 등은 가장 선행되어야 할 과업이다. 또한, 사업별 추진 목적에 따라 착수 후 빠르게 조율 및 이행해야 하는 과업 등이 있기 마련인데, 본 용역에서는 다양한 이해관계자의 의견을 수렴해야 하는 '설문조사', '간담회', 'FGI(Focus Group Interview)' 등이 이에 해당한다고 할 수 있다. 물론, 정부에서 발주하는 대부분 용역이 촉박한 일정 하에 진행되기 때문에 결과물의 산출이 급하지 않은 경우는 거의 없다고 할 수 있다. 특히나 본 사업의 경우, 3개월이라는 매우 짧은 기간 내에 결과물이 도출되어야 함에 따라 이와 같은 사전 계획수립의 중요성은 더욱 높다.

설문조사나 간담회, 전문가위원회, 전문가인터뷰 등 다양한 대상으로부터 의견을 수렴하거나 토론, 논의를 통해 결론을 끌어내야 하는 과업은 기획부터 운영, 결과의 도출까지 상당한 시간과 노력이 소요된다. 중앙부처나 지자체 등 공공의 보고문서 등을 살펴보면 주요 행사나 회의에 관한 계획안에서 공통으로 활용되는 항목들이 있는데, 배경과 목적(어떠한 배경과 목적에 따라 개최하는 행사인지), 대상(주요 참석자는 누구인지), 추진방식(온라인 방식인지, 오프라인 방식인지, 나아가 어떻게 대상자를 모집할지, 회의 시 어떠한 자료를 준비할지 등), 예상 산출물 또는 기대효과(행사를 통해 도출되는 결과, 예상되는 효과는 무엇인지), 시기, 장소, 소요예산 등이 이에 해당한다. 즉, 이와 같은 다양한 항목들의 기획과 구성이 요구되므로, 상대적으로 여유가 있는 사업 초기에 접근할 필요가 있다. 참고로 이때의 구성 항목들은 보고의 대상에 따라 달라질 수 있다.

이에 본 단계에서는 국민 등 이해관계자로부터의 의견수렴이 요구되는 과업들의 추진방안을 사전 기획하기로 하며, 따라서 구성해 본 주요 과업단계별 의견수렴의 안은 그림 4-6과 같이 표현할 수 있다.

제안요청서 내 관련 요구사항

↘ 국정 비전 및 목표, 과제 관련 농어업, 농어촌의 현실 문제와 개선방향 도출

↘ 현실 문제를 기반으로 농어업, 농어촌 정책의 지향점 설정을 위한 의견 수렴

↘ 관련 기관, 농어민단체, 전문가 등 대상의 간담회, 인터뷰, FGI (Focus Group Interview) 등 실시

↘ 농어민, 국민 대상 농어업·농어촌, 먹거리 분야 정책요구를 위한 설문지 개발 (설문은 '농특위'에서 진행)

↘ 다부처 간 협력이 필요한 농정과제(정책) 수요 발굴을 위해 농어업인을 비롯한 대국민 대상 설문조사 수행

적용 방법론 및 추진절차(안)

[Task 4-2] 문제 발굴을 위한 '설문조사'
- (목적) 농어촌 사회 현실문제 및 해결 정책수요 발굴
- (대상/시기) 농어민, 지역 주민 등 / 2~3주차 (12주 중)
- (추진방식) '농특위' 수행 설문에 관련 질의를 반영해 조사 실시
- (예상산출물) 농어촌 현실문제, 정책 요구사항, 개선방향

▼

[Task 5-1] 사업 취지 및 현황공유를 위한 '간담회'
- (목적) 사업취지 및 과제 현황, 현실문제를 공유하고, 협조 요청
- (대상/시기) 농어민, 협·단체, 부처, 기관 등 / 4~5주차 (12주 중)
- (추진방식) 협·단체 네트워크를 활용해 농어민 모집, 오프라인 진행
- (기대효과) 이해관계자 간 인식 공유, 체감형 의견 수렴 등

▼

[Task 5-2] 문제 진단 및 개선방향 도출을 위한 'FGI'
- (목적) 문제의 심층 진단, 다양한 개선 아이디어 발굴
- (대상/시기) 협·단체, 농어민 대표, 연구원 등 / 6~7주차 (12주 중)
- (추진방식) 특성 별 그룹을 구성해 오프라인 기반 FGI 추진
- (예상산출물) 구체화된 진단 문제, 개선 아이디어(정책)

그림 4-6 ▮ '이해관계자 의견수렴' 요구사항을 고려한 3단계의 적용 방법론

제안요청서에서 요구하는 설문조사, 간담회, FGI 등 특정 방법론의 적용과 과업 간 추진절차를 복합적으로 고려해 총 3단계의 이해관계자 의견수렴 절차를 마련하였다. 특히 각각의 과업별 달성 목표(목적)를 고려해 대상과 시기, 추진방식, 예상 산출물(효과) 등을 사전에 기획함으로써 안정적인 사업 수행의 가능성을 높였다.

KNOW-HOW & KNOWLEDGE

컨설팅, 정책연구의 제안요구사항으로 이해관계자의 의견수렴을 요구하는 경우를 빈번하게 볼 수 있는데, 의견수렴 방안에 대한 선택지는 대상의 선정기준(예: 나이별/산업별/전문분야별 등), 방법론(예: 온라인 기반 설문조사, 유선 기반 인터뷰, 오프라인 기반 FGI 등), 의견수렴 횟수 등으로 매우 다양하므로, 이를 적절히 조합하고 별도의 과업 단위를 구성해 구체적인 내용으로써 제시한다면 좋은 제안 전략이 될 수 있다.

또 하나 살펴볼 부분은 위 그림의 구성인데, 당연하게도 제안요청서의 요구사항으로부터 출발, 이를 매치(Match)하여 요구사항에 부합하는 과업 내용을 설계하고 있다. 물론 각각의 요구사항은 발주담당자와의 협의·조율을 통해 변경될 수 있으나, 과업의 방향을 기획하거나 수행할 때는 언제나 제안요청서 내의 사업 추진배경과 목적, 요구사항을 다시 한 번 살펴보고 이로부터 접근하는 것이 옳다.

저자의 경험에 비추어 볼 때 어느 정도의 경력과 숙련도를 갖춘 새내기 팀장, PM 등이 자주 범하는 실수가 바로 이 부분인데, 자신이 초기에 분석을 통해 설정한 방향성이 옳다는 확신이 강해 장기간 연구 시 본래 사업의 목적이나 의도와는 다른 결과물을 도출하는 오류를 범하기도 한다. 이를 방지하는 데 있어, 사업을 이행하는 과정 중에서도 현재 추진 중인 방향에 대한 비판적 사고를 갖고, 나무보다는 숲을 보기 위한 노력을 하며, 잠시 멈춰 서서 왜 이 연구를 수행하고 있는지, 본 연구의 궁극적인 목적은 무엇이었는지를 다시 한 번 새겨보는 습관은 도움이 될 수 있다. 이럴 때, 용역의 제안요청서를 꺼내어 사업의 배경과 필요성, 목적을 정독해 보는 것을 추천한다.

KNOW-HOW & KNOWLEDGE

어느 연구보다도 컨설팅, 정책연구에서 사업 수행(연구를 진행하거나 보고서를 작성하는 등의 측면)의 방향성을 놓치기 쉽다. 용역의 본질적인 배경과 목적, 발주담당자의 수요에 부합하는 연구를 수행하는 데 있어, ① 비판적인 사고로 접근하고, ② 큰 그림을 보기 위해 노력하며, ③ 잠시 멈춰 서서 사업의 의도와 방향을 점검해 보는 것이 큰 도움이 될 수 있다.

3.3 환경진단 (Phase 2)

두 번째는 「환경진단」 단계로, 본 단계의 목적은 본격적인 국정과제의 조사 등에 앞서 관련 현황을 사전 탐색하는 것으로 이해할 수 있다. 과업 구성은 크게 국내외의 정책, 경제, 사회 관점의 변화추세와 요인을 분석하는 '국내외 정책 및 경제·사회적 변화 진단' 과업(Task 2-1), 지난 정부의 농어업 관련 정책을 진단하고 평가하는 '전(前) 정부 농정 진단 및 평가' 과업(Task 2-2)으로 이뤄진다.

1) 국내외 정책 및 경제·사회적 변화 진단 (Task 2-1)

농촌, 농어업 생활환경을 둘러싼 국내외 외부환경 변화를 파악하고 진단하는 과업 으로 이해할 수 있으며, 이때 환경진단의 영역은 '정책(Political)', '경제(Economical)', '사회(Social)' 관점으로 구분한다. 조사·진단을 수행하는 측면에서 볼 때, 보편적으로 활용 되는 거시환경분석 방법론인 PEST(+EL), STEEP 등의 기법을 적용할 수 있어 보이나, 본 용역 주제(농업정책)의 경우 ICT, 첨단기술 등 키워드와의 관련성이 상대적으로 높지 않기 때문에 "기술(T: Technological)" 관점을 배제하여 분석을 추진하도록 한다.

추가로, 「사업추진 프레임워크」의 해당 과업 내용을 살펴보면, 제안요청서 요구 사항에는 없는 내용인 "현재 '농특위'의 설립근거 및 역할, 주요 활동 등 현황파악" 업무가 포함되어 있음을 확인할 수 있는데, 이는 향후 「정책 방향도출(Phase 6)」 단 계에서 '농특위'의 새로운 역할과 방향성을 마련하고 제안하기 위한 선행조사·진단의 목적으로 반영하게 되었다. 또한 '농특위'에 대한 현황조사가 우리나라 정부 정책, 거 버넌스(Governance) 측면의 조사임을 고려해 '정책(Political)' 환경을 진단하는 본 과업에 반영하는 것이 적절하다고 판단하였다.

2) 전(前) 정부 농정 진단 및 평가 (Task 2-2)

지난 정부의 전반적인 농정 현황을 진단·평가하는 과업으로, 전(前) 정부에서 기획, 추진한 다양한 농어업 관련 정책과 국정과제 현황을 조사하고 평가한다. 이때 관련 법·제도(농어업 진흥 관련 법 제정 등), 주요 정책(종합계획, 기본계획, 발전전략 등), 추진체계(조직, 거버 넌스 등), 예산(재정), 국정과제별 추진 현황 및 과제별 성과 등 다각도의 영역을 종합적으 로 진단·평가해 시사점을 도출, 현재 정부의 정책 방향 수립에 연계·활용될 수 있도록 한다. 예로, 전(前) 정부에서 성과로 연결된 정책 또는 과제는 현(現) 정부에서도 지속 이행하거나 적극적인 벤치마킹을 고려하며, 성과가 다소 미흡했던 정책 또는 과제의 경우, 이에 대한 요인을 발굴해 개선 방향성을 도출하고 향후 정책에 반영을 검토하는 등의 방향으로 시사점을 연계·활용할 수 있다.

3.4 국정과제 조사 (Phase 3)

세 번째는 본 용역의 핵심 요구사항 중 하나인 윤석열 정부 농정의 주요 추진과제 현황을 파악하는 「국정과제 조사」 단계이다. 국정과제 조사의 경우, 제안요청서 요구사항에 따라 유관 부처가 단독 소관으로 기획·추진하는 '단일 부처 국정과제'와 관련 부처가 협력해 문제를 해결하는 '다부처 협력형 국정과제'로 구분해 수행한다. 여기서 국정과제란, 서두에도 언급했듯이 현(現) 정부의 출범과 동시에 수립된 5년간의 국가 정책(사업) 로드맵을 의미하며, 국정 비전과 목표에 부합하는 분야별 정책과제를 제시한 형태라 할 수 있다(윤석열 정부는 '22년 7월 「120대 국정과제」를 제시). 전 국민에게 개방된 자료임에 따라 누구나 확인할 수 있는데, 출범 초기 청사진(靑寫眞) 형태로 발표하는 자료이기 때문에 담겨 있는 각 과제 내용의 구체성은 다소 미흡하다고 할 수 있다. 따라서 본 용역과 같은 정책연구 등의 수행을 통해 분야별, 과제별 상세한 추진방안을 마련할 필요가 있으며, 이를 바탕으로 초기 제시된 국정과제(방향성 중심의)는 점차 보완 및 개선되어 정책으로서의 실효성과 구체성을 갖추게 된다.

KNOW-HOW & KNOWLEDGE

매번 정부마다 마련 및 제시하는 「국정과제」에는 큰 틀에서의 국가 정책 기조와 방향성, 추진과제가 담겨 있다. 특히 산업별(부처별)로 구분하여 과제를 제시하기 때문에 특정 산업에 대한 정책 동향 등을 조사·진단함에 있어 우선 고려해 볼 필요가 있는 핵심문헌(자료)이라 할 수 있다.

1) 유관 부처 국정과제 조사·진단 (Task 3-1)

유관 부처에 대한 국정과제 조사의 경우, 120대 국정과제 중 농식품부, 해수부 등 소관의 농어업, 농어촌 관련 국정과제를 리스트업(List-up)해 조사한다. 대상 부처(유관 부처)를 정할 때 발주담당자의 의견을 수렴해볼 필요가 있어 보이는데, 120대 국정과제를 대상으로 농정 관련 키워드에 대한 검색 등 기초적인 선행조사를 통해 유관 부처를 조사, 이를 제안함으로써 협의를 진행한다. 간단한 선행조사 결과, 「70. 농산촌 지원강화 및 성장환경 조성(농식품부)」, 「71. 농업의 미래 성장산업화(농식품부)」, 「72. 식량 주권 확보와 농가 경영 안전 강화(농식품부)」, 「73. 풍요로운 어촌, 활기찬 해양(해수부)」 등의 과제를 파악할 수 있었다.

2) 다부처 협력 국정과제 조사·진단 (Task 3-2)

다부처 대상 협력형 국정과제 조사의 경우, 농식품부, 해수부 등 유관 부처의 단일 추진과제 외 두 개 이상의 부처가 협력하는 과제 또는 크게 관련성이 없는 부처가 담당하는 농산어촌 관련 과제를 파악·조사한다. 예를 들어 「41. 해양영토 수호 및 지속가능한 해양 관리(해수부, 해경청)」, 「67. 농어촌 등 의료접근성이 낮은 지역의 예방적 건강관리 강화(복지부)」 등 과제가 이에 해당한다.

다만, 「국정과제 조사」 내 과업들(Task 3-1, 3-2)의 수행에 앞서 조사를 위한 대상 과제의 선정 범위와 기준 마련이 선행되어야 할 것으로 보임에 따라, 나름의 초안을 마련해 발주담당자와의 논의를 바탕으로 기준을 정한 후 조사·진단에 착수하도록 한다. 예를 들면 '농어업, 농어촌과 관련된 국정과제의 기준이 무엇인지', '과제의 수준과 범위를 어떻게 설정해야 할지(현재 정의된 120대 국정과제를 기준으로 할지, 국정과제 내 포함된 주요 내용 각각의 과제를 기준으로 할지)' 등을 명확히 할 필요가 있다.

3.5 현실문제 진단 (Phase 4)

네 번째는 농어업·농어촌 산업 내 직면한 이슈와 실제 산업에 종사 또는 생활하는 농어민의 애로 등을 파악하는 「현실문제 진단」 단계로, 본래 제안요청서 요구사항이 단순히 '농어업, 농어촌의 현실문제 도출' 임과 대비해, 이를 크게 두 개의 방법론으로 구분, 내용을 구체화하였다. 각각의 과업은 '언론기사, 보고서 등 문헌 기반 현실문제 진단' 과업(Task 4-1), '의견수렴을 통한 국민 체감 중심 문제 발굴' 과업(Task 4-2)으로 구성된다.

1) 언론기사, 보고서 등 문헌 기반 현실문제 진단 (Task 4-1)

문헌 검토를 통해 현실문제를 파악 및 진단하는 과업으로 이해할 수 있다. 컨설팅, 정책연구 등의 조사업무에서 기본이 되는 접근방식 중 하나는 기존 연구된 문헌들로부터 정보를 습득하는 방식이다. 특정 지역·산업에서의 애로나 문제점을 다루는 연구들은 다양한 주체(특히 지자체, 지방연구원 등)를 통해 매우 빈번하게 진행되고 있어, 조사자들은 웹 검색을 통해 대국민에 개방된, 양질의 기 분석자료들에 쉽게 접근할 수 있다. 특히, 지역의 문제, 농산어촌 등의 문제는 '농촌 경제의 위기', '농어촌 인구 고령화 현상', '인구 감소로 인한 지방소멸' 등 현재 사회문제의 핵심 키워드와도 맞닿아 있어 관련하여 다양한 연구들이 추진되는 상황이다.

본 과업에서는 농어촌과 관련한 언론기사, 지역 실태조사 등 각종 정책연구 보고서 및 설문 결과, 국민의 의견이 수렴된 다양한 창구(지자체 웹사이트별 시민참여 서비스, '국민생각함(권익위)' 플랫폼 등) 등을 활용한 조사를 수행한다.

2) 의견수렴을 통한 국민 체감 중심 문제 발굴 (Task 4-2)

앞서 웹 검색을 통해 각종 문헌 정보를 수집 및 내용을 분석하는 '간접조사'를 수행했다면, 본 과업에서는 설문이나 인터뷰 등의 방식을 이용하여 실제 산업 내 종사자, 주민과의 접점을 마련해 체감의견을 수렴하는 '직접조사'의 방식을 활용한다. 이때 광범위한 대상으로부터 의견을 수렴하기 위해 인터뷰 방식보다는 설문조사 방식을 채택, 실제 농산어촌 지역 주민들을 대상으로 조사를 수행하여 직면한 지역사회이슈, 각종 애로사항 등 의견을 수렴한다.

이때 '농특위'가 주도하여 설문조사를 수행할 예정(제안요청서에 명시)임에 따라 용역사업자는 이에 추가로 필요한 질의항목을 사전에 구성하여 설문에 반영하고, 조사 이후 결과의 분석 등을 바탕으로 국민 체감형 문제를 발굴한다. 또한, 설문을 통해 현장의 문제뿐만 아니라 해당 문제의 해결을 위해 지역 주민들이 생각하는 개선 아이디어, 정책 수요 등의 의견까지 함께 수렴해 향후 농정 개선 방향을 도출하는 단계(Task 5-2)에서 활용하도록 한다.

이처럼 요구사항 중 특정 과업 또는 절차에 대해 사업자가 아닌 발주처가 수행한다는 내용이 명시되어 있다면, 사업자의 측면에서는 많은 부담을 덜 수 있으며, 해당 절차에 사업자의 수행과업까지 녹일 수 있다면(합리적으로 판단되는 경우) 사업을 보다 효율적으로 운용하는 데 도움이 된다.

3.6 대국민 참여 (Phase 5)

다섯 번째는 농어민단체, 지역 주민 등 다양한 이해관계자가 참여해 의견을 공유하고, 논의를 통해 농정 개선 방향을 도출하는 「대국민 참여」 단계이다. 본 단계는 대국민 간담회를 통해 사업의 취지와 현황 등을 공유, 국민과 소통하는 '대국민 대상 사업 취지 및 현황 공유' 과업(Task 5-1), 각계의 관계자가 참여하여 그룹 인터뷰를 통해 농정의 방향을 논의하는 '문제 심층진단 및 농정 개선 방향도출' 과업(Task 5-2), 종합 분석을 통해 농정이 나아가야 할 방향성을 수립하는 '윤석열 정부 농어촌 정책 지향점 설정' 과업(Task 5-3) 등 3개의 세부 과업으로 구성된다.

1) 대국민 대상 사업 취지 및 현황 공유 (Task 5-1)

먼저 이해관계자의 본격적인 참여에 앞서 본 사업의 취지와 목적, 국정과제의 현황 등을 공유하고 논의하는 장(場)으로써 간담회를 기획·운영하기로 한다. 해당 간담회는 다양한 이해관계자가 모여 인식을 공유하고 이들에게 지속적인 참여 협조를 요청하기 위한 목적임에 따라 농어민단체, 지역 연구원, 주민 등 농어촌 지역 관계자뿐만 아니라 부처, 농특위 등 공공 관계자까지 다각도의 이해관계자가 참여할 수 있도록 추진한다.

간담회란, 참여자들이 모여 의견을 나누는 모임을 의미한다. 따라서 주요 내용을 발제하게 될 발주처나 용역사업자를 중심으로 한 '단방향'의 정보 공유보다는, 직접 농어민, 지역 주민 등이 참여해 의견을 개진하고 함께 상호 소통하는 '양방향'의 논의가 이뤄질 수 있도록 간담회의 운영 방향을 유도할 필요가 있다.

정책의 수립에 있어서 실제 정책의 수요자, 수혜자인 국민(기업, 공공을 포함하여)의 참여는 필수이다. 국민이 생활에서 느끼는 불편함과 애로, 개선의 수요, 아이디어 등이 특정 창구를 통해 제안됨으로써 합리적인 정책으로 연결되고, 이에 국민은 정책 효능감(Political efficacy)을 얻어 양질의, 실효성을 갖춘 정책을 지속 제안할 수 있게 된다. 이와 같은 선순환 구조는 국민의 참여로부터 시작되는 만큼, 국민이 의견을 개진하고 토론할 수 있는 창구인 간담회의 중요성은 매우 크다고 할 수 있다.

2) 문제 심층진단 및 농정 개선 방향도출 (Task 5-2)

간담회를 통해 사업의 의도와 취지 등이 전방위로 공유되었다면, 이제는 주요 관계자 간 심층적인 회의를 통해 문제를 진단, 개선 방향을 도출하기 위한 노력이 필요하다. 이에 이해관계자 그룹을 구성 및 회의를 진행하여 앞서 「현실문제 진단(Phase 4)」 단계에서의 설문조사를 통해 발굴된 다양한 현실문제를 다시 한 번 심층진단하고, 브레인스토밍(Brainstorming)을 바탕으로 농정 개선방안을 자유롭게 논의, 아이디어를 도출한다. 여기서 이해관계자 그룹은 대상별 특성에 따라 복수의 그룹으로 형성하며, 회의의 경우 그룹 간의 독립적인 심층 인터뷰를 수행하는 방식인 FGI(Focus Group Interview) 방식으로 실시, 각각의 그룹별 이해관계자가 직면한 환경으로부터 비롯된 문제 인식과 생각, 의견 등을 수렴할 수 있도록 한다. 참고로 그룹 구성의 예는 ① 농어촌 지역 주민 등의 국민, ② 농어민단체 또는 협회, ③ 지역 공무원, 연구기관 등이 될 수 있다.

3) 윤석열 정부 농어촌 정책 지향점 설정 (Task 5-3)

이후 그간 이해관계자로부터 수렴한 의견, 논의 결과 등을 종합 분석하여 현(現) 정부의 농어촌 정책이 나아가야 할 지향점을 설정한다. 여기서 지향점은 곧 이후 단계인 「정책 방향도출(Phase 6)」 과업을 위한 시사점이라 할 수 있다.

3.7 정책 방향도출 (Phase 6)

여섯 번째는 그동안의 분석 결과를 바탕으로 윤석열 정부의 농정 비전체계와 우리나라 농어업·농어촌 산업의 미래상을 최종 제시하는 「정책 방향도출」 단계로, 세부과업은 순서에 따라 '윤석열 정부의 농정 비전체계 수립' 과업(Task 6-1), '중장기 정책에 따른 농어업·농어촌 미래상 제시' 과업(Task 6-2), '농특위의 새로운 역할 및 방향성 제안' 과업(Task 6-3)으로 구성된다.

1) 윤석열 정부 농정 비전체계 수립 (Task 6-1)

그간의 연구결과를 바탕으로 '120대 국정과제' 대비 명확하고 구체화 된 윤석열 정부 농정 비전체계를 제시하는 단계이다. 지금까지는 각 과업을 통해 단편적인 조사와 진단·분석, 의견수렴, 방향성 도출 등을 진행했다면 본 과업에서는 이에 추가로 '2023~2027 농업·농촌 및 식품산업 발전계획(이하 농발계획)' 등 핵심 정책 등을 함께 검토해 종합 분석을 수행한다. 이를 통해 윤석열 정부의 농정비전과 달성 목표, 추진전략, 세부 추진과제 등을 도출(재조정)함으로써 최종의 비전체계를 제시한다.

참고로 농정 비전체계를 수립하기까지의 본 연구 추진절차는 '상향식 접근(Bottom-up)'으로 이뤄지고 있다. 농정의 비전이나 방향성이 아닌, 이를 구성하는 120대 국정과제의 조사로부터 접근하고 있기 때문이다. 다음은 '농정 비전체계 수립'을 중심으로 구성해 본 연구 전반의 추진절차이다. 살펴보면 「국정과제의 조사·진단 → 핵심 정책 기조를 고려한 농정비전 수립」 의 방향으로 진행되는 것을 알 수 있다.

❶ '120대 국정과제' 진단을 통해 농정 관련 과제 현황 및 추진내용 파악

❷ 각종 문헌 검토, 이해관계자 의견수렴을 바탕으로 현실문제 진단

❸ 대국민 참여를 통해 농정 개선 방향도출 및 정책 지향점 설정

❹ '농발계획' 등 핵심 정책 기조를 고려한 윤석열 정부 농정비전 수립

다만, 연구의 효율적 수행과 보고서 작성의 측면에 있어 산출물 간의 논리적 연결성을 확보하고, 실시간으로 변경되는 발주처의 요구사항과 빠르게 변화하는 대내외 환경 등을 반영하기 위해 '상향식 접근(Bottom-up)'과 '하향식 접근(Top-down)'을 모두 고려하는 것을 추천한다.

KNOW-HOW & KNOWLEDGE

비전체계를 수립할 때 과제(실질적인 이행 단위)의 발굴이 우선인지, 비전(최상위의 추진 방향성) 도출이 우선인지에 대한 답은 없다. 다만 연구를 수행하는 용역사업자의 관점에서는 ① 보고서 구성 내용의 논리적 연결성을 강화하고, ② 발주처의 실시간 요구사항을 즉각적으로 반영하기 위해 '상향식 접근(Bottom-up)'과 '하향식 접근(Top-down)'을 모두 고려하는 것이 좋다.

2) 중장기 정책에 따른 농어업·농어촌 미래상 제시 (Task 6-2)

비전과 목표, 전략, 추진과제를 포함한 비전체계의 수립 이후, 용역의 발주처는 필요 여부에 따라 정책, 전략의 이행에 따른 미래 모델(To-Be 모델)의 이미지를 요구하기도 한다. 본 사례의 요구사항 중에도 '미래상 제시' 키워드가 있음에 따라 이에 대한 산출물을 마련해야 한다. 보통 정책의 미래상 또는 To-Be 모델에는 정책의 이행으로 변화되는 미래의 모습이나 프로세스(Process), 기대효과, 예상되는 달성 목표, 성과 등의 항목이 주로 포함되며, 용역사업자는 이와 같은 요소들을 종합하여 반영한 하나의 인포그래픽 형태의 이미지를 제작해 제공하는 것이 일반적이다. 그렇지만 정답은 없으므로, 발주담당자와 사전 논의를 통해 '미래상'의 예상 산출물은 어떤 형태인지, 어

떠한 항목들을 포함하는지, 활용 목적은 무엇인지, 별도의 디자인 작업이 필요한지(추가비용 발생을 고려하기 위해) 등을 협의하도록 한다.

3) '농특위' 새로운 역할 및 방향성 제안 (Task 6-3)

이후 정책 제언의 성격으로, '농특위'가 가져가야 할 역할과 방향성을 제안한다. 이때, 윤석열 정부의 성공적인 농정 추진을 위해 보완 및 개선되어야 할 점은 무엇인지, 갖춰져야 할 조직이나 추진체계에는 무엇이 있는지 등을 진단하고 이에 현재의 '농특위'가 일조할 수 있는 역할과 방향성을 정립해 제시하도록 한다. 또한, 「환경진단 (Phase 2)」 단계에서 파악한 현재 '농특위'의 활동 현황을 바탕으로 향후 '농특위'가 이행해야 할 구체적 추진과제(활동)를 발굴해 함께 제안한다.

:: 마무리

본 용역은 「현황조사 및 진단 → 문제점 발굴 → 개선 방향도출 → 정책 및 전략 수립」 단계로 이어지는 전형적인 정부 정책수립을 위한 컨설팅, 연구과제로 볼 수 있으며, 특이사항이라고 한다면 농어촌이라는 특정 생활환경에서의 국민을 포함한 이해관계자의 의견을 청취해 반영하는 부분이라고 할 수 있다.

만약 제안사의 입장이라면, 본 용역과 같은 유사 성격의 사업에서, 국민을 포함한 다양한 이해관계자로부터의 합리적인 의견수렴을 위한 방법론과 절차를 구체적으로 기획, 별도의 과업 단위로 구성해 제시하는 것이 하나의 핵심 제안 전략이 될 수 있다. 추가로 해당 과업과 관련된 유사경험이나 제안사만의 고유 방법론(예로, 대국민 의견수렴을 위한 기법 등) 등이 있다면 이를 충분히 강조하는 것도 좋은 방법이다. 제안이 아닌, 실제 용역을 이행하는 실무자의 관점이라면, 이와 같은 수렴된 의견들을 용역 내에서 어떻게 정책과 비전으로, 농어업·농어촌 발전 미래상으로 연결지을 수 있을지에 대한 방안을 충분히 고민할 필요가 있다.

한 단계 나아가, 용역의 결과를 실제 확산하고, 산업에의 반영을 검토해야 하는 발주기관(농특위), 부처, 정부 차원의 입장으로 접근한다면, 본 연구 내 과업을 통해 국민을 포함한 각계에서 수렴된 의견들이, 또한 본 연구의 수행 결과물로 도출되는 정책과 비전, 방안의 초안들이 실제로 국내 농어업·농어촌 산업에 효용성을 갖춘 정책과 사업으로 연결되도록 하기 위한 노력에 집중해야 할 것이다.

'페르소나 기반 공공플랫폼 전략수립 연구'
사례

CHAPTER   05

:: 들어가기

"디지털 집현전 활성화 방안 수립" 연구는 과학기술정보통신부 산하기관인 한국지능정보사회진흥원(NIA)에서 '22년도에 발주한 용역이다. 국내에 수많은 ICT 정책 연구기관들이 있으며, 이 중에서도 공공과 산업의 발전, 진흥을 담당하는 기관을 진흥원이라는 이름으로 정의하고 있다. 한국지능정보사회진흥원은 정부의 ICT 예산을 위탁 집행하는 준정부기관 중 하나로, 정보화 사업, 인프라 구축사업, 정책·컨설팅 사업 등 매년 다양한 형태의 고품질 용역과제들을 기획·발주, 관리하고 있다.

'페르소나 기반 공공플랫폼 전략수립 연구' 선정 이유

1 선정의 첫 번째 이유는 본 용역이 "디지털 집현전"이라는 공공플랫폼 중심의 활성화 전략을 수립하는 연구이기 때문이다. 그간 앞에서 다뤄온 컨설팅, 정책연구 사례들의 대부분은 국가나 산업 차원의 생태계 발전방안, 활성화 정책과제 등을 도출하는 데 주요 목적이 있었다. 그에 반해 본 용역은 공공플랫폼을 중심으로 한, 특정 플랫폼의 활용·확산방안 마련을 바탕으로 국가지식정보 산업 생태계 전반의 활성화 전략을 수립하는 데 그 목표를 두고 있다. 이에 기존과는 차별화되는 연구절차와 방법론의 활용이 예상된다는 점에서 의미가 있다는 생각이다.

2 두 번째 이유는 용역의 핵심 과업 중 하나로, '디지털 집현전 통합플랫폼'의 잠재이용자로부터 고객 여정(Customer journey map)을 파악하고, 이들로부터 이용수요와 경험(Needs), 개선 아이디어를 수집하는 "사용자 경험 분석"을 요구하고 있기 때문이다. 문제를 파악해 해결을 위한 방향으로의 정책적·전략적 대안(과제)을 제시하는 일반적인 컨설팅, 정책연구의 추진과정에 사용자 경험을 분석하는 방법론이 추가 반영됨으로써, 연구 전반의 절차가 어떻게 변화하는지, 사용자 경험 분석의 결과가 결국 연구를 통해 제시되는 정책의 마중물로써 어떻게 활용되는지 등을 중점으로 살펴본다면, 새로운 융합사례의 정책컨설팅을 경험하는 측면에서 도움이 될 것이다.

제안요청서 주요 내용

개요

> ↘ (과제명) 디지털 집현전 활성화 방안 수립
>
> ↘ (용역 기간) 2022.6 ~ 2022.12 / 6개월 이내
>
> ↘ (용역 예산) 약 100,000 천원
>
> ↘ (용역 배경) 정부는 국가지식정보를 연계·통합하여 원스톱으로 제공하는 플랫폼 구축·운영방안인 '디지털 집현전 프로젝트'를 '20년 7월 발표, 이에 디지털 집현전을 중심으로 한 국가지식정보 생태계 활성화를 위한 전략수립 요구
>
> ↘ (용역 목적) ① 국가지식정보 국내외 주요 정책·플랫폼 사례조사를 통해 우리나라의 국가지식정보 활성화를 위한 시사점 발굴, ② 사용자 경험 분석 및 반영으로 이용자 중심 통합플랫폼 구축 유도, ③ 통합플랫폼 뿐만 아니라 국가지식정보 생태계가 지속 발전하도록 민간의 협력과 참여, 플랫폼 중심 생태계 조성 등 활성화 전략 마련

본 용역은 6개월 이내에 완수해야 하는 단기간 사업이며, 사업 예산은 약 1억 원으로 책정되어 있다. 공공에서 발주하는 정책연구, 컨설팅 용역임을 고려할 때 기간 대비 적지 않은 예산 규모라고 할 수 있다. 약 6개월이라는 사업 수행 기간을 고려한다면 과업의 요구사항이 상당한 편이라 할 수 있는데, 본 서의 서두에서 분석의 대상으로 다뤘던 「방송통신정책연구 사업(과학기술정보통신부, 정보통신기획평가원)」 내 정책연구과제들의 제안요청 내용과 비교해볼 때 요구사항이 매우 장황하고 구체적임을 알 수 있다.

사실 「방송통신정책연구 사업」은 부처(과학기술정보통신부)라는 정부의 차원에서 매년 전략적으로 추진해야 하는 국가·산업적 정책의 선행 수립을 목적으로, 연구가 필요한 주제를 선정해 일괄 제시하는 '하향식 접근(Top-down)' 방식으로 기획된 특수한 사업의 예라고 할 수 있다. 그에 반해 보통 용역사업을 발주하는 공공·연구기관, 지자체

등은 내외부적으로 발생하는 수요로부터 아이디어를 수집하고, 이를 바탕으로 양질의 사업을 기획, 발주하기 때문에 '상향식 접근(Bottom-up)' 방식을 채택하는 경우가 대부분이라 할 수 있다. 이미 전 세계적으로도 공공사업의 기획에 접근하는 방식은 국민, 지역 주민, 기업 종사자 등 개인으로부터의 개선수요(예: 고령층의 삶의 질 저하, 지역 생활 인프라의 노후화, 제조산업 침체 등)를 발굴하고, 이를 해결하기 위한 방향으로 정책과 사업을 기획하는 '상향식 접근(Bottom-up)'의 추세로 이동한 지 오래다. 물론 다양한 주체가 존재하는 환경에서 의사결정의 신속성 등을 위한 목적으로 '하향식 접근(Top-down)' 방식이 채택되기도 한다.

KNOW-HOW & KNOWLEDGE

> 정책연구, 컨설팅 용역을 수행하는 측면에서도 '상향식 접근(Bottom-up)'은 매우 중요하다. 현황조사 및 진단으로 다양한 현안과 문제를 발굴하고, 분석을 통해 시사점을 도출하며, 이를 바탕으로 개선을 위한 최적의 정책 비전·전략, 이행과제를 발굴하는 전(全) 과정이 곧 '상향식 접근(Bottom-up)'이기 때문이다.

이러한 특성에 따라, 구체적인 수요로부터 시작되는 '상향식 접근(Bottom-up)'을 바탕으로 기획된 용역사업들은 상대적으로 제안요청서를 통해 요구되는 과업의 내용 또한 매우 명확하고 상세한 편이며, 목적 지향성이 강하다는 특징을 갖는다. 본 용역의 구체적인 요구사항들도 같은 맥락으로 이해할 수 있다.

제안요청서에 명시된 용역의 배경과 목적을 살펴보면, '디지털 집현전'은 공공의 국가지식정보 통합플랫폼으로, 이용자 중심형 플랫폼의 구축을 위한 아이디어를 발굴하고 민간 연계 기반의 활용·확산전략을 마련하는 것이 본 연구의 1차 목표이며, 이를 통해 궁극적으로는 우리나라 국가지식정보 생태계가 발전하고 성장하는 기틀을 조성하는 것을 최종 목표로 하고 있다.

본 용역의 제안요청서 요구사항은 다음의 그림과 같다. 다만, 내용이 방대함에 따라 요약하여 작성하였다.

제안요청서 요구사항 (요약)

가. 국가지식정보 국내외 정책 현황진단 (선진국 중심으로)

☐ 국가지식정보 국내외 정책 환경분석

○ 국내외 디지털 플랫폼 정부 및 플랫폼 구축·운영, 국가지식정보 관련 정책 현황조사

☐ 국내외 국가지식정보 관련 플랫폼 현황진단

○ 국가지식정보 관련 플랫폼 구축·운영 사례 조사 및 플랫폼별 공공−민간 연계·협력, 성과 및 운영실적 관리(KPI 등), 데이터 개방·공유, 지식정보 통합·연계, 법제도 현황 등 분석

나. 사용자 경험·니즈 분석을 통한 플랫폼 개선사항 발굴

☐ 국가지식정보 이용현황 문헌 조사 수행 (간접조사)

○ 국가지식정보 관련 이용 실태·행태조사, 관련 통계·데이터 분석자료 등 문헌 자료 심층 분석

☐ 국가지식정보 사용자 니즈 분석을 통한 플랫폼 개선사항 발굴 (직접조사)

○ 니즈 분석을 위한 타겟 고객군 설정 (ISP 수립 결과의 5대 고객군 참고)

○ 고객여정맵, 페르소나 등 다양한 사용자 분석 방법론을 제안·적용하고, 잠재사용자 프로파일, 만족 사항(Satisfaction point), 불편 사항(Paint point) 등을 고려한 사용자 분석 수행

다. 국가지식정보 활성화 전략수립

☐ 종합 분석을 통한 국가지식정보 활성화 전략·과제 도출

○ 민간기업 연계·협력을 통해 디지털 집현전, 민간기업(검색엔진社, 스타트업 등) 상생방안 제시

　− 민간검색엔진 기업에서도 디지털 집현전 연계 지식정보 검색이 가능하도록 기업과 연계체계 마련

　− 지식정보 수요기업(스타트업 등)이 디지털 집현전 개방 Open API를 활용, 혁신 서비스 기획·발굴

○ 민간 참여·협력, 이용자 유입 확대, 플랫폼 개선·고도화 등 플랫폼 발전전략, 세부과제 제시

☐ 2차 구축('23)을 포함하여 향후 3개년('23~'25) 중장기 로드맵 수립

라. 디지털 집현전 추진기반 마련 지원 (NIA 협의 하에 추진)

☐ 국가지식정보 현황조사 방안 마련 지원 (양식 설계, 조사 시행방안 수립 등)

○ 일부 연계기관('22년 연계기관 중 3개 내외) 대상 시범 조사 추진 및 개선 의견을 도출, 고도화

☐ 법·제도 마련 지원

○ '국가지식정보법' 세부 지침(관리지침, 운영지침) 및 해설서 작성, '법령 개정안' 마련 지원

그림 5-1 ▎제안요청서(RFP)에 명시된 과제 연구범위

핵심요구사항(Key Sentence) 도출

1.1 개요

먼저 본격적인 분석에 앞서, 제안요청서 요구사항을 대상으로 핵심요구사항(Key Sentence)을 도출하는 과정이 필요하다. 크게 어떤 내용의 과업들을 요구하고 있는지, 어떠한 순서에 따라 요구사항을 제시하고 있는지, 이중 반드시 고려해야 할 요구사항은 무엇이고, 혹시 생략 또는 통합이 가능한 요구사항은 없는지 등을 충분히 고민해 핵심적인 요구사항을 도출 및 나열해 봄으로써 해당 사업의 추진 시 집중해야 할 과업의 본질을 파악할 수 있다.

1.2 진단·분석

제안요청서의 요구사항을 기준으로 내용을 살펴보면, 주요 과업은 크게 ① 국내외 국가지식정보 정책 현황을 진단하고, ② 사용자 경험·니즈 분석을 통해 통합플랫폼의 개선사항을 발굴하며, 이를 종합 분석해 ③ 국가지식정보 활성화 전략을 수립, 기타사항으로 ④ '디지털 집현전'의 기반조성을 위한 부가업무를 지원하는 등 4개의 맥락으로 구성되어 있다(제안요청서의 「가, 나, 다, 라 수준」을 기준으로).

1) 국가지식정보 국내외 정책 현황진단

첫 번째 「가 수준」에 해당하는 요구사항으로, 세부 내용으로는 '국가지식정보 국내외 정책 환경분석', '국내외 국가지식정보 관련 플랫폼 현황진단' 등을 포함한다. 특히 국내외 플랫폼 진단의 경우, 유관 플랫폼의 구축·운영사례, 공공-민간 연계·협력

현황, 데이터의 개방·공유사례 등을 집중적으로 조사·분석함으로써, 해당 관점에서의 '디지털 집현전' 벤치마킹(Benchmarking) 시사점을 도출하는 것이 중요할 것으로 판단된다.

2) 사용자 경험·니즈 분석을 통한 플랫폼 개선사항 발굴

두 번째 「나 수준」에 해당하는 요구사항으로, '국가지식정보 이용현황 문헌 조사 수행(간접)', '국가지식정보 사용자 니즈 분석을 통한 플랫폼 개선사항 발굴(직접)' 등의 세부 내용을 포함한다. 상대적으로 간접조사 업무 대비 직접조사 업무에 대한 집중이 필요해 보이며, 무엇보다도 적절한 고객군의 잠재사용자들을 대상으로 최적의 니즈 분석 방법론을 선정·적용해 유의미한 결과를 도출해 내는 것이 본 과업의 관건이라 예상된다.

3) 국가지식정보 활성화 전략수립

세 번째 「다 수준」에 해당하는 요구사항으로, 선행조사·분석된 결과를 종합하여 국가지식정보 생태계의 활성화 전략을 마련하는 과업으로 이해할 수 있다. 세부 요구 내용으로는 '국가지식정보 활성화 전략·과제 도출', '3개년 중장기 로드맵 수립' 등이 있으며, 특히 전략·과제의 도출 시 "공공과 민간 기업 간 상생·협력 강화", "이용자 유입 확대", "통합플랫폼 개선·고도화" 등 키워드의 반영을 강조하고 있다.

4) 디지털 집현전 추진기반 마련 지원

네 번째 「라 수준」에 해당하는 요구사항으로, '디지털 집현전 프로젝트'의 추진에 있어 부가적으로 이행이 필요한 과업들을 지원하는 업무로 이해할 수 있다. 세부 내용으로는 '국가지식정보 현황조사 방안 마련 지원(양식 설계, 조사 시행방안 수립 등)', '법·제도 마련 지원(지침 및 해설서 작성, 개정안 마련 등)' 등이 있다.

1.3 핵심요구사항

이러한 일련의 스크리닝(Screening) 작업을 바탕으로 도출한 본 용역의 핵심요구사항 (Key Sentence)은 다음과 같다.

- 국내외 디지털 플랫폼 정부 및 플랫폼 정책 현황조사
- 국내외 국가지식정보 정책 현황조사
- 국가지식정보 관련 플랫폼 구축, 운영 사례조사
- 국가지식정보 이용현황 문헌 조사 (간접조사)
- 국가지식정보 사용자 니즈 분석 (직접조사)
- 국가지식정보 활성화 전략 및 발전방안 도출
- 세부 이행과제 제시
- 중장기 로드맵 수립
- 현황조사 양식 설계, 시범조사 및 양식 고도화
- 지침 및 해설서 작성, 법령 개정안 마련 등 지원

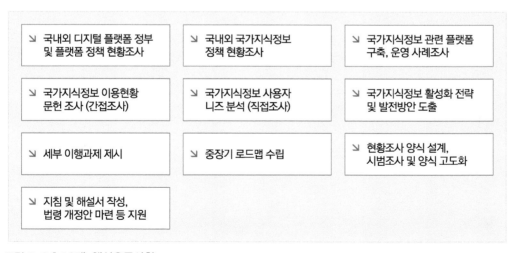

그림 5-2 ▍10개 핵심요구사항

분석 2단계

구조화(Categorization) 및 논리적 절차 구성

2.1 개요

앞서 본 용역의 핵심요구사항(Key Sentence)을 도출했다면, 이제는 각각의 요구사항 간 연관성과 수준(Leveling)을 고려한 과업의 구조화(Categorization) 및 구조화된 과업 (Task) 간 논리적 추진절차를 수립하는 과정이 필요하다. 구조화된 과업의 구성과 논리적으로 잘 짜인 과업 간 절차는 용역사업자의 측면에서 제안 단계에서만의 강점에 그치지 않고, 실제 사업을 수주해 이행해야 하는 관점에서도 운영의 효율성을 극대화할 수 있기에 매우 중요하다고 할 수 있다.

2.2 구성절차

본 용역의 과업 구성은 크게 조사, 분석을 통해 정책을 도출하는 "전략수립 과업"과 그 외 추가로 정부가 '디지털 집현전 프로젝트'를 이행하는 단계에서 필요한 제반 업무를 지원하는 "추진기반 마련 지원과업"으로 구분할 수 있다. 이를 종합적으로 반영해 총 5개의 대표 과업(Phase), 그리고 이에 속하는 12개의 세부 과업(Task)으로 구성된 추진절차를 마련하였으며, 이는 「탐색(Exploration) → 조사(Investigation) → 도출(Derivation) ← 기반지원(Support)」 등 총 4단계에 걸친 연구이행의 흐름에 따라 구분된다.

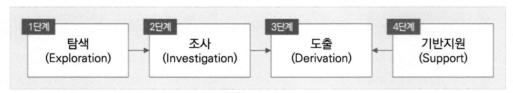

그림 5-3 ▍ 연구 이행절차

대표 과업(Phase)을 중심으로 주요 추진내용들을 살펴보도록 한다.

1) 사전 준비 (Phase 1)

대표 과업(Phase) 중 첫 번째 단계로, 사전미팅 및 협의, 사전 기획 과업으로 구성된다. 본격적인 사업 착수 및 추진에 앞서 사업의 추진배경과 달성 목표(도출되어야 하는 결과물 등), 추진 방향성, 일정, 활용 방법론 등을 사전에 협의하고 계획하는 단계라 할 수 있다.

2) 이용 경험조사 (Phase 2)

두 번째 단계로, 국가지식정보의 이용현황을 조사하는 과업으로 정의할 수 있다. 이용현황은 제안요청서의 요구사항에 따라 크게 ① 문헌 조사에 근거한 간접조사(이용실태·행태조사 등), ② 실제 타겟 고객군(이용자)을 대상으로 한 직접조사(고객여정맵, 페르소나 등)로 구분된다. 앞서 도출한 10개의 핵심요구사항(Key Sentence) 중 '국가지식정보 이용현황 문헌 조사', '국가지식정보 사용자 니즈 분석'에 대응하는 과업이라 할 수 있다.

3) 현황조사 (Phase 3)

세 번째 단계로, 국가지식정보 플랫폼의 구축·운영사례 등을 포함하는 플랫폼 관련 현황을 파악하고, 국가지식정보를 둘러싼 정책·법률 환경을 진단한다. 법률환경진단의 경우, 제안요청서 요구사항에는 포함되어 있지 않지만, 향후 '지침 및 법 개정안 마련 지원' 과업(Task 5-3)의 원활한 수행을 위한 선행조사의 성격으로 반영, 동시에 수행하기로 한다. 10개의 핵심요구사항(Key Sentence) 중 '국내외 디지털 플랫폼 정부 및 플랫폼 정책 현황조사', '국내외 국가지식정보 정책 현황조사', '국가지식정보 관련 플랫폼 구축, 운영 사례조사' 등에 해당한다.

4) 추진전략 도출 (Phase 4)

네 번째 단계로, 국가지식정보 생태계의 활성화를 위한 비전과 목표, 전략 방향성을 도출하고, 구체적인 이행과제를 발굴 및 3개년의 중장기 로드맵을 수립한다. 「이용 경험조사(Phase 2)」를 통해 수렴된 개선사항과 각종 아이디어, 「현황조사(Phase 3)」 진단 결과로부터 도출된 시사점을 종합적으로 반영해 활성화 전략체계를 마련하고, 실효성을 갖춘 이행과제를 도출한다. '국가지식정보 활성화 전략 및 발전방안 도출', '세부 이행과제 제시', '중장기 로드맵 수립' 등의 핵심요구사항(Key Sentence)에 부합하는 과업이라 할 수 있다.

5) 추진기반 지원 (Phase 5)

다섯 번째 단계로, '디지털 집현전 프로젝트'의 추진기반 마련을 목표로 다양한 요구사항의 이행을 지원한다. 최적의 국가지식정보 현황조사 방안을 마련해 시범조사를 수행하고, '국가지식정보법'의 세부 지침 및 해설서 작성, 개정안 마련 등을 지원하는 과업으로 구성된다. 핵심요구사항(Key Sentence) 중 '현황조사 양식 설계, 시범조사 및 양식 고도화', '지침 및 해설서 작성, 법령 개정안 마련 등 지원'에 대응하는 과업이라 할 수 있다.

위 대표 과업별 주요 내용을 종합해 도식화한 본 사업 추진절차는 다음과 같다.

그림 5-4 ▌제안하는 사업 추진절차(안)

본 용역을 성공적으로 추진하는 데 있어 중요한 과업 중 하나는 단연 「이용 경험 조사(Phase 2)」 단계일 것이다. 특히 다양한 이용자를 대상으로 직접 경험을 조사해 아이디어를 발굴하는 '사용자 니즈 분석 및 개선사항 발굴' 과업(Task 2-2)이 핵심이라 할 수 있는데, 해당 과업에서 상당한 비용과 시간, 인력 투입의 집중이 예상됨에 따라 이에 대한 충분한 사전 조사와 꼼꼼한 계획 수립이 선행되어야 할 필요가 있다. 예로, 니즈 분석을 위한 대상자(이용자)의 유형과 조사 Sample 수는 어떻게 가정할 것인지, 조사 대상자의 네트워크는 어떻게 확보할 것인지, 합리적인 조사(자문) 비용의 수준은 어느 정도인지, 이용자 니즈 분석을 위한 방법론은 무엇으로 정할지, 타당한 설문항목 구성을 위해 어떤 자료를 참고할 것인지, 니즈 분석 결과는 어디에, 어떻게 연계 활용 되는지 등의 물음에 답할 수 있는 준비가 되어야 한다.

분석 3단계

절차별 추진방안 사전 기획

3.1 개요

앞서 논리적 절차에 따라 과업의 전체 그림을 구성했다면, 이제는 사업 추진절차 내 각각의 과업별 상세 방안을 기획할 차례이다. 한 장의 장표로서 표현되는 사업추진 전반의 구체화 이미지는 흔히 「사업추진 프레임워크」라고도 부르며, 본 사례의 「사업추진 프레임워크」는 그림 5-5와 같이 제시할 수 있다.

저자가 과거 컨설팅 업종에 재직할 당시 팀장, PM으로 다양한 컨설팅 사업의 제안을 준비하고 발표했던 경험에 비추어 볼 때, 누군가 나에게 제안발표자료 내 콘텐츠 중 가장 중요한 한 장의 장표를 뽑으라고 한다면 주저 없이 해당 장표를 선택할 것이다.

일반적으로 컨설팅 용역사업의 제안발표평가는 파워포인트를 활용해 구성한 자료를 Presentation 하는 방식으로 진행하는데, 보통 발표 목차 중 '사업 추진방안'을 설명하는 단계에서 위 그림과 같은 「사업추진 프레임워크」를 선언적으로 제시하고, 이어 각 세부 과업(Task)별 구체적 추진방안을 설명하게 된다. 이렇듯 제안발표자료 구성 내용의 주요 항목인 '사업 추진방안'을 한 장으로 요약하는 핵심 콘텐츠라는 점에서 「사업추진 프레임워크」의 중요성은 매우 높다고 할 수 있으며, 여기에 제안사의 경험과 노하우(제안사만의 고유한 방법론이 있는지, 문제해결을 위한 최적의 방법론을 제시했는지), 역량(제안 절차의 구성이 논리적으로 우수한지, 글이 짜임새를 갖추고 있는지), 사전 이해도(사전 조사를 통해 배경지식을 이해했는지)까지 묻어나기 때문에 그 중요성은 더욱이 높다고 할 수 있다.

탐색 (Exploration)	조사 (Investigation)	도출 (Derivation)	기반지원 (Support)
[Phase 1] 사전 준비	**[Phase 2] 이용 경험조사**	**[Phase 4] 추진전략 도출**	**[Phase 5] 추진기반 지원**

1-1 사전미팅 및 협의

- 사전 인터뷰(발주담당자) 또는 Kick-off 착수회의를 통해 컨설팅 요구사항 파악
- 발주 담당자와 협의를 통해 사업추진 일정 및 범위 확정

1-2 사전 기획

- 주요 과업 별 추진일정 및 계획 등 세부추진방안 수립
- ※ 예시: ① 니즈 분석 기법 선정 및 활용 방법론 수립, ② 이용자 모집·선별, 일정 조율, ③ 이용자 워크숍 운영, 전문가 기반 평가수행 등

2-1 국가지식정보 이용현황 문헌 조사 (간접)

- 국가지식정보 관련 이용실태·행태 결과보고서, 논문 등 조사
  ※ 예시: 대학도서관 실태조사 결과 (교육부), 학술정보유통체계 실태조사 연구(한국학술진흥재단) 등
- 국가지식정보 이용 관련 통계결과 및 분석보고서 조사

2-2 사용자 니즈 분석 및 개선사항 발굴 (직접)

- 방법론의 선정, 조합을 통한 최적의 운영전략 마련 및 제시
- (이용자 워크숍) 불편사항 도출, 개선 아이디어 발굴
- (전문가 활용) 서비스·기능 대상 통합플랫폼 적용가능성 평가 및 개발 우선순위 도출

[Phase 3] 현황조사

3-1 국가지식정보 플랫폼 현황진단

- 국내외 유사 플랫폼 사례 조사
- 디지털 집현전 전신(前身) 플랫폼인 '국가지식포털' 조사 및 개선 시사점 도출

3-2 국가지식정보 정책·법률 환경진단

- 국내외 디지털 플랫폼 정부 및 국가지식정보 정책·법률 진단
- '국가지식포털' 정책·법률 이슈 진단 및 개선 시사점 발굴

4-1 국가지식정보 활성화 비전체계 도출

- 국가지식정보 생태계 활성화를 위한 정책 방향성 도출
- 비전 및 목표, 추진전략을 포함하는 비전체계 수립
  ※ (핵심 키워드) 민간 참여·협력, 국가지식정보 개방, 혁신 서비스 기획·발굴, 검색엔진최적화 등

4-2 이행과제 제시 및 구체화

- 추진전략 달성을 위한 이행과제 발굴 및 구체화
- (전문가 활용) 산·학·연 중심 FGI*를 통해 이행과제 적정성 검토 및 추가 과제 수요발굴
  * 문헌정보학과 등 교수, 국가지식 정보 보유 연구기관 담당자 등

4-3 3개년 중장기 로드맵 수립

- 2차 구축('23년)을 포함한 3개년 중장기 로드맵 수립
- 로드맵 수립 시 통합플랫폼 서비스·기능 개선과제 반영

5-1 현황조사 양식 설계 및 조사방안 수립

- 기존 조사자료 검토(AS-IS)
- 조사방안 수립(양식 설계 등)

5-2 시범 현황조사 추진 및 방안 고도화

- 3개 기관(NIA 협의) 대상 시범 현황조사 실시 및 의견수렴
- 방안 개선·고도화

5-3 지침 및 법 개정안 마련 지원

- '국가지식정보법' 세부 지침 및 해설서 작성, 법·시행령 개정 이슈 발굴 지원
- (전문가 활용) 법률 전문가 심층인터뷰를 통한 검증·자문

그림 5-5 ┃ 추진절차별 세부 추진방안을 담은 '사업추진 프레임워크'

잘 구성된 한 장의 「사업추진 프레임워크」 장표는 제안발표 시 그 위력을 발휘한다. 합리적으로 구성된 사업추진 전반의 절차와 과업별 방법론을 간결하고 명료하게 전달할 뿐만 아니라, 이와 함께 제안사의 경력과 연륜, 보유 역량, 노력 여하(관련 지식의 사전 조사 등)까지 어필할 수 있기 때문이다.

만약 해당 장표에서 사업추진절차에 대한 설명이 평가위원들에게 명확히 어필되지 못하거나 그들에게 합리적으로 인식되지 못할 경우, 이어서 발표하는 각 세부 과업별 추진방안에 대한 설명이 충분히 이뤄진다고 해도 사업추진 전반의 구조가 이해되지 않아 제안 자체의 수준이 낮게 평가될 수 있는데, 이에 평가위원들이 전체 사업의 추진절차를 쉽게 이해할 수 있도록 가독성과 가시성을 모두 고려한 절차 간의 구성, 배치 등을 함께 고민하는 것이 좋다.

짧은 시간 내 원하는 정보를, 한 장의 장표를 통해 명확히 전달하기 위해서는 가독성과 가시성의 확보가 필수이다. 단어, 문장, 구성절차 간의 논리적 연결성이 가독성을 높인다면, 간결하고 명확한 디자인 요소(과업별 번호 부여, 전문가 활용 여부 명시, 과업 간 선후 관계 표현 등)는 가시성을 높일 수 있다.

3.2 사전 준비 (Phase 1)

대표 과업(Phase) 중 첫 번째는 「사전 준비」 단계이다. 본 단계는 발주담당자를 통해 사업추진의 목적과 필요성, 이를 둘러싼 배경적 이슈, 추진 현황 등을 파악함으로써 사업을 온전히 이해하고, 과업 요구사항에 대한 발주기관-사업자 간 합의점(Consensus)을 도출하는 '사전미팅 및 협의' 과업(Task 1-1), 다수 인원의 섭외 또는 회의 일정 조율 등으로 상당한 시간적 소요가 예상되는 업무에 대해 착수 초기부터 미리 추진방안을 계획하고 준비하는 '사전 기획' 과업(Task 1-2)으로 구성된다.

1) 사전미팅 및 협의 (Task 1-1)

본격적인 착수에 앞서 발주담당자-용역사업자 간 미팅을 통해 사업의 배경과 목적을 공유하고, 용역추진을 위한 방향성을 협의·조율한다. 본 용역의 경우, 해당 제안요청서의 공고 시점에 이미 관계 법령인 「국가지식정보 연계 및 활용 촉진에 관한 법률(약칭: 국가지식정보법)」이 마련되어 있었고, 같은 시기에 "디지털 집현전 통합플랫폼 구축사업"이 진행되는 상황이었기 때문에 착수 시점부터 사업의 배경과 추진 현황(법령마련, 플랫폼 구축사업 추진, 국가지식정보 현황조사 등)을 빠르게 이해하고 숙지하는 것이 특히 중요했을 것으로 판단된다.

특히 본 과업 단계를 통해 용역사업자가 제안 준비 시 사업의 추진절차를 구성하고 각 과업을 기획하는 데 있어 발주담당자의 검토 또는 의도 확인이 필요했던 쟁점 사항들을 중점적으로 논의하여 사업 이행을 위한 최종 방향성을 명확히 확립할 수 있도록 한다.

2) 사전 기획 (Task 1-2)

짧은 용역 기간이 주어진 사업이라면, 특히 착수 초기 시점의 사전 기획이 무엇보다 중요하다. 본 용역은 6개월이라는 짧은 기간 내에 '디지털 집현전 통합플랫폼'에 대한 이용자 경험조사를 수행해 개선 아이디어를 발굴하고, 국가지식정보 생태계의 활성화를 위한 정책을 제안하며, 현황조사와 법·제도 마련 등 각종 지원 업무를 수행해야 하는 등 상당히 촉박한 일정으로의 과업 추진이 예상되는 사업이라 할 수 있다.

사전 기획이 필요한 과업을 예상해 본다면, 앞서 언급한 바와 같이 '사용자 니즈 분석 및 개선사항 발굴' 과업(Task 2-2)이 있다. 해당 과업에는 니즈 분석을 위한 기법의 선정과 이를 활용하기 위한 방법론(절차)의 수립은 물론, 플랫폼 잠재사용자들의 모집과 선별, 일정 조율, 이행(이용자 워크숍 운영, 전문가 기반 평가수행 등) 등 만만치 않은 업무요소들이 포함되어 있다. 또한, 동시에 추진 중인 통합플랫폼 구축사업이 완료되기 이전에 사용자 니즈 분석의 결과인 "플랫폼 개선사항(아이디어)"이 도출되어, 통합플랫폼 구축의 한 요소로 반영되어야 하므로 시기 또한 매우 촉박하다고 할 수 있다.

이에 본 단계에서 사용자 니즈 분석을 위한 구체적인 계획을 사전 수립해 해당 과업 단계(Task 2-2)에서 즉시 이행에 착수할 수 있는 환경을 구현한다.

3.3 이용 경험조사 (Phase 2)

두 번째는 「이용 경험조사」 단계이다. 본 단계는 크게 국가지식정보 관련 이용실태, 통계자료 등 이용현황 관련 문헌들에 대한 간접조사를 수행하는 '국가지식정보 이용현황 문헌 조사(간접)' 과업(Task 2-1), 사용자 니즈 분석 방법론을 적용해 잠재사용자 대상 플랫폼 이용 불편사항(Pain point)을 파악하고, 이를 바탕으로 개선 아이디어를 발굴, 아이디어의 평가를 통해 우선순위를 도출하는 '사용자 니즈 분석 및 개선사항 발굴(직접)' 과업(Task 2-2)으로 구성된다.

1) 국가지식정보 이용현황 문헌 조사 (Task 2-1)

문헌을 기반으로 국가지식정보 관련 이용현황을 조사한다. 제안요청서 요구사항의 내용을 고려하여, 국가지식정보 관련 이용실태·행태조사 및 관련 통계자료나 데이터 분석자료 등을 조사·분석해 시사점을 제시한다.

문헌을 통한 현황조사 과업의 경우, 연구의 주제에 따라 인터넷 검색 등을 통해 자료를 탐색해도 양질의 자료를 거의 찾지 못하는 상황이 발생하기도 한다. 보통은 연구의 키워드가 전 세계적으로 매우 앞서가는 주제이거나, 또는 아직 개념이 명확히 정립되지 않은 키워드인 경우가 이에 해당한다. 이때는 차선의 방안으로, 점차 검색 키워드의 범위를 넓혀가며(합리적인 범주에서) 자료를 탐색하는 것이 하나의 대안이 될 수 있다. 이와 같은 접근방식은 연구의 결론을 도출하는 데 있어 폭넓은 사례를 들여다봄으로써 또 다른 관점에서의 예상하지 못한, 참신한 시사점을 끌어낼 수 있다는 장점이 있다. 물론 발주담당자에게 해당 이슈 상황을 공유해 조사 방향성을 협의 후 진행하는 것이 좋다.

"국가지식정보" 또한 이용실태라든지, 관련 통계조사자료를 찾는데 애로가 있는 키워드라 할 수 있다. 아직 "국가지식정보"라는 키워드가 널리 쓰이지 않고 있고, 개념 정립이 명확하지 않기 때문으로 해석할 수 있다. 이때는 예로, "지식정보"라든지, 해당 개념의 범주에 속하는 "논문", "학술정보" 등에 관한 실태조사, 통계조사 등을 탐색해볼 수 있고, 더 확장해 "도서관 이용"에 대한 실태조사, 통계자료 등을 검색해볼 수도 있다.

KNOW-HOW & KNOWLEDGE

조사업무를 수행할 때 원하는 자료를 탐색하는 것은 생각보다 쉽지 않다. 만약 특정 주제에 관한 양질의 문헌 자료를 찾기 힘들다고 판단된다면, 조사(검색)의 키워드를 합리적인 범주 내에서 점차 확장해 나가는 것이 하나의 대안이 될 수 있다.

2) 사용자 니즈 분석 및 개선사항 발굴 (Task 2-2)

'디지털 집현전 통합플랫폼(국가지식정보)'의 잠재사용자를 대상으로 직접 사용자 경험을 분석해 불편사항을 도출하고, 이를 개선하기 위한 아이디어를 발굴한다. 먼저 이행 방안의 수립에 앞서 제안요청서의 요구사항을 살펴볼 필요가 있다. 이용 경험조사에 관한 요구사항을 살펴보면, '고객여정맵(Customer journey map)', '잠재사용자 프로파일링(Profiling)', '페르소나(Persona)' 등의 기법을 활용하도록 요청하고 있는데, 이는 모두 사용자 니즈 분석을 위한 대표 방법론들이므로, 이를 종합적으로 포괄하는 영역인 디자인 씽킹(Design thinking) 관점으로의 접근을 가정하기로 한다.

모델의 경우, 대중적으로 널리 알려진 美 스탠퍼드 대학 디스쿨(d. School)의 디자인 씽킹(Design thinking) 5단계 프로세스(Empathize-Define-Ideate-Prototype-Test)를 참고하며, 한 단계 나아가 '디지털 집현전 통합플랫폼'의 사용자 경험조사 특성에 부합할 수 있도록 절차를 일부 변형 및 이에 따른 이행방안을 수립한다.

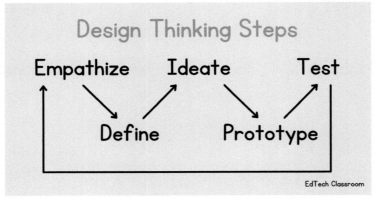

출처: edtech-class.com

그림 5-6 ▌ 디스쿨(d. School)의 디자인 씽킹(Design thinking) 프로세스

이에 기존의 디자인 씽킹(Design thinking) 5단계 프로세스를 커스터마이징해 「Empathize-Define-Ideate-Test」 등의 4단계로 재정의하였으며(Prototype 단계는 본 사례에 부합하지 않아 제외), 이는 본 용역 「이용 경험조사(Phase 2)」 단계의 '국가지식정보 이용현황 문헌 조사' 과업(Task 2-1), '사용자 니즈 분석 및 개선사항 발굴' 과업(Task 2-2)으로 매칭하여 표현될 수 있다.

KNOW-HOW & KNOWLEDGE

컨설팅, 정책연구의 수행 시 근본 없는 방법론을 개발·활용하는 것은 독이 될 수 있다. 연구 과정과 결과의 타당성 확보가 매우 중요한 만큼, 방법론을 이용하고자 한다면 기존에 널리 활용되고 있는 검증된 방법론의 프로세스를 차용하거나, 이를 상황에 맞게 커스터마이징해 활용하는 것이 좋다.

단계별 주요 이행방안을 살펴보면, 먼저 자료조사나 인터뷰 등을 통해 공감대를 형성하는 단계인 「Empathize: 공감 형성」 단계에서는 국가지식정보 이용과 관련한 각종 이용실태·행태조사보고서, 통계분석자료 등의 결과를 조사(Task 2-1)하며, 문제를 정의하는 단계인 「Define: 문제 정의」 단계에서는 대국민 유형별 1차 이용자 워크숍을 진행해 플랫폼 예상 이용 여정(Journey map)을 파악, 단계별 불편 사항(Pain point) 등의 의견을 수렴함으로써 문제를 진단·정의(Task 2-2)한다. 문제해결을 위한 아이디어를 개진하고, 자유롭게 토론하며 보완해 나가는 과정인 「Ideate: 아이디어 도출·공유」 단계에서는 2차 이용자 워크숍 운영을 통해 문제의 개선·혁신을 위한 아이디어를 공유 및 논의하여 핵심 아이디어들을 선정(Task 2-2)한다. 마지막 「Test: 아이디어 평가·검증」 단계에서는 앞서 선정된 아이디어들을 대상으로 전문가 기반 평가를 수행해 개발·구현을 위한 우선순위를 도출(Task 2-2)한다.

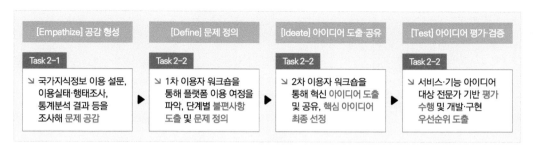

그림 5-7 ▎재정의한 '디지털 집현전' 이용 경험조사 방법론(안)

설명을 덧붙이자면, 아이디어 워크숍을 통해 다양한 유형의 국민으로부터 도출되는 개선 의견과 아이디어는 플랫폼의 추가기능 구현, 제공 서비스 고도화, 일부 UI/UX 개선 등의 '서비스·기능' 관점과, 운영 정책, 홍보·마케팅 전략, 활성화 방안 등 '정책·전략' 관점으로 구분될 수 있다. [Ideate 단계] 이중 '서비스·기능' 관련 아이디어의 경우, 선별을 통해 이후 이행과제의 도출과 중장기 로드맵을 수립하는 단계에서 즉시 활용할 수 있도록, 관련 전문가로 구성된 FGI 운영을 통해 실제 구축·적용 가능성 등을 검토하여 우선순위를 평가한다. [Test 단계]

디자인 씽킹(Design thinking)의 기본적인 목적은 'Design', 'Thinking'이라는 단어에서 유추할 수 있듯이, 기업의 제품(Product)이나 상품(Merchandise), 서비스(Service)의 기획·개발·판매 등 단계에서 디자인적 사고와 사용자의 욕구, 아이디어 등을 융합해 혁신을 꾀하는 것이다. 현재 '디지털 집현전'은 통합플랫폼을 구축 중인 상황이며, 이후 고도화, 서비스 제공 등이 예정되어 있다. 이러한 주요 단계에 디자인 씽킹(Design thinking) 중심의 사고가 반영된다면, '디지털 집현전'은 수요자 중심형 플랫폼으로써 생태계의 발전에 한층 기여할 수 있을 것이다.

3.4 현황조사 (Phase 3)

세 번째는 「현황조사」 단계로, 세부 과업으로는 국내외 유사 플랫폼의 구축·운영 사례 등을 조사하는 '국가지식정보 플랫폼 현황진단' 과업(Task 3-1), 국내외 디지털 플랫폼 정부 및 국가지식정보 관련 정책·법률 이슈를 파악하는 '국가지식정보 정책·법률 환경진단' 과업(Task 3-2)이 있다.

1) 국가지식정보 플랫폼 현황진단 (Task 3-1)

'디지털 집현전 통합플랫폼'과 유사성을 지닌 국내외 플랫폼의 구축·운영사례를 조사한다. 플랫폼 사례조사의 경우, 제안요청서 요구사항에서 제시하는 키워드에 따라 "공공-민간 연계·협력", "성과 및 운영실적 관리(KPI 등)", "데이터의 개방·공유", "지식정보의 통합·연계" 등의 측면에서 다양한 플랫폼의 특성을 비교, 벤치마킹 요소를 탐색하기 위한 방향으로 조사를 수행한다. 또한, 요구사항에는 없는 내용이나 '디지털 집현전 통합플랫폼'의 전신(前身) 플랫폼이라고 할 수 있는 '국가지식포털'에 대한 AS-WAS 현황분석을 함께 수행해 개선 시사점을 도출한다.

2) 국가지식정보 정책·법률 환경진단 (Task 3-2)

제안요청서의 요구사항에 따라, 현(現) 정부의 핵심 ICT 정책이기도 한 디지털 플랫폼 정부, 그리고 국가지식정보를 둘러싼 국내외 정책, 법·제도 현황을 조사한다. 법률 환경진단의 경우, 용역 후반에 지원하게 될 '지침 및 법 개정안 마련 지원' 과업(Task 5-3)의 선행조사 개념으로 반영한 업무 범위임에 따라, 그간 마련되어온 관련 지침, 해설서, 법령 개정안 이슈 등을 발주담당자로부터 수집해 사전 파악할 수 있도록 한다.

이에 더해 '국가지식정보 플랫폼 현황진단' 과업(Task 3-1)과 마찬가지로, 요구과업에는 없으나 과거에 직면했던 문제점, 한계 등을 되짚어보기 위해 '국가지식포털'에 대한 당시 정책 현황, 법률 이슈 등을 함께 살펴보도록 한다.

3.5 추진전략 도출 (Phase 4)

네 번째는 그간의 「이용 경험조사(Phase 2)」, 「현황조사(Phase 3)」 결과를 바탕으로 최종 국가지식정보 활성화 추진방안을 마련하는 「추진전략 도출」 단계이다. 본 단계는 '국가지식정보 활성화 비전체계 도출' 과업(Task 4-1), '이행과제 제시 및 구체화' 과업(Task 4-2), '3개년 중장기 로드맵 수립' 과업(Task 4-3)으로 구성된다.

1) 국가지식정보 활성화 비전체계 도출 (Task 4-1)

그간의 탐색(Exploration), 조사(Investigation) 단계를 거쳐 도출된 조사·분석 시사점들을 종합하여, 국가지식정보 활성화를 위한 정책 비전체계를 도출(Derivation)한다. 일반적으로 비전 체계도의 구성에는 미션(Mission), 비전(Vision), 핵심가치(Core Value), 목표(Goal), 추진전략(Strategy) 등의 요소가 포함될 수 있는데, 정해진 답은 없으므로 발주담당자와의 논의를 통해 합리적인 형태로 비전체계를 수립한다. 각각의 의미를 간단히 살펴보면, 미션(Mission)은 정책의 본질에 입각한, 의무적 목적을 나타낸다고 할 수 있으며, 비전(Vision)은 미션(Mission)과 유사한 의미로 활용되기도 하지만 보통 정책의 방향이나 이상을 제시하는 개념으로 활용된다. 핵심가치(Core Value)는 표현 그대로 정책이 내포한 핵심가치를, 목표(Goal)는 정책의 이행을 통해 달성 가능한 구체적 기준을, 추진전략(Strategy)은 목표 달성을 위해 추진되어야 할 세부 정책(과제)들의 방향성을 의미한다.

만약 '목표(Goal)'를 예로 든다면, 본 용역의 경우 '디지털 집현전'이라는 통합플랫폼 중심의 활성화 방안 수립이 주요 목적임에 따라, 동시에 구축 중인 통합플랫폼의 향후 운영 성과(예: 디지털 집현전이 개방하는 Open API 이용 건수, 민간 혁신서비스 연계 건수 등)를 정량목표로 활용 가능하다는 생각이다.

2) 이행과제 제시 및 구체화 (Task 4-2)

앞서 추진전략(Strategy)을 도출했다면, 이제는 추진전략에 부합하는 세부 정책 단위인 이행과제를 기획·발굴할 차례이다. 여기서 이행과제란, 실제 국민이 접하고 체감하게 되는 실질적인 사업의 단위로, 추진전략 수립의 수준과 달리 목적과 방향, 주요 내용, 제공 범위, 수혜 대상 등 구체적인 추진내용의 기획을 바탕으로 예산이 책정되는 국가·공공의 사업을 의미한다. 보통 정책이나 컨설팅 연구의 경우, 이행과제 도출 시 주로 정책수립, 제도개선, 인식제고 등의 목적에 부합하는 과제들을 기획하게 되는데, 본 용역은 '디지털 집현전'이라는 통합플랫폼을 다루고 있으므로, 서비스 개발, 기능 고도화 등과 같은 R&D 성격의 과제도 포함될 수 있다. 이에 본 용역의 경우, '사용자 니즈 분석 및 개선사항 발굴' 과업(Task 2-2)을 통해 최종 도출된 서비스·기능 차원의 플랫폼 개선과제를 함께 반영해 이행과제로서 제시하도록 한다.

제안요청서 요구사항의 키워드를 참고해 이행과제명을 예시로 적어본다면, '국가지식정보를 활용한 대국민 혁신서비스 아이디어 공모전 운영', '지식정보 수요기업이 만들어 가는 디지털 집현전 큐레이션 서비스 구현' 등이 제시될 수 있다. 위의 두 예시처럼, 이행과제는 실질적으로 눈에 보이는 수준의 구체적인 사업의 단위로 이해할 수 있다. 실제 이행과제의 도출은 그간 앞서 연구되어온 방대한 조사 결과와 시사점의 종합 분석을 바탕으로 수행되어야 하며, 비전체계를 구성하는 각각 요소들의 방향과도 일치해야 함을 명심하도록 한다.

과제 발굴의 경우, 본 용역에서도 특히 중요도가 높은 과업이기 때문에 이행과제의 적정성 검토, 추가 아이디어 발굴 등을 위한 목적으로 전문가위원회를 개최해 FGI 기반의 심층 논의를 수행하도록 한다. 이때 전문가의 구성은 다양한 시각에서 '국가지식정보'라는 특수한 분야의 과제 기획과 검증이 가능할 수 있도록, 지식정보서비스 산업 종사자(산업계), 문헌정보학 등 유관 학과의 교수(학계), 국가지식정보 보유 연구기관 담당자(연구계) 등의 산·학·연 전문가를 골고루 포함할 수 있도록 한다.

3) 3개년 중장기 로드맵 수립 (Task 4-3)

도출된 이행과제를 바탕으로 추진 시기에 따른 이행계획을 수립한다. 이를 보통 로드맵이라 하는데, 이때 제안요청서의 요구사항을 반영해 3개년('23~'25)에 대한 중장기 계획을 마련한다. 특히, '사용자 니즈 분석 및 개선사항 발굴' 과업(Task 2-2)을 통해 평가된 통합플랫폼 서비스·기능 개선과제의 개발 우선순위를 함께 고려함으로써, 합리적인 이행 로드맵을 수립하도록 한다.

3.6 추진기반 지원 (Phase 5)

다섯 번째는 '국가지식정보법' 세부 지침 및 해설서의 작성, 법령 개정안 마련 등의 업무를 지원하는 「추진기반 지원」 단계이다. 과학기술정보통신부에서 '디지털 집현전 프로젝트'를 추진하는 과정에 필요한 요구사항들을 단발적으로 지원하는 내용으로 이해할 수 있다. 이렇게 결이 다른 과업 요구사항들이 포함(현황조사 시행방안 수립, 시범조사 수행, 지침·법령마련 지원 등)된 용역사업의 경우, 단순히 '지원'이라는 키워드로 구분된 요구사항일지라도, 수주 이후 발주담당자의 책임감이나 역량 등에 따라 부담스러운 과업으로 발전될 수도 있어 사업의 착수 시점부터 발주담당자와 명확한 업무 범위를 협의하는 것이 필수이다.

본 단계는 '현황조사 양식 설계 및 조사방안 수립' 과업(Task 5-1), '시범 현황조사 추진 및 방안 고도화' 과업(Task 5-2), '지침 및 법 개정안 마련 지원' 과업(Task 5-3)으로 구성된다.

1) 현황조사 양식 설계 및 조사방안 수립 (Task 5-1)

현황조사의 경우, 사실 제안요청서 요구사항의 한 줄 외에는 별다른 정보가 없어 상세한 내용을 파악하는 데 한계가 있는 과업이다. 다만 주어진 정보만을 고려해 볼 때, '디지털 집현전 통합플랫폼'에 지식정보를 연계하는 기관들이 보유한 지식의 현황을 조사하는 과업인 것으로 유추할 수 있다. 이에 우선 과거 현황조사자료(조사 계획,

양식 등)의 선행검토를 통해 수준을 진단하고, 이를 바탕으로 구체적인 조사방안(현황조사서 양식, 구성 문항, 조사 방식, 시기 등)을 수립하도록 한다.

2) 시범 현황조사 추진 및 방안 고도화 (Task 5-2)

제안요청서 요구사항에 따라 통합플랫폼 연계기관 중 3개 기관을 대상으로 앞서 마련한 현황조사서 양식을 활용한 시범 현황조사를 수행 및 개선 의견을 수렴하여 조사방안을 보완한다. 이때 발주기관과의 협의를 통해 조사 대상기관(3개)을 선정하도록 한다.

3) 지침 및 법 개정안 마련 지원 (Task 5-3)

'디지털 집현전 통합플랫폼'의 운영 및 관리지침, 해설서 그리고 법령 개정안 마련 등의 업무를 지원하는 보조과업의 성격으로 이해할 수 있다. 사전 조사한 배경지식에 따르면, '디지털 집현전 프로젝트'는 '21년도 6월 제정된 「국가지식정보 연계 및 활용 촉진에 관한 법률(약칭: 국가지식정보법)」에 근거해 추진되고 있는 사업으로, 제정 이후 법이 시행되며 세부 지침의 마련, 법률 개정이슈의 발굴, 일부 규정의 구체화 등의 필요성이 언급되고 있는 상황이다.

세부 지침들과 해설서, 법령 개정이슈 등의 발굴이 요구되는 특성상, 원활한 과업의 추진을 위해 앞서 '국가지식정보 정책·법률 환경진단' 과업(Task 3-2)을 통해 유사 플랫폼·사업에서의 지침 및 해설서 작성 예, 법령 개정 사례 등을 선행적으로 조사하여 이를 연계 활용할 수 있도록 절차를 구성하였다. 또한, 본 과업처럼 법·제도 개선, 규제 정비 등이 요구되는 업무의 경우, 법학 전공의 컨설턴트가 아니라면 대응에 한계가 예상됨에 따라 산출물의 검증 및 자문을 위한 목적으로 법조계(변호사, 법학 교수 등)의 전문가를 활용하는 것이 바람직하다고 판단, 투입을 제안한다.

만약 컨설팅 사업자(용역사업자)의 측면에서 특정 용역사업 내 포함된 법·제도 관련 요구사항의 수행이 부담된다면, 초기부터 법무법인과의 컨소시엄을 구축하여 사업에 임하는 것도 하나의 전략이자 대안이 될 수 있다.

:: 마무리

본 용역은 6개월이라는 짧은 수행 기간에도 불구하고, 복합적인 유형의 과업들이 포함된 난도(難度) 높은 사업이라 할 수 있다. 연구의 전반적으로는 현황조사 및 분석을 바탕으로 활성화 전략체계를 도출 후 이행과제를 발굴하는 '정책연구'의 특성을 띠고 있으며, 핵심 과업 중 하나로 페르소나(Persona), 고객여정맵(Customer journey map) 등의 기법을 이용해 통합플랫폼 잠재사용자들의 경험을 조사·분석하는 '디자인 씽킹(Design thinking)'의 접근을 요구하기도 한다. 또한, 지침과 해설서 작성, 법령 개정안 마련 등을 지원하는 '법·제도연구' 성격의 업무도 과업수행의 범위로 제시하고 있다. 이는 곧 해당 사업의 성공적인 추진을 위해서는 위의 3개 영역에 대한 전문성을 가진 연구수행 인력들의 투입이 필요함을 의미한다. 다만 컨설팅 업계를 포함한 용역사업자들의 상황은 여의치 않은 것이 현실이다.

물론 많은 경우는 아니지만, 컨설팅이나 정책연구 등의 용역 수요를 찾는 사업자라면, 본 용역사례처럼 복합적인 성격의 과업들이 한데 섞인 용역들을 심심치 않게 발견할 수 있다. 이러한 상황에서, 내부인력 또는 내부자원의 활용만이 아닌, 외부의 자원을 십분 활용하는 것으로 문제해결에 접근할 수 있다.

사업추진 시 특정 분야의 전문가를 과업 적재적소에 배치·활용(예: 디자인 씽킹 강사를 활용한 이용자 워크숍 운영)한다거나, 또는 애초에 인력구성의 약점을 보완하기 위한 목적으로 컨소시엄을 구성해 제안에 임하는 전략(예: 지침 및 법령 개정안 마련 과업을 위한 법무법인과의 컨소시엄 구성)은 위 같은 상황을 현명히 타개하기 위한 좋은 대안이 될 수 있다.

'국토교통 분야 신규 서비스 도출 연구' 사례

CHAPTER 06

:: 들어가기

"국토교통 데이터 산업 미래발전전략 및 실증서비스 발굴을 위한 조사·컨설팅" 용역은 한국교통연구원(KOTI)에서 '23년도 3월에 발주한 컨설팅 성격의 연구사업이다. 사업명으로 유추해볼 때 국가 차원의 미래 국토교통산업 활성화 전략을 마련하고, 해당 산업의 신규 서비스를 발굴하는 것이 본 용역의 주요 목적임을 예상할 수 있다. 발주기관인 한국교통연구원은 우리나라 교통·물류 정책과 기술을 연구, 관련 기초자료의 조사·분석 등을 통해 국가 교통산업의 진흥을 이끄는 대표 교통정책연구기관으로, 현재 국무조정실 산하인 경제인문사회연구회 소속의 기타공공기관으로 분류되어 있다.

'국토교통 분야 신규 서비스 도출 연구' 선정 이유

1 선정을 고려하게 된 첫 번째 이유는 본 연구가 '국토교통', '데이터'의 키워드를 모두 포함하기 때문이다. 먼저 '국토교통'은 본 서 4장(CHAPTER 04)의 분석 주제인 '농업'과 같은 맥락에서 눈여겨본 키워드이다. 모두 국민의 삶과 밀접한 관계를 지닌, 정책적으로 지속적인 성장과 혁신이 요구되는 산업 분야로, 활발한 연구가 이뤄지는 영역이라 할 수 있다. '데이터'는 두말할 것도 없는 ICT의 핵심이자 본질이다. 시간이 지날수록 그 중요성은 더욱 커질 것으로 예상한다. 산업·정책 및 ICT 분야의 컨설팅, 정책연구에 관심이 있는 독자라면, 본 장의 분석사례가 도움이 되리라는 생각이다.

2 두 번째 이유는 본 사례가 공공의 신규 실증서비스를 도출하는 전(全) 과정을 다룬다는 점이다. 독자는 정책의 수립 단계에서 국토교통 데이터 산업의 신규 실증서비스 수요를 탐색해 서비스 후보군을 마련하고, 평가체계를 수립해 전문가 기반의 우선순위평가를 수행, 최종 신규 서비스를 도출하는 전반의 과정을 간접적으로 경험할 수 있다.

제안요청서 주요 내용

개요

- ↘ (과제명) 국토교통 데이터 산업 미래발전전략 및 실증서비스 발굴을 위한 조사·컨설팅
- ↘ (용역 기간) 2023.5 ~ 2023.11 / 7개월 이내
- ↘ (용역 예산) 약 80,000 천원
- ↘ (용역 배경) 국토교통 분야의 디지털전환을 가속화 하고, 4차산업혁명기술을 효과적으로 도입 및 융합하기 위해 데이터 중심 국토교통 산업 활성화가 중요한 과제로 언급되고 있으며, 이에 중장기적 관점의 산업 발전전략 수립과 함께 신규 혁신 서비스모델 발굴 필요성 증대
- ↘ (용역 목적) ① 데이터 생애주기(생산·가공·활용) 전반에 따른 중장기 발전전략 구축 및 단계별 로드맵 수립, ② 사회문제를 해결하고, 국민이 체감할 수 있는 국토교통 분야 생활밀착형 신규 실증서비스 발굴

연구 기간은 7개월 이내, 예산은 약 8천만 원으로 배정되어 있다. 정책연구 성격의 과제임을 고려하고, 동시에 주요 과업 내용과 범위를 종합적으로 파악해 볼 때 발주처와 용역수행업체의 측면에서 모두 합리적인 수행 기간과 예산, 요구범위라는 생각이다.

흔히 공공에서 발주하는 정책연구, 컨설팅 사업에서 용역의 수행 기간이나 예산의 규모에 큰 영향을 미치는 과업요소로는 '전문가위원회, 연구반 등의 운영', '행사의 기획·운영지원', '각종 인터뷰 및 설문조사', '기타 추가적인 전문성이 요구되는 과업(예: 통계 결과에 대한 빅데이터 분석, 정책 홍보영상 제작 등)' 등이 있을 수 있다. 모두 외부 인력을 섭외 또는 활용, 관리해야 하는 업무들이기 때문에 이와 같은 업무들은 초기 전반적인 운영방안의 기획이 중요하고, 직접 인력을 모집 및 선정, 일련의 모든 프로세스를 운

영·관리해야 한다는 측면에서 상당한 시간 투자와 인적자원의 투입이 요구된다고 할 수 있다. 더불어 또 하나의 중요한 요소는 별도의 비용이 발생한다는 점인데, 예로 연구반 참여 전문가, 행사 운영을 보조하는 외주 업체, 설문조사 참여 대상(대국민, 기업, 전문가 등), 외부 전문가(예: 빅데이터 분석가, 멀티미디어 제작 전문가 등)를 대상으로 자문 또는 활용의 대가(비용)를 지급해야 하며, 지급비용의 수준 또한 과업 요구사항에 따라 상당할 수 있다. 따라서 만약 상위 언급된 과업요소들이 용역 수행범위에 포함되어 있다면, 특히 용역수행업체의 입장에서는 발주담당자와 긴밀한 협의를 통해 과업단계별 R&R(Roles and Responsibilities)과 비용 지급의 주체 등을 명확히 할 필요가 있다.

KNOW-HOW & KNOWLEDGE

발주담당자는 공공사업의 기획·발주 시 구성 과업의 수행에 요구되는 인적자원, 투입시간·비용 등을 종합적으로 고려해 해당 사업의 적정기간, 예산을 산정해야 하며, 용역사업자는 제안 또는 착수 시점에서 이와 같은 과업 특이사항을 면밀하게 체크해 발주처와 충분히 협의하여 수익성을 확보하는 것이 중요하다.

본 용역은 위와 같은 이슈를 갖는 과업요소들을 거의 포함하고 있지 않으므로 주어진 기간과 예산 내에서 합리적인 용역 이행이 가능할 것으로 보이며, 이에 발주처와 용역이행업체의 입장에서 모두 연구 자체에 집중해 좋은 결과물을 도출할 수 있을 것으로 예상한다.

다음으로 용역의 기획 배경을 간단히 들여다보면, 우리나라의 데이터 중심 국토교통산업 활성화를 목표로 중장기 미래발전전략의 수립, 국민 체감형 실증서비스의 발굴 등을 목적으로 함을 알 수 있다. 국토교통산업을 이해하기 위해서는 정부의 유관 정책추진현황을 파악하는 것이 필요한데, 주요 정책으로는 '19년도에 공고된 「제5차 국토종합계획(2020~2040)」, 국토종합계획의 실질적 추진을 위한 구체적 이행과제를 포함하는 「제5차 국토종합계획 실천계획(2021~2025)」, 모빌리티 중심의 교통산업

혁신을 위해 수립 및 '22년 9월 발표된 「모빌리티 혁신 로드맵」, '23년 9월 국가과학기술자문회의 심의안건으로 의결된 「제2차 국토교통과학기술 연구개발 종합계획 (2023~2032)(안)」 등이 있다. 해당 정책들의 추진 필요성과 배경, 방향을 간단히 살펴보면 다음과 같은 키워드를 도출할 수 있다.

- 제5차 국토종합계획: 국민의 공감·참여, 공동의 이익 실현, 4차산업혁명 대응, 지능형 국토·도시 공간 조성 등
- 모빌리티 혁신 로드맵: 디지털 대전환, 4차산업혁명으로 ICT와 혁신기술이 융합하는 모빌리티 구현, 수요자 관점 서비스 발굴, 혁신 로드맵 수립 등
- 제2차 국토교통과학기술 연구개발 종합계획: 국토교통 미래 대응 및 현안 해결, 디지털 대전환, 국민 안전·편의 고려, 기후위기 대응 등

도출된 핵심 키워드들은 본 용역의 배경과 목적을 통해 확인할 수 있는 키워드들인 '디지털전환 가속화', '4차산업혁명 대응', '국민 체감형 서비스의 발굴', '사회문제 해결' 등과도 일맥상통하며, 이에 본 용역 또한 상위 언급된 정부의 주요 정책들과 유사한 기조로 마련된 용역임을 알 수 있다. 차이가 있다면, 본 용역은 "데이터"라는 또하나의 키워드를 제시하여 기존 연구들과는 차별화된 방향으로의 수행을 목표로 하고 있다. 실제 전 세계적으로 각 산업 분야에서 데이터의 중요성은 입증되었으며, 빅데이터, 인공지능부터 메타버스, 블록체인, 디지털 트윈, 최근의 「Chat GPT」가 몰고 온 생성형 인공지능(Generative AI)까지, 그리고 지속 등장하게 될 새로운 기술 트렌드에서 데이터의 가치는 더욱 강조될 것으로 보인다.

본격적으로 요구과업의 내용 파악을 위해 용역 제안요청서를 살펴보면, 다음과 같이 과업수행범위(요약)를 확인할 수 있다.

제안요청서 요구사항 (요약)

☐ 국토교통 데이터 생태계 미래상 설계를 위한 조사·컨설팅

○ 국내외 기술개발 동향 및 수요조사를 통한 메가트렌드 분석

○ 시대상 변화에 따른 향후 국토교통 분야 데이터 생태계 미래상 제시

- 국토교통 분야 데이터 생애주기(수집/생산, 유통 및 가공, 활용/서비스)에 따른 관리체계 구축

- 누구나 국토교통 분야 데이터를 자유롭게 활용, 가공 및 분석하여 서비스를 제공하고, 구매 및 판매를 통해 이윤을 창출할 수 있는 구조 설계

- 생태계 민간/개인 유인구조 방안 마련을 통한 부가가치 창출

- 국토교통 분야의 다양한 향후 발전 가능성 검토 및 궁극적 미래상(안) 도출

☐ 국토교통 데이터 산업 중장기 발전전략 수립을 위한 조사·컨설팅

○ 국토교통 데이터 산업 활성화를 위한 단계별 로드맵 구체화

- 국토교통 데이터 생태계 미래상을 기반으로 단계별 로드맵 수립

- 단계별 로드맵 사업 내용 구체화 및 목표 달성을 위한 필요조건 도출

- 단계별 로드맵 달성에 따른 정량적, 정성적 기대효과 제시

○ 국토교통 데이터 산업 중장기 발전전략 수립을 위한 조사 및 컨설팅

- 국토교통 데이터 산업 중장기 발전전략 수립을 위한 이행과제 도출

- 중장기 발전 전략 목표 달성을 위한 이행과제의 과제카드 작성 (전문가 의견수렴 및 글로벌 사례 검토를 통한 사업 내용 구체화)

- 핵심 과제 우선순위 평가에 따른 연차 별 로드맵 수립

- 시기별 중장기 발전전략 달성에 따른 정량적, 정성적 기대효과 제시

☐ 국토교통 데이터 기반 생활밀착형 신규 서비스 발굴

○ 국토교통 분야 가명정보 결합을 통한 생활밀착형 실증서비스 도출 (5종)

- 국내외 사례 검토 및 실증서비스 수요조사를 통한 생활밀착형 서비스 도출

※ (실증서비스 제안조건) ① 공공·민간의 국토교통 데이터 활용, ② 가명정보를 포함한 데이터 활용, ③ 데이터 안심 구역을 이용한 이종간(타기관) 데이터 결합으로 국민 체감형 생활밀착형 서비스 발굴 등 3개 조건 모두 만족

그림 6-1 ┃ 제안요청서(RFP)에 명시된 과제 연구범위

요구과업은 크게 3개 과업으로 구분되어 있으며, 각각 '국토교통 데이터 생태계 미래상(안) 설계를 위한 조사·컨설팅', '국토교통 데이터 산업 중장기 발전전략 수립을 위한 조사·컨설팅', '국토교통 데이터 기반 생활밀착형 신규 서비스 발굴' 등으로 확인할 수 있다. 산출물을 입각하여 들여다보면 각각의 과업은 다시 '생태계 미래상(안) 제시', '중장기 발전전략 수립', '신규 실증서비스 발굴' 정도로 재정의가 가능하다.

　　이 중에서도 첫 번째 요구사항의 산출물로 예상되는 국토교통 데이터 생태계 미래상(안)은 이후 설계하게 될 데이터 산업 중장기 발전전략의 수립 방향과 비전으로 연결되는 구조로 판단되므로 두 과업의 경우 하나로 통합해 이행하는 것이 바람직해 보이며, 이와 달리 신규 실증서비스모델을 발굴(5종)하는 과업은 별도의 빌드업(Build-up)이 요구되는 업무 영역으로 이해할 수 있다.

핵심요구사항(Key Sentence) 도출

1.1 개요

　일반적으로 용역사업의 제안요청서를 기획·발주하는 기관담당자는 용역을 통해 도출되어야 하는 최종 산출물 이미지를 예상 후 이를 중심으로 과업요구사항을 구성하는 경향이 있다. 이 때문에 어떻게 보면 발주담당자가 그리는 연구 최종 산출물의 모습을 제외한 모든 과업수행영역은 오히려 사업자가 방향을 기획해 제안하는 것이 옳다고도 볼 수 있다. 정리하면, 용역의 최종 산출물 이미지를 제안하는 것이 발주담당자의 몫이라면, 해당 산출물의 도출을 위해 필요한 최적의 절차와 재료(분석을 위한 자료, 데이터 등), 연구방법론을 고민해 제시하는 것은 용역사업자의 몫인 것이다. 따라서 용역에 임하는 사업자라면, 실제 사업을 수주해 이행하고 관리해야 하는 PM(Project Manager), PL(Part Leader)의 태도로 접근해 제안요청서의 요구사항을 원점에서부터 다시 분석하고 과업 간 최적의 조합과 절차를 마련하여 사업추진방안을 제시할 수 있어야 한다.

　본 단계에서는 이를 위한 첫 단추로서, 제안요청서 요구사항을 대상으로 필수과업 단위를 쪼개어 연구 전체의 핵심요구사항(Key Sentence)을 도출한다.

1.2 진단·분석

　먼저 제안요청서 내 요구사항을 중심으로 내용을 살펴보면, 앞서 설명한 바와 같이 과업은 크게 3개로 구분(□ 수준)되어 있으며, 이에 속하는 각각의 세부 과업 내용(○, − 수준)을 확인할 수 있다.

1) 국토교통 데이터 생태계 미래상 조사·컨설팅

첫 번째 「□ 수준」에 해당하는 요구사항으로, 하위 「○ 수준」의 '국내외 기술 개발 동향 및 수요조사를 통한 메가트렌드 분석', '국토교통 분야 발전 가능성 검토 및 미래상(안) 제시' 등을 핵심 요구과업으로 볼 수 있다. 특히 미래상(안) 제시 과업의 하위 요구과업 중에서도 '데이터 생애주기에 따른 관리체계 구축', '데이터 활용·가공· 분석, 이윤 창출, 생태계 유인방안 등 국토교통 데이터 생태계 구조 분석'과 같은 세부 요구사항들이 중요하다고 판단되어 이를 주요 과업으로써 고려하도록 한다.

2) 국토교통 데이터 산업 중장기 발전전략 조사·컨설팅

두 번째 「□ 수준」에 해당하는 요구사항으로, 하위 「○, — 수준」의 요구사항 들을 종합적으로 검토해볼 때 '미래상을 활용한 단계별 로드맵 수립', '로드맵 사업 구체화 및 목표 달성을 위한 필요조건 도출', '중장기 산업 발전을 위한 이행과제 도 출 및 구체화(과제카드 작성)', '우선순위평가를 통한 연차별 로드맵 수립', '정성·정량적 기대효과 제시' 등을 핵심 과업으로 꼽을 수 있다.

3) 국토교통 데이터 기반 생활밀착형 신규 서비스 발굴

세 번째 「□ 수준」에 해당하는 요구사항으로, '가명정보 결합 생활밀착형 신규 서비스 5종 도출'을 핵심 과업으로 정의할 수 있다. 이때 최종 서비스모델을 도출하기 에 앞서 '신규 서비스 수요조사를 통한 후보군 도출', '서비스모델 선정을 위한 우선 순위평가' 등의 과업이 선행되어야 할 것으로 판단된다.

1.3 핵심요구사항

위 같은 제안요청서 요구사항의 간단한 종합 진단을 바탕으로 도출한 본 용역의 핵 심요구사항(Key Sentence)은 다음과 같다. 참고로 하기 요구사항들은 제안요청서 상에 명시된 순서를 기준으로 나열하였다.

- 국내외 기술개발 동향, 수요조사 기반 메가트렌드 분석
- 국토교통 데이터 생애주기에 따른 관리체계 구축
- 국토교통 데이터 생태계 구조 분석
- 국토교통 분야 발전 가능성 검토 및 미래상 제시
- 국토교통 데이터 생태계 단계별 로드맵 수립
- 로드맵 사업 구체화 및 목표 달성을 위한 필요조건 도출
- 단계별 로드맵에 따른 정량/정성 기대효과 제시
- 중장기 발전전략 수립을 위한 이행과제 도출
- 이행과제 과제카드 작성
- 핵심 과제 우선순위평가에 따른 로드맵 수립
- 가명정보 결합 생활밀착형 신규 서비스 5종 도출

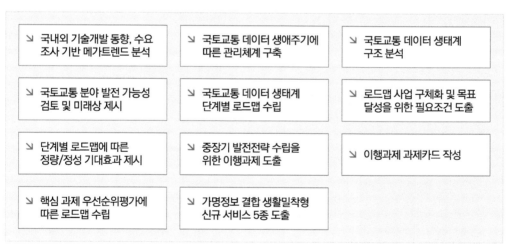

그림 6-2 ▮ 11개 핵심요구사항

구조화(Categorization) 및 논리적 절차 구성

2.1 개요

11개의 핵심요구사항(Key Sentence)을 도출했다면, 이제는 각각의 요구사항들을 보완·조합하여 목표하는 결과물을 만들어내기 위한 최적의 추진절차를 구성해야 한다. 이들 요구사항 간의 ① 중복되는 요구사항은 없는지, ② 특정 요구사항의 과업 범위가 상대적으로 넓거나 좁지는 않은지, 또는 ③ 일부 요구사항의 중요도가 크게 높거나 낮지는 않은지, ④ 제안요청서 요구사항의 순서에 따라 나열된 핵심요구사항의 절차가 합리적인지 등을 우선 검토한다.

만약 중복되는 요구사항들이 있다면 혹시 내용 간에 차이는 없는지, 제안요청서 작성자의 의도가 무엇이었을지 등을 고민해 볼 필요가 있다. 고민을 통해서도 중복과업이라 판단된다면 하나로 통합하거나 나머지 요구사항들을 과감히 제거하도록 한다. 타 요구사항들과 비교해볼 때 특정 요구사항이 범위나 중요도 측면에서 유사하지 않고, 일관되지 않다고 판단된다면 이 또한 조정이 필요한 부분이다. 일반적으로 연구용역을 수행할 시 세부 과업 단위를 기준으로 일정, 진도, 투입인력 등을 관리하게 되며, 특히 투입인력의 경우에는 이직 등으로 인해 수행인력의 변경이 잦음에 따라 더욱 면밀한 관리가 요구되기도 한다. 이러한 이유로, 과업별 원활한 관리와 성공적 이행을 위해 사업 초기 세부 과업들을 구성하고 배치·연결하는 단계부터 각 요구사항의 범위나 중요도 등을 파악하고 반영해 세부 과업 간의 균일성을 확보하는 것이 좋다. 다음으로, 제안요청서에 나열된 순서에 따라 명시한 11개 핵심요구사항의 순서가 합리적이지 않다고 판단된다면, 연구 전반의 절차를 다시 재구성해볼 필요가 있다. 연구를 통해 도출되는 예상 산출물 이미지는 이미 정해져 있지만, 이를 도출해 내기 위한 최적의 추진절차는 용역을 이행하는 사업자가 기획·구성해 제안하는 것이기 때문에 확신이 있다면 요구사항(과업)들의 순서를 재배치할 수 있어야 한다. 이와 같은 과정에서 요구되는 것이 바로 과업의 구조화(Categorization), 그리고 논리적 절차의 구성(과업 순서의 재배치를 통한)이라 할 수 있다. 이를 통해 실제 이행을 위한 사업추진절차를 마련한다.

앞서 나열한 11개의 핵심요구사항(Key Sentence)을 바탕으로 구조화 및 구성의 논리적 흐름을 고려해본 결과, 연구의 Track은 크게 '중장기 발전전략 수립 Part', '신규 서비스 발굴 Part'로 구분 가능해 보인다. 이때 첫 번째 Part는 「기술 및 생태계 동향조사 → 생태계 미래상 제시 → 발전전략(비전체계) 수립 → 이행과제 도출」의 흐름으로, 두 번째 Part는 「서비스 사례조사 → 수요 기반 신규 서비스 후보군 발굴 → 평가 → 최종 서비스 도출」의 흐름으로 과업 구성이 예상된다.

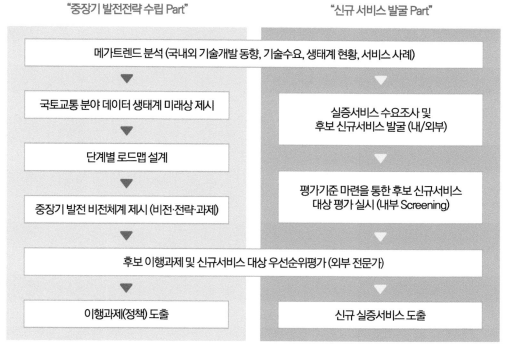

그림 6-3 ▌연구 핵심 추진 Part 및 Part 별 과업흐름도(안)

2.2 구성절차

본 사업의 예상 추진절차는 총 5개의 대표 과업(Phase)과 12개의 세부 과업(Task)으로 이뤄지며, 각각의 과업은 "조사·분석(Analysis) → 방향제시(Direction) → 설계(Design) → 결과도출(Proposal)" 등 4단계의 흐름에 따라 배치·구성된다.

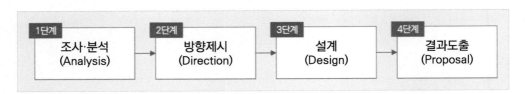

그림 6-4 ▋ 연구 이행절차

대표 과업 수준을 중심으로 주요 내용을 간단히 살펴보면 다음과 같다.

1) 생태계 미래상 제시 (Phase 1)

대표 과업(Phase) 중 첫 번째 단계로, 11개의 핵심요구사항(Key Sentence) 중 '메가트렌드 분석', '국토교통 데이터 생애주기에 따른 관리체계 구축', '생태계 구조 분석', '미래상 제시', '단계별 로드맵 수립', '로드맵 사업 구체화 및 목표 달성을 위한 필요조건 도출' 등의 내용이 이에 해당한다. 착수에 임하는 단계인 만큼 발주담당자와의 미팅을 통한 추진 방향 협의를 시작으로, 국내외 기술개발 동향, 생태계 현황, 실증서비스 사례 등의 메가트렌드 조사, 이를 활용한 국토교통 데이터 생태계의 미래상(안) 도출, 미래 청사진에 따른 단계별 데이터 생태계 로드맵 제시 등의 순서에 따라 과업 절차를 구성하였다.

2) 중장기 발전전략 수립 (Phase 2)

두 번째 대표 과업(Phase) 단계에서는 국토교통 데이터 생태계의 발전을 위한 중장기 비전(Vision)을 제시하고, 이에 부합하는 정책이행과제 후보군을 도출한다. 앞서 도출된 생태계 미래상과 중장기 로드맵을 종합적으로 활용, 국토교통 데이터 산업의 중장기 발전전략(비전, 목표, 전략 등을 포함하는 비전체계)을 수립하고, 이행과제의 후보군을 도출하는 것을 목표로 한다.

3) 서비스 조사 (Phase 3)

세 번째는 국토교통 데이터 기반 생활밀착형 신규 서비스 5종의 발굴을 위한 선행단계로, 본 단계에서는 신규 실증서비스에 대한 수요를 조사·파악해 실증서비스 후보군을 선정한다. 이때 수요조사 시 관련 기관, 지자체, 기업 등 외부 중심의 실증서비스 수요를 조사(설문조사, 공문 등을 통해)하고, 해당 조사 결과와 함께 「생태계 미래상 제시(Phase 1)」 단계에서 내부적으로 사전 조사(문헌 기반 자료조사)한 내용을 종합 진단함으로써 최종 실증서비스 후보군을 도출하도록 한다.

4) 우선순위평가 (Phase 4)

네 번째는 우선순위평가 방안을 마련해 앞서 도출된 이행과제와 실증서비스 후보군을 대상으로 평가를 수행하는 단계이다. 제안요청서의 요구사항에 따르면, 실증서비스가 아닌 이행과제의 도출 시에만 우선순위평가의 이행을 언급하고 있다. 그러나 사실, 실증서비스를 도출하는 과정에서도 일반적으로 우선순위를 판별하기 위한 기준 마련이 요구되기 때문에 이를 동시에 추진(평가)하는 방안을 제안한다.

5) 결과물 제시 (Phase 5)

다섯 번째는 앞의 우선순위평가 결과로써 본 용역의 최종결과물이 도출되는 단계이다. 우선순위평가를 통해 상위에 배치(특정 기준에 따라)된 이행과제, 실증서비스를 최종결과로 선정한다. 이처럼 결과물은 두 개의 측면으로 구분되는데, 먼저 최종 도출된 이행과제의 경우, 이후 과제카드의 작성을 통해 내용을 구체화하고 우선순위에 따른 추진 로드맵을 수립하며 단계별 로드맵에 따른 정량/정성적 기대효과를 산출하도록 한다. 신규 실증서비스(5종)의 경우, 향후 다양한 사업으로의 연계 활용을 고려해 세부 서비스 내용을 구체화하도록 한다.

위 대표 과업별 추진내용들의 구성 방향을 종합해 도식화한 본 사업 추진절차는 다음과 같다.

그림 6-5 ▌ 제안하는 사업 추진절차(안)

위 그림처럼 단계별 과업들은 모두 유기적으로 연결되어 있다. 구성절차를 전체적으로 조망하여 본다면, 조사·분석(Analysis)을 통해 범위 내의 다양한 현황과 사례를 조사 및 분석하고, 결과와 시사점을 바탕으로 문제해결의 방향성을 제시(Direction)하며, 최적의 이행과제, 서비스 후보군을 조사·발굴하기 위한 설계(Design) 과정을 거쳐 우선순위평가를 수행, 최종의 결과물을 도출(Proposal)하는 일련의 흐름을 확인할 수 있다.

절차별 추진방안 사전 기획

3.1 개요

앞서 각 과업 단위 및 논리적 연결에 근거한 과업 간 추진절차를 마련했다면, 본 단계에서는 과업별 세부 추진방안을 마련한다. 사업에 수주하기 전(前) 단계인 제안서를 준비하는 과정에서 예상 사업추진방안을 미리 마련해보는 것인데, 실무 작업을 수행한다는 가정하에 과업 단위별 추진내용을 심도 있게 고민해봄으로써 여러 가지 이점을 얻을 수 있다.

우선 과업 단위별로 구체적인 추진방안을 미리 기획해봄으로써, 큰 틀을 중심으로 흐름을 구성할 때에는 생각하지 못했던 각 과업의 상세 추진계획, 활용해야 할 방법론 등 세세한 내용을 깊이 있게 고민할 수 있게 되어 해당 과업에 대한 높은 이해도를 갖출 수 있다는 장점이 있다. 이는 제안발표 시에도 개별 과업들의 세부질의에 대한 대응이 가능하다는 측면에서 큰 도움이 될 수 있다. 다음으로는 각각 과업의 세부 내용을 구체화해 나가면서 과업 간의 연결 관점에서도 새로운 연계 요소를 발견할 수 있다는 점이다. 과업 단위들만을 놓고 논리적 연결성을 고민했을 때에는 미처 알지 못했던 세부 내용 간의 연결고리를 찾게 됨으로써, 이를 개선·보완해 더욱 논리적으로 탄탄한 사업 전반의 추진 프레임워크를 구성할 수 있다.

최종적으로 구성한 "국토교통 데이터 산업 미래발전전략 및 실증서비스 발굴을 위한 조사·컨설팅" 용역의 「사업추진 프레임워크」 는 그림 6-6과 같다.

| 조사·분석 (Analysis) | 방향제시 (Direction) | 설계 (Design) | 결과도출 (Proposal) |

[Phase 1] 생태계 미래상 제시

1-1 사전미팅을 통한 방향 설정
- 발주담당자와의 미팅을 통한 사업추진 전반의 방향성 협의
- 주요 과업 추진일정·계획 논의

1-3 국토교통 데이터 생태계 미래상 제시
- 국토교통 분야 데이터 생애주기별 관리체계 구축
- 데이터 중심 생태계 조성을 위한 구조 설계
- 발전 가능성 검토 및 궁극적 미래상(안) 제시

1-2 국내외 메가트렌드 조사·분석
- 국내외 국토교통 데이터 산업 메가트렌드 분석
  ※ (기술) 기술개발 동향, 기술수요, (생태계) 생태계 및 산업 트렌드, (서비스) 생활밀착형 실증서비스, (정책) 선진국 국토교통 정책 등
  ※ 필요 시, 전문가 인터뷰를 통해 조사내용 보완

1-4 데이터 생태계 단계별 로드맵 수립
- 국토교통 데이터 생태계 미래상(안)을 기반으로 한 단계별 로드맵 수립
- 로드맵 사업 구체화 및 목표 달성을 위한 필요조건 도출

[Phase 3] 서비스 조사

3-1 신규 실증서비스 수요조사
- 관련 기관·지자체·기업 등 외부 중심의 신규 실증서비스 수요조사 추진
  ※ '국내외 메가트렌드 조사·분석' 과업을 통해 도출된 실증서비스 사례를 종합하여 분석

3-2 신규 실증서비스 후보군 도출
- 가명정보 결합을 통한 생활 밀착형 서비스 후보군 도출
  ※ (조건) ① 공공·민간 국토교통 데이터 활용, ② 가명정보 포함 데이터 활용, ③ 데이터 안심 구역 이용 이종간 데이터 결합

[Phase 4] 우선순위평가

4-1 우선순위평가 추진방안 수립
- AHP 기법 중심의 우선순위평가 추진방안 마련
  ※ 평가지표(계층화), 문항 등 설문지 양식 설계, 평가를 위한 전문가 섭외 등

4-2 이행과제·실증서비스 대상 평가 추진
- AHP 방법론을 활용한 전문가 대상 우선순위 평가 실시
- 후보 이행과제, 실증서비스 각각에 대한 평가 추진
  ※ (전문가 활용) 국토교통, 데이터, 정책·전략, 서비스 등 분야별 산·학·연 전문가 대상 평가

[Phase 2] 중장기 발전전략 수립

2-1 중장기 비전체계 제시
- 국토교통 데이터 생태계 중장기 발전전략 수립
  ※ 비전, 목표, 전략 등을 포함하는 비전체계 제시
- 생태계 미래상, 단계별 로드맵을 바탕으로 방향 수립

2-2 중장기 이행과제 후보군 도출
- 국토교통 데이터 생태계의 중장기 발전을 위한 정책이행과제 후보군 도출
  ※ (방향 예시) 안정적인 데이터 관리체계 구축, 국민의 생태계 참여 유인을 위한 체계 마련 등
  ※ '국내외 메가트렌드 조사·분석' 과업을 통해 도출된 선진국 국토교통 정책 사례 벤치마킹

[Phase 5] 결과물 제시

5-1 이행과제 도출 및 기대효과·로드맵 제시
- 평가 결과에 따른 이행과제 도출 및 과제카드 작성(구체화)
  ※ (전문가 활용) 전문가 자문회의 기반 과제 검토 및 의견 수렴
- 연차 별 로드맵 수립 및 정량/정성 기대효과 제시

5-2 신규 실증서비스 도출 및 구체화
- 평가 결과에 따른 실증서비스 5종 도출 및 내용 구체화

그림 6-6 ▌추진절차별 세부 추진방안을 담은 '사업추진 프레임워크'

3.2 생태계 미래상 제시 (Phase 1)

대표 과업(Phase) 중 첫 번째는 「생태계 미래상 제시」 단계로, 본 단계는 착수 초기 발주담당자와 사업추진 전반의 방향성을 협의하는 '사전미팅을 통한 방향 설정' 과업(Task 1-1), 기술·생태계·서비스·정책 등 관점의 국내외 국토교통 데이터 산업 현황을 진단하는 '국내외 메가트렌드 조사·분석' 과업(Task 1-2), 국토교통 데이터 생태계의 발전 가능성을 검토하고 미래 방향을 도출하는 '국토교통 데이터 생태계 미래상 제시' 과업(Task 1-3), 미래상을 바탕으로 단계별 발전 방향을 제시하는 '데이터 생태계 단계별 로드맵 수립' 과업(Task 1-4) 등 총 4개의 과업으로 구성된다.

1) 사전미팅을 통한 방향 설정 (Task 1-1)

공공용역의 발주기관과 용역업체들이 흔하게 하는 실수 중 하나가 바로 사전미팅의 중요성을 낮게 보는 것이다. 본격적인 착수에 앞서 서로의 생각을 공유하고, 방향성을 최종 합의하는 것이 주요 목적이나, 서로 준비가 부족하다면 그 목적을 달성할 수 없다. 발주처의 입장에서는 시급히 처리해야 할, 그리고 중점적으로 추진해야 할 과업요소를 명확히 전달하고, 주요 이벤트라든지, 보고일정 등 용역 전반의 운영 방향을 공유해야 하며, 용역업체의 입장에서는 제안을 통해 제시했던 용역추진 전반의 추진방안을 바탕으로 궁금했던 내용이나 개선이 필요한 사항을 묻고, 또한 역으로는 더 좋은 전략이나 방법론을 제안하기도 함으로써 최종 추진 방향성을 조율 및 확정할 수 있어야 한다.

2) 국내외 메가트렌드 조사·분석 (Task 1-2)

메가트렌드(Megatrends)가 무엇인지에 대한 정의는 다양하나, 종합해 본다면 일반적인 트렌드의 개념과 비교해볼 때 조금 더 장기적인 시각에서의 현상(예: 짧게는 10~20년, 길게는 50~100년까지), 특정 주제의 영역이나 범위에 집중하기보다는 더욱 포괄적이며 확장된, 인류, 국가, 전 세계적 차원에서의 변화 흐름(예: 기후변화에 대응하는 인류의 가치 트렌드, 사용자 환경 변화에 따른 기술의 발전양상 등) 등으로 말할 수 있다. 따라서, 이러한 메가트렌드의 특성을 반영하여 조사를 수행한다.

통상 '메가트렌드' 조사의 수행을 가정할 때, 업무의 관점에서 보면 일반적인 '트렌드' 조사와의 큰 차이는 없다고 할 수 있다. 용어의 차이보다는 오히려 요구하는 조사의 범위, 구체적 요구조건이 중요하다. 다만 ① 장기적 관점의 흐름, ② 포괄적이며 확장된 범위에서의 변화양상 등 '메가트렌드' 용어에 내포된 의미를 고민해볼 필요는 있다.

제안요청서의 요구사항에 따르면 수요조사를 언급하고 있는데, 메가트렌드라는 속성과 조사의 결과물을 고려할 때 별도의 수요조사 없이도 문헌 조사만으로 충분한 자료의 수집이 가능할 것으로 보인다. 이후 필요하다면 소수의 전문가를 활용한 심층 인터뷰(In-depth Interview)를 통해 내용을 보완하기로 한다. 조사영역의 경우, 요구사항에 따르면 기술개발 동향만을 범위로 제시하고 있는데, 이에 추가로 ① 생태계(예: 국토교통 데이터 산업 생태계 및 트렌드 등), ② 서비스(예: 국내외 생활밀착형 실증서비스 사례 등), ③ 정책(예: 선진국 국토교통 데이터 정책, 추진사업 등) 측면의 현황도 함께 조사·분석해 각각의 결과를 이후 관련 과업에서 연계 활용할 수 있도록 한다.

3) 국토교통 데이터 생태계 미래상 제시 (Task 1-3)

서두에 도출한 핵심요구사항(Key Sentence)을 살펴보면, 미래상을 제시하는 과업단계에서 "국토교통 데이터 생애주기에 따른 관리체계"를 고려하도록 제안하고 있다. 이에, 앞서 국내외 기술개발 동향, 산업 생태계 등의 관점을 바탕으로 조사한 메가트렌드 분석 결과뿐만 아니라, 추가로 국토교통 분야의 데이터 생애주기별 특성을 조사·분석해 그 결과를 종합 반영함으로써 "수집·생산, 가공, 유통·거래, 분석, 활용" 등 전(全)주기 관점의 데이터 가치사슬(Value chain)을 구성하는 각각 요소별 단계를 더욱 강조할 수 있는 형태로 국토교통 데이터 생태계 미래상을 제시한다.

특정 산업 생태계의 혁신과 성장은 결국 구성원(Player)이 생태계에 얼마나 유입되고 머무는지, 생태계 내에서 어떠한 가치를 얻고 제공하는지에 따라 결정된다고 할 수 있다. 이는 하나의 플랫폼과도 같은 개념이다. 이에 단순히 데이터를 중심으로 한 가치사슬의 흐름뿐만 아니라, 각 가치사슬 단계에서의 구성원 역할과 제공 가치 등을 함께 제시한다면 더욱 완성도를 갖춘 생태계를 표현할 수 있을 것으로 예상한다.

특정 산업, 기술에 대한 생태계 미래상의 형태는 보통 다양한 모습으로 구성될 수 있다. 그림 6-7은 한국과학기술정보연구원(KISTI)에서 제시하는 "KISTI DATA 2030 미래상(안)"의 모습인데, 위성, 기후, 농업, 치료제 등 다양한 분야에서의 제공이 예상되는 기술·서비스(사업)를 중심으로 미래상을 표현하고 있다. 이를 참고해 국토교통 데이터 생태계 미래상의 경우, 이후 단계별 로드맵으로의 연계 활용 등 과업 특성을 고려해 서비스·사업 단위를 중심으로 한 미래상을 그리는 것이 바람직해 보인다. 그 외

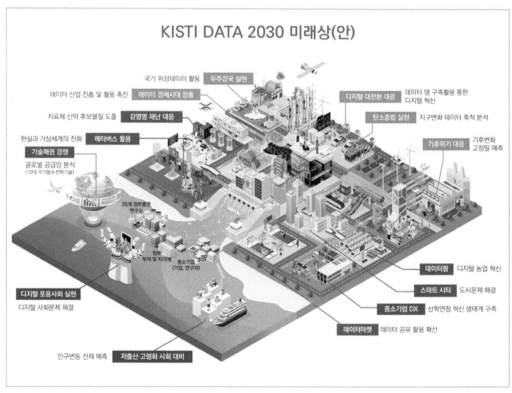

출처: KISTI 60 Years, 한국과학기술정보연구원

그림 6-7 ▮ KISTI DATA 2030 미래상(안)

에도 현재(As-Is)와 미래(To-Be)의 모습을 비교해 정량적인 목표나 기대효과 등을 포함하는 방식으로 생태계 미래상을 설계하기도 한다. 미래상 형태의 경우, 결론적으로는 발주처의 의사를 따르는 것이 중요하기 때문에 협의를 바탕으로 결정하도록 한다.

4) 데이터 생태계 단계별 로드맵 수립 (Task 1-4)

선행과업을 통해 마련한 국토교통 데이터 생태계 미래상을 활용, 시기를 고려한 단계별 로드맵을 수립한다. 이때 서두에 도출한 핵심요구사항(Key Sentence) 중 본 과업의 수행범위에 해당하는 내용인 "로드맵 사업 내용 구체화 및 목표 달성을 위한 필요조건 도출"을 고려하도록 한다.

이에 국토교통 데이터 생태계 미래상을 구성하는 각각의 서비스·사업 단위를 기준으로 추진내용을 구체화하고 해당 서비스·사업을 성공적으로 이행하기 위한 필요조건을 검토한다. 이후 사업 내용과 필요사항 등의 환경을 종합적으로 진단·분석하여 각 서비스·사업의 구현을 위한 최적의 시기를 결정·배치함으로써 로드맵을 수립한다.

3.3 중장기 발전전략 수립 (Phase 2)

두 번째는 「중장기 발전전략 수립」 단계로, 본 단계는 앞서 설계한 국토교통 데이터 생태계 미래상과 단계별 로드맵을 활용하여 중장기 발전전략을 수립하는 '중장기 비전체계 제시' 과업(Task 2-1), 국토교통 데이터 생태계의 중장기 발전을 위한 핵심 정책이행과제 후보군을 마련하는 '중장기 이행과제 후보군 도출' 과업(Task 2-2)으로 구성된다.

1) 중장기 비전체계 제시 (Task 2-1)

「생태계 미래상 제시(Phase 1)」 단계의 결과물을 종합적으로 활용해 국토교통 데이터 생태계의 중장기 발전을 위한 비전체계를 마련한다. 특히, 앞서 설계한 생태계 미래상의 기조를 담아, "국토교통 분야 데이터 생애주기별 관리체계의 구축", 이를 중심으로 한 "데이터 중심 생태계 구조의 설계", "국민과 기업이 스스로 유입해 부가가치를 창출하는 선순환 데이터 생태계의 조성" 등을 비전·전략의 주요 골자로 하도록 한다. 비전체계의 구성은 비전(Vision), 목표(Goal), 전략(Strategy)으로 이뤄진다.

2) 중장기 이행과제 후보군 도출 (Task 2-2)

정책에서 말하는 추진과제 또는 이행과제란, 정부와 기업, 국민 등의 수요자가 실제로 체감하고 경험하는 수준의 구체적인 정책 이행 단위라 할 수 있다. 연구의 관점에서는 보통 추진 전략(Strategy)을 달성하기 위한 실질적인 사업이나 과제를 의미하는 것으로, 각 전략의 하위 계층에 위치한다. 이 말은 곧 앞서 도출된 각 전략의 방향성에 부합하는 이행과제들이 최종 후보군으로써 도출되어야 한다는 의미이며, 전략(Strategy)과 이행과제(Task)는 사실 동시에 발굴되고 기획되는 것이라 할 수 있다.

앞서 '국내외 메가트렌드 조사·분석' 과업(Task 1-2)을 통해 조사한 주요 선진국의 국토교통 데이터 정책 추진사례, 국내 유관 산업 분야에서의 데이터 기반 정책 추진현황 등을 종합적으로 진단·분석해 국토교통 데이터 생태계의 중장기 발전을 위한 정책이행과제 후보군을 도출한다. 발주담당자의 협조(공문 등)를 통해 관련 기관들로부터 과제 수요를 받는 것도 하나의 방안인데, 필요한 경우 검토하도록 한다.

3.4 서비스 조사 (Phase 3)

세 번째는 신규 실증서비스의 수요조사를 바탕으로 생활밀착형 서비스 후보군을 도출하는 「서비스 조사」 단계이다. 본 단계는 타 기관·지자체·기업 등 외부를 대상으로 신규 서비스 수요를 발굴하는 '신규 실증서비스 수요조사' 과업(Task 3-1), 발굴된 수요들로부터 특정 조건에 부합하는 신규 실증서비스 후보군을 선별하는 '신규 실증서비스 후보군 도출' 과업(Task 3-2)으로 구분된다. 제안요청서의 요구사항에 따르면, 본 과업단계는 생태계 미래상을 마련하고 국토교통 데이터 산업 중장기 발전전략을 도출하는 이 전까지의 과업과는 독립적인, 별개의 업무로 이해할 수 있다.

1) 신규 실증서비스 수요조사 (Task 3-1)

국토교통 분야의 가명정보 결합을 통한 생활밀착형 실증서비스 도출을 목표로, 후보 서비스 발굴을 위한 수요조사를 진행한다. 관련 기관·지자체·기업 등 외부 대상의 수요조사를 추진, 각각의 주체들이 기획 중이거나 구축·개발 예정인 신규 실증서비스 현황을 파악한다. 이때 아래의 3개 조건을 사전에 명시해 해당 조건들에 부합하는 국민 체감형 생활밀착형 서비스 수요를 받을 수 있도록 한다. 참고로 해당 조건들은 제안요청서의 요구사항에 포함된 내용이며, 3개 조건을 모두 만족하는 것을 그 대상으로 한다.

❶ 공공·민간의 국토교통 데이터 활용
❷ 가명정보를 포함한 데이터 활용
❸ 데이터 안심 구역을 이용한 이종간(타기관) 데이터 결합

여기서 세 번째 조건의 경우, 누구나 쉽게 이해할 수 있는 내용이 아니므로 조사 요청 시 이에 대한 충분한 설명이 동반되어야 할 것으로 보인다. 수요조사에 대응하게 될 공공기관 담당자, 지자체 공무원, 기업의 대외협력 관계자들이 느낄 수 있는 "데이터 안심 구역"이 과연 무엇인지, 특정 서비스의 구축·개발을 고민해야 하는 측면에서 해당 환경(데이터 안심 구역)을 어떻게 이용할 수 있는지, 이용을 통해 서비스를 개발할 시 애로사항은 없을지 등의 궁금증에 답할 수 있도록 충분한 배경지식을 전달해 그들이 이해도를 충분히 갖춘 상태에서 조사에 임할 수 있는 환경을 마련하고, 수요의 발굴단계에서 이 같은 조건이 걸림돌이 되지 않도록 하는 것이 중요할 것이다.

2) 신규 실증서비스 후보군 도출 (Task 3-2)

공식적인 수요조사를 통해 외부에서 기획 또는 추진 중인 신규 실증서비스 수요를 발굴했더라도, 수렴된 수요의 수가 계획보다 적거나 조건에 부합하지 않는 등의 문제로 인해 추가적인 수요의 발굴이 필요한 상황이 발생할 수도 있다. 이를 고려해 내부적(용역수행 연구진)으로도 새로운 신규 실증서비스를 기획하도록 한다.

결론적으로, 앞서 수렴된 수요에 내부적으로 새롭게 조사·기획한 서비스 아이디어를 더해 신규 실증서비스 1차 후보군을 도출하고, 3개 조건 부합성에 대한 재검토를 거쳐 최종 신규 실증서비스 후보군을 선정한다. 이후 해당 후보 서비스들을 대상으로 향후 원활한 평가 수행에 대비, 기본적인 수준의 상세화 작업을 진행한다. 예로, 각각 서비스별 명칭뿐만 아니라, 데이터 관점에서의 간략한 서비스 흐름 및 서비스 주요 내용, 서비스의 제안 목적과 필요성, 기대효과 등이 있다.

3.5 우선순위평가 (Phase 4)

네 번째는 앞서 도출된 이행과제, 신규 실증서비스 각각의 후보군을 대상으로 선정 평가를 수행하는 「우선순위평가」 단계이다. 본 단계는 우선순위선정을 위한 평가체계를 마련하는 '우선순위평가 추진방안 수립' 과업(Task 4-1), 후보 이행과제와 후보 신규 실증서비스를 대상으로 실제 우선순위를 평가하는 '이행과제·실증서비스 대상 평가 추진' 과업(Task 4-2)으로 구분된다.

1) 우선순위평가 추진방안 수립 (Task 4-1)

우선순위평가의 대상은 ① 중장기 이행과제 후보군, ② 신규 실증서비스 후보군으로, 평가 기법의 경우 우선순위평가 연구에서 가장 보편적으로 활용되는 방법론 중 하나인 AHP(Analytic Hierarchy Process) 기법을 활용하기로 한다. 본 서 2장(CHAPTER 02)의 사례에서 플랫폼 혁신기업 중 우수사례를 발굴하기 위한 목적으로 적용했던 방법론이기도 하다. 두 후보군에 대한 평가 시 모두 동일한 AHP 기법을 활용하지만, 각각 상이한 지표체계를 마련해 적용할 필요가 있다.

지표체계의 수립 측면에서 본다면, 먼저 중장기 이행과제 후보군에 대한 평가의 경우 후보 과제들이 곧 정책과제이기 때문에 정책을 평가하는 데 적합한 지표들(예: 정책 시의성, 정책 실효성, 정책 타당성 등)이 반영되어야 할 것이며, 신규 실증서비스 후보군에 대한 평가의 경우에는 평가의 대상이 결국 실증서비스(데이터 중심의)이기 때문에 실증서비스가 갖는 속성에 관한 지표들(예: 서비스 개선도, 공공-민간 데이터 결합수준, 가명정보 데이터 활용 가능성 등)이 적절히 반영되어야 할 것이다.

후자의 경우를 예로 들어 AHP 평가지표체계를 구성해본다면, 그림 6-8과 같이 표현할 수 있다. 참고로 모든 지표는 예시이며, AHP 기법의 특성인 계층구조(Hierarchy)를 반영, 지표를 두 계층으로 구분(상위지표, 하위지표)해 제시한다.

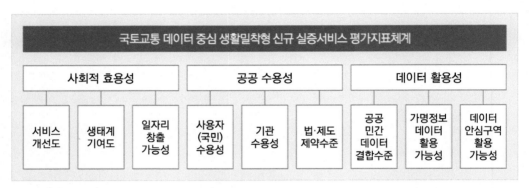

그림 6-8 ▮ 국토교통 데이터 중심 생활밀착형 신규 실증서비스 적합성 지표의 계층구조(안)

우선순위평가를 위한 추진방안을 수립하는 본 과업에서는 위와 같은 평가지표체계의 수립을 포함해 평가에 활용할 AHP 평가 질의서 양식의 설계, 평가 대상(전문가) 섭외, 평가 일정 조율 등 평가에 필요한 다양한 준비와 계획의 수립에 집중한다.

KNOW-HOW & KNOWLEDGE

AHP 방법론의 평가지표체계는 계층적(Hierarchy) 특성을 반영하여 보통 두 계층(상위지표, 하위지표)으로 구분되며, 각각의 상위지표는 해당 지표에 부합하는 복수의 하위지표들을 포함한다.

2) 이행과제·실증서비스 대상 평가 추진 (Task 4-2)

평가지표체계 등을 포함한 우선순위평가 추진방안을 마련했다면, 이제는 본격적으로 평가를 수행한다. 평가는 국토교통, 데이터, 정책·전략, 공공서비스 등 다양한 분야의 전문가들을 통해 추진한다. 평가 도중 AHP 방법론의 복잡성 때문에 피평가자로부터 잦은 질의가 발생할 수 있으므로, 가능하다면 온라인보다는 오프라인을 기반으로 평가 계획을 수립하는 것을 추천한다. 평가 결과는 종합적으로 취합 후 지표별 가중치와 과제·서비스별 평가 결과를 복합적으로 분석하는 AHP 기반의 계산 방식에 따라 산술(보통 Excel 프로그램을 사용)되며, 최종적으로 이행과제 후보군과 실증서비스 후보군에 대한 우선순위가 도출된다.

3.6 결과물 제시 (Phase 5)

다섯 번째는 최종 정책이행과제와 5종의 신규 실증서비스가 도출되는 「결과물 제시」 단계이다. 본 과업단계는 최종 이행과제를 도출하고, 이를 중심으로 한 연차별 로드맵을 수립 및 기대효과를 제시하는 '이행과제 도출 및 기대효과·로드맵 제시' 과업(Task 5-1)과 평가 결과에 따른 5종의 신규 실증서비스를 도출해 내용을 구체화하는 '신규 실증서비스 도출 및 구체화' 과업(Task 5-2)으로 구성된다.

1) 이행과제 도출 및 기대효과·로드맵 제시 (Task 5-1)

'이행과제·실증서비스 대상 평가 추진' 과업(Task 4-2)을 통해 이뤄진 평가 결과를 바탕으로, 상위순위에 배정된 과제들을 최종 이행과제로 선정한다. 이때 선정의 기준(상위 몇 개의 과제를 선정할지 등)은 보통 합리적인 수준에서 정하게 되며, 발주담당자의 의견을 반영하기도 한다. 이행과제의 도출 과정과 결과의 타당성을 더욱 높이기 위해 별도의 정량적 기준을 마련하여 이에 부합하는 과제들을 선정하기도 한다. 또한, 이행과제의 확정 후 과제의 내용을 구체화할 필요가 있는데, 특정 구성항목에 따라 과제의 주요 내용을 구체화한 자료를 흔히 '과제카드'라고 부른다. 보통 구체화의 요소로는 과제명, 배경 및 필요성, 주요 추진내용, 기대효과, 예산, 주체 등이 포함된다. 이행과제별 주요 내용의 구체화 이후 내용의 타당성을 검토하고 보완하기 위한 목적으로 전문가 자문회의를 개최, 과제검토를 수행한다.

저자가 서두에 재정의한 본 용역의 핵심요구사항(Key Sentence)에 따르면, 로드맵의 수립을 요구하는 과업이 크게 두 개로 구분되어 있음을 알 수 있는데, 첫 번째는 "국토교통 데이터 생태계 단계별 로드맵 수립"으로, 이는 앞의 '데이터 생태계 단계별 로드맵 수립' 과업(Task 1-4)을 통해 제시하였으며, 두 번째는 "핵심 과제 우선순위평가에 따른 로드맵 수립"으로, 본 과업을 통해 제시해야 할 업무로 이해할 수 있다. 둘의 차이를 설명하자면, 전자의 경우는 국토교통 데이터 생태계 전반을 포괄하는, 전체적(거시적) 관점에서의 단계적 추진 방향으로써, 후자의 경우는 수요조사와 평가를 통해 도출된, 실제 추진되어야 할 세부이행과제(미시적) 중심의 추진단계로써 로드맵을 의미한다고 할 수 있다. 이에 본 과업에서는 최종 선정 이행과제들을 중심으로 한 단계별(연차별) 추진계획(로드맵)을 마련한다.

2) 신규 실증서비스 도출 및 구체화 (Task 5-2)

우선순위평가 결과를 통해 상위 배치된 5개 서비스를 최종 신규 실증서비스로 선정한다. 선정된 5종의 서비스는 향후 다양한 사업을 기획하는 데 있어 기초자료로 활용될 가능성이 크기 때문에, 이행과제와 마찬가지로 일정 수준에서의 구체화 작업을 진행하도록 한다. 보통 서비스모델의 구체화가 필요한 이유는 해당 서비스모델을 중심으로 한 특정 사업을 기획하는 데 있어, 구체화한 자료가 부처나 상위기관, 관계기관 등 의사결정의 주체를 설득하기 위한 핵심자료로 이용되기 때문이다. 구체화의 요소로는 서비스의 명칭을 비롯해 데이터 관점에서의 구체적인 서비스 흐름과 내용, 목적과 필요성, 기존 유사서비스와의 차별성, 이해관계자, 기대효과 등이 포함될 수 있다.

KNOW-HOW & KNOWLEDGE

상세한 내용으로 잘 구성된 서비스모델 구체화 자료는 해당 모델을 활용한 사업이나 정책 등을 기획하는 측면에 있어, 부처·지자체·상위기관 등의 의사결정자를 설득하기 위한 핵심자료로 이용되기에 그 가치와 활용성이 매우 높다.

실증서비스에 대한 구체화를 성공적으로 완료했다면, 해당 서비스가 기존 타 서비스들과 어떠한 차별성이 있는지, 제공이 예상되는 서비스 핵심가치는 무엇인지, 어떠한 이해관계자들을 대상으로 가치를 제공하며, 결론적으로 기존의 문제점을 얼마나 개선할 수 있는지 등의 물음에 답이 가능할 것이다.

:: 마무리

본 용역은 핵심 과업으로 "국토교통 데이터 활용 신규 실증서비스 도출"을 포함하고 있다. 이에 따라 ① 실증서비스의 수요조사, ② 서비스 후보군 도출, ③ 평가방안 수립, ④ 평가 추진, ⑤ 최종 실증서비스 도출 및 구체화 등으로 연결되는 일련의 공공서비스 도출 프로세스를 간접적으로 살펴볼 수 있다.

공공의 실증서비스를 발굴하는 과정은 이행과제를 도출하는 과정과도 유사하다. 여기서 실증서비스, 이행과제는 모두 국민이 직·간접적으로 체감하게 될 주요 정책들(공공서비스, 지원사업·제도, 복지혜택 등)이기 때문에, 현재 유관 부처·기관·지자체 등에서 기획 중이거나 또는 이미 구체적인 계획 수립을 완료한 타 서비스·과제들을 평가 후보군으로써 적극적으로 고려하는 것이 좋다. 최종 도출될 정책의 시의적절성(신속한 정책 개시로 인한)과 타당성(타 사례에서 검증을 거침으로써)을 확보할 수 있기 때문이다.

결국 위 같은 서비스·과제 사례들을 확보하기 위해서는 "수요조사"가 핵심이며, 목적과 기준에 부합하는 혁신적인 수요를 얼마나 제출받느냐에 따라 좋은 정책(실증서비스, 이행과제 등)의 발굴 여부가 결정된다고 볼 수 있다. 이에 실무자는 수요조사 시 조사의 목적과 배경, 요구사항을 명확히 전달하고, 작성에 관한 가이드라인, 예시 등을 구체적으로 명시해, 수요조사의 대상자들이 기꺼이 요청에 응하고 협조하는 환경을 마련해주는 것이 중요하다.

'메타버스 비즈니스모델 수립 연구' 사례

CHAPTER   07

:: 들어가기

"메타버스 기술 기반의 중소기업 지원을 위한 비즈니스모델 연구"는 중소벤처기업부 산하기관인 중소기업기술정보진흥원(TIPA)에서 '22년도 3월에 발주한 용역이다. 중소기업기술정보진흥원은 우리나라의 중소, 벤처 기업을 중심으로 국내 산업의 발전과 성장, 혁신역량 향상을 지원하기 위해 설립된 기관이며, 다양한 기업지원형 정책연구용역을 발주·관리하고 있다.

'메타버스 비즈니스모델 수립 연구' 선정 이유

① 그간 앞서 분석했던 대상 사업들이 주로 국가 산업 및 생태계 활성화, 법제도 개선, 국정과제 도출, 공공서비스 발굴 등 국가 정책수립을 위한 목적의 용역이었다면, 본 용역사업은 중소·벤처·스타트업 등 우리나라 중소규모 산업의 발전과 성장을 위한 기업지원 목적의 연구용역으로 그 성격이 조금 다르다고 할 수 있다. 따라서 분석의 폭을 한층 넓히기 위해 본 용역을 분석 대상으로 고려하게 되었다. 참고로 기업 지원 사업의 경우에도 ① 해당 생태계 여건 등의 개선을 목적으로 한 정책연구 성격의 사업이 있고, ② 기업을 직·간접적으로 지원하기 위해 기획된 컨설팅 성격의 사업이 있을 수 있는데, 본 용역은 전자와 후자의 과업 성격을 모두 포함한 특별한 사업으로 볼 수 있다.

② 또 하나의 선정 이유는 기업지원방안 수립을 위한 분석 방법론으로 '비즈니스모델(BM: Business Model) 설계'를 요구하고 있기 때문이다. '비즈니스모델'은 핵심 제품·서비스, 보유 역량과 자원, 판매·유통 채널, 수익구조 등 특정 기업이 갖추고 확립해야 할 핵심가치들을 한데 모아 정의한 대표적인 기업진단 모델로, 본 서의 분석 범위에 포함되는 방법론으로서 의미가 있다는 판단이다.

이 외에도 기업을 직·간접적으로 지원(컨설팅)하는 공공사업의 유형은 다양한데, 목적에 따라 대략 다음과 같이 구분할 수 있다.

❶ 비즈니스모델을 진단·재설계하는 컨설팅을 제공
❷ 기술개발 또는 기술개발을 위한 인프라를 지원 (시제품 제작지원 등)
❸ 특허·지식재산권 확보 등을 위한 컨설팅을 제공
❹ 이후 마케팅 채널이나 네트워크의 확대, 판로개척을 지원

이중 단연 핵심은 기업의 현재 상황을 조사·진단(As-Is)해 다각도의 관점(제공 가치, 고객군, 유통 채널, 수익구조 등)에서 신사업의 방향과 가치를 설정(To-Be) 및 컨설팅하는 "비즈니스모델 진단·설계" 유형이라고 할 수 있다. 특히, 비즈니스모델을 수립하는 과정에서 「조사-진단-분석-제시」 등 일련의 컨설팅 관점에 기반한 사고가 요구되기 때문에, 제안요청서를 바탕으로 핵심요구사항을 도출 및 분석, 구조화하여 논리적 사업추진절차를 제시하는 본 서의 목적성에 부합한다고 할 수 있다.

제안요청서 주요 내용

개요

- ↘ (과제명) 메타버스 기술 기반의 중소기업 지원을 위한 비즈니스모델 연구
- ↘ (용역 기간) 2022.4 ~ 2022.8 / 5개월 이내
- ↘ (용역 예산) 약 60,000 천원
- ↘ (용역 배경) 메타버스 기술의 적용 범위가 생활 및 소통서비스, 업무플랫폼 등으로 확산하는 가운데 메타버스 적용 산업 분야는 아직 협소한 초기 단계로, 중소기업 지원을 위한 선제적 비즈니스모델(BM) 발굴 필요
- ↘ (용역 목적) ① 메타버스 기술 개념 정립 및 현황조사·분석 추진, ② 업종 및 분야별 중소기업 지원을 위한 비즈니스모델 개발, ③ 비즈니스모델 적용 및 확산을 위한 정책 지원방안 마련 등

연구수행 기간은 약 5개월 내외로 짧은 편이며, 연구 예산은 약 6천만 원으로 과업 범위를 고려한다면 넉넉하지는 않으나 타 정책, 컨설팅 연구와 비교해 볼 때 적절한 수준인 것으로 판단된다. 본 용역의 기획 목적과 추진 필요성을 언급하기에 앞서, 먼저 간략히 '메타버스'의 등장 배경을 이해하는 것이 필요하다.

'메타버스(Metaverse)'는 가상세계, 초월을 의미하는 '메타(Meta)'와 우주, 세계를 의미하는 '유니버스(Universe)'의 합성어로, 2020년도 전 세계적으로 가상현실 기반의 게임 플랫폼인 '로블록스'가 크게 이슈화되면서 함께 급부상하기 시작했다. 특히 우리나라는 이전부터 AR(Augmented Reality), VR(Virtual Reality), XR(eXtended Reality) 기술을 활용한 3D 콘텐츠나 실감형 제품·서비스를 공공에 선도 적용하는 등 정책적 움직임이 활발했었기 때문에 이와 유사한 개념인 '메타버스' 또한 등장과 동시에 정부의 핵심 ICT 키워드로 언급되기 시작했다. 다만 아직 실체가 명확하지 않고 공공이나 민간에

적용되어 실효성을 제공할 수 있을지에 대한 검증이 완료되지 않음에 따라 '메타버스'의 실생활, 산업 내 적용이 순탄치만은 않은 상황이라고 할 수 있다.

본 용역은 이와 같은 문제의식으로부터 출발해 공공, 민간 영역(특히 민간 영역을 중심으로)에서의 메타버스를 활용한 '킬러(Killer) 비즈니스모델' 발굴을 목적으로 기획되었다. 이에 주요 요구사항으로 메타버스 기술의 적용이 기존의 문제(생산성 저하, 서비스 저품질, 잦은 사고 발생 등)를 개선함과 동시에 다양한 가치를 창출시킬 수 있는 '핵심 산업 분야의 발굴', 분야별 메타버스를 적용한 '혁신 비즈니스모델의 개발', 서비스모델의 성공적 안착을 위한 '도입 및 확산전략 수립' 등을 포함한다.

본 사업의 제안요청서 요구사항(요약)은 그림 7-1과 같다. 주요 요구사항을 살펴보면 과업은 크게 3개로 구분되어 있으며, 각각 '메타버스 기술 개념 정립 및 현황조사·분석', '업종, 분야별 중소기업 지원을 위한 비즈니스모델 개발', '비즈니스모델 적용 및 확산을 위한 정책 지원방안 마련' 등으로 확인할 수 있다.

이중 비즈니스모델 개발 과업에서 '중소기업 제품 및 서비스 분야'가 몇 개의 수준으로 도출되어야 하는지에 따라 본 용역의 수행 난이도가 결정될 것으로 보인다. 제안요청서 요구사항에 대략적인 분야의 개수나 예시, 사례 등의 정보가 없으므로, 해당 과업 내용에 대해서는 사전미팅이나 인터뷰 등을 통해 발주담당자의 의도를 충분히 파악하는 것이 중요하다.

KNOW-HOW & KNOWLEDGE

용역사업에 제안·착수하는 사업자가 제안요청서에 명시된 요구사항을 검토할 때, 명확한 과업요구 방향을 이해하기 어렵거나 산출물의 예상 이미지를 떠올리지 못한다면 즉시 발주담당자와의 미팅, 인터뷰 등을 통해 의도를 파악 및 협의하여 사업추진 방향이 어긋나지 않도록 해야 한다.

제안요청서 요구사항 (요약)

□ 메타버스 기술 개념 정립 및 현황조사·분석

  ○ 메타버스 기술 개념 정립 및 국내외 적용사례 조사·분석

    – 메타버스 기술에 대한 개념 정립 및 국내외 메타버스 요소 기술 활용 사례조사·분석

  ○ 메타버스 관련 국내외 정부정책 및 지원현황 등 인프라 조사·분석

    – (정부정책) 국내외 메타버스 기술 관련 정부 정책 및 관련 법령, 지원제도 등 조사·분석

      ※ (예시) 한국형 뉴딜 2.0(메타버스 등 초연결 신산업육성), 가상융합경제 발전전략('20.12) 등

    – (지원사업) 국내 주요 부처(중기부, 과기부, 산업부 등)의 메타버스 관련 지원(시범)사업 조사

      ※ (예시) 과기부(메타버스 얼라이언스), 문체부(한국어 교육, 문화(K-POP, 사물놀이) 체험 콘텐츠 개발·지원) 등

□ 업종, 분야별 중소기업 지원을 위한 비즈니스모델 개발

  ○ 메타버스 기술 비즈니스모델 개발을 위한 구성요소 분석

    – 메타버스 기반 비즈니스모델 개발을 위해 필요한 구성요소(기술, 주체, 법규 등) 상세분석

      ※ 인프라, 메타버스 플랫폼, 어플리케이션 등

  ○ 중소기업 제품 및 서비스 적용을 위한 비즈니스모델 개발

    – 업종(유통, 물류 등) 및 영역(공공, 민간 등) 등 분야별 메타버스 기술 기반의 중소기업 제품 및 서비스 적용 비즈니스모델 발굴·개발

    – 메타버스 기술 기반의 비즈니스모델 적용을 위한 참여주체에 해당하는 이해관계자 통합 및 관계(Relationship) 플랫폼 적용방안 마련

      ※ 중소기업-대기업, 중소기업-협·단체, 중소기업 단독 개발 등

□ 비즈니스모델 적용 및 확산을 위한 정책 지원방안 마련

  ○ 메타버스 기술 기반의 비즈니스모델 적용 및 확산을 위한 정책 지원방안 제시

    – (R&D지원) 메타버스 기술방식의 제품 및 서비스 개발지원을 위한 최적 R&D 수행방식 제시

    – (생태계 조성) 메타버스 기술을 활용한 R&D 확산 및 활성화에 따른 생태계 조성방안과 관련 기술에 대한 선도 스타트업·벤처기업 육성방안 제시

  ○ 메타버스 기술 기반 비즈니스모델 활용에 따른 기대효과 산출

    – 비즈니스모델 활용에 따른 중소기업형 제품 및 서비스의 적용범위 확장, 新 생태계 창출, 중소·벤처기업 육성 등 기대효과 정량적·정성적 산출

그림 7-1 ▎제안요청서(RFP)에 명시된 과제 연구범위

핵심요구사항(Key Sentence) 도출

1.1 개요

제안요청서에는 보통 다수의 요구사항이 반영되어 있는데, 여기에는 이를 작성한 사업담당자가 가장 필요로 하는 과업 내용이 우선 담겨 있을 것이고, 때로는 부수적으로 넣은, 상대적으로 중요성이 낮은 과업 내용이 포함되기도 한다. 보통, 발주담당자가 일반적인 공공사업의 발주를 준비하는데 상당한 기간이 소요(사업의 기획단계부터 공고, 사업자 모집 및 선정, 계약, 수행단계까지)되며, 프로세스 또한 매우 복잡하므로 관련된 부수적인 요구과업들이 있는 경우 이를 통합하여 내보내는 것이 여러모로 효율적일 수 있다.

용역의 수행까지 고려해야 하는 제안사의 입장에서는 다양한 요구과업 중에서도 핵심 과업에의 집중으로 사업을 효율적으로 추진하는 것이 바람직하기 때문에 제안요청서의 방대한 요구사항 중 핵심이 무엇인지, 상대적으로 중요도가 낮은 요구과업은 무엇인지, 또한 생략해도 될 과업은 없는지 등을 명확히 판별할 수 있어야 한다. 이때, 핵심 요구과업을 파악하고 사업의 본질적인 기획 의도를 이해하는 데 있어 제안요청서 서두에 기술된 사업 추진배경과 필요성을 면밀하게 살펴보고, 반복해서 되짚어보는 것이 매우 큰 도움이 된다. 이 같은 습관은 사업추진의 중반부에 돌입해 '조사·분석', '방안제시', '과제도출' 등의 과업이 연구의 추진 의도와는 다른 방향으로 진행될 수 있는 확률을 줄여주기도 한다.

본 단계에서는 이러한 맥락에 따라 본 용역 제안요청서 내 요구사항을 바탕으로 핵심요구사항(Key Sentence)을 도출한다.

제안요청서 서두에 작성된 용역의 추진배경, 필요성 등의 개요 정보는 해당 용역을 기획하게 된 의도와 예상 산출물 등을 내포하기 때문에 제안 준비 단계뿐만 아니라 사업을 추진하는 중에도 반복적으로 되짚어보며 연구의 진행 방향을 비교·검토하는 것이 좋다.

1.2 진단·분석

제안요청서를 살펴보면, 주요 요구과업(□ 수준)은 ① 메타버스 기술에 대한 현황조사를 통해 기술·정책·사업을 이해하고, ② 중소기업 분야별 최적의 메타버스 비즈니스모델을 개발하며, ③ 이를 적용 및 확산하기 위한 정책 지원방안을 마련하는 내용으로 구성된다. 각각의 내용을 간단히 진단해보면 다음과 같다.

1) 메타버스 기술 개념 정립 및 현황조사·분석

첫 번째 「□ 수준」 에 해당하는 요구사항으로, 세부 내용은 크게 메타버스와 관련한 폭넓은 문헌 조사(유형, 정의 등)를 바탕으로 기술을 이해해 '메타버스 개념을 정립하고, 국내외 메타버스 요소기술의 적용 사례를 조사·분석'하는 내용과 메타버스 관련 '국내외 정책(정부 정책) 및 국내 주요 부처에서 추진 중인 시범사업(지원사업) 현황을 검토'하는 내용으로 구분될 수 있다.

2) 업종, 분야별 중소기업 지원을 위한 비즈니스모델 개발

두 번째 「□ 수준」 에 해당하는 요구사항으로, 세부 내용으로는 메타버스 기술 중심의 '비즈니스모델 개발을 위한 구성요소(기술, 주체, 법규 등) 분석', 메타버스 산업의 '중소기업 제품·서비스에 적용 가능한 비즈니스모델 개발' 등이 있다. 이에 더해 "참여 주체에 해당하는 이해관계자 통합 및 관계(Relationship) 플랫폼 적용방안 마련"이라는 요구사항의 경우, 발주처에서 특히 의미를 두고 있는 문구라고 판단되므로 함께 짚어보도록 한다.

3) 비즈니스모델 적용 및 확산을 위한 정책 지원방안 마련

세 번째 「□ 수준」의 요구사항으로, 크게 '개발 비즈니스모델의 적용·확산을 위한 정책 지원방안 제시(비전, 목표, 전략, 과제 등)', '비즈니스모델별 활용에 따른 기대효과 산출' 등의 내용을 확인할 수 있다. 특히 '정책 지원방안 제시' 단계에서는 제안요청서에서 명시하고 있는 "비즈니스모델 적용을 위한 R&D 수행방식 제시", "비즈니스모델 중심의 생태계 조성방안 마련", "메타버스 선도 스타트업 및 벤처기업 육성방안 제시" 등 키워드를 반영해 추진전략과 이행과제를 도출할 수 있도록 한다.

1.3 핵심요구사항

이 같은 간단한 진단을 통해 도출한 본 사업의 핵심요구사항(Key Sentence)은 총 9개이며, 나열하면 다음과 같다. 현재의 나열 순서는 제안요청서에 명시된 요구내용의 순서를 따른 것이기에 큰 의의를 두지 않는다.

- 메타버스 기술 개념 정립 및 국내외 적용사례 조사
- 메타버스 관련 국내외 정책 및 지원사업 현황조사
- 비즈니스모델 개발을 위한 구성요소 진단
- 분야별 중소기업 제품 및 서비스 비즈니스모델 개발
- 이해관계자 통합 및 관계 플랫폼 적용방안 마련
- 비즈니스모델 적용을 위한 R&D 수행방식 제시
- 비즈니스모델 중심의 생태계 조성방안 마련
- 메타버스 선도 스타트업 및 벤처기업 육성방안 제시
- 비즈니스모델 적용에 따른 기대효과 산출

↘ 메타버스 기술 개념 정립 및 국내외 적용사례 조사	↘ 메타버스 관련 국내외 정책 및 지원사업 현황조사	↘ 비즈니스모델 개발을 위한 구성요소 진단
↘ 분야별 중소기업 제품 및 서비스 비즈니스모델 개발	↘ 이해관계자 통합 및 관계 플랫폼 적용방안 마련	↘ 비즈니스모델 적용을 위한 R&D 수행방식 제시
↘ 비즈니스모델 중심의 생태계 조성방안 마련	↘ 메타버스 선도 스타트업 및 벤처기업 육성방안 제시	↘ 비즈니스모델 적용에 따른 기대효과 산출

그림 7-2 ▎9개 핵심요구사항

구조화(Categorization) 및 논리적 절차 구성

2.1 개요

본 사업의 핵심요구사항이 무엇인지 면밀하게 파악했을지라도 해당 요구과업들을 비효율적인 절차로 구성해 이행한다면 용역 결과는 불 보듯 뻔할 것이다. 따라서 사업을 가능한 효율적으로 추진하기 위해 각각의 과업이 갖는 인과관계(과업수행에 필요한 투입요소(Input)와 과업수행을 통해 도출되는 산출물(Output))를 충분히 고려하여 연결성에 근거한 사업추진절차를 마련하는 것이 중요하다. 경제학 관점에서 앞의 결과가 뒤에 영향을 미치는 관계를 의미하는 '인과관계'는 공학에서의 입력(Input), 출력(Output)을 동반하는 '프로세스(Process)' 개념과도 일치한다고 볼 수 있다. 또한 각각의 요구과업 간 과업의 크기나 수준이 너무 다른 경우, 단순히 절차의 합리적 구성만으로는 한계가 있으므로 특정 과업을 쪼개거나 통합하는 등 구조화가 필요할 수 있다.

이에 본 단계에서는 앞서 도출된 9개의 핵심요구사항을 분석해 구조화(Categorization) 하고, 이를 바탕으로 과업 간의 인과관계에 근거한 논리적 사업추진절차를 마련한다. 여기서 도출하는 사업추진절차는 실제 사업의 이행 종료까지 변경 없이 활용되는 최종 마일스톤(Milestone)이라는 생각으로, 시간과 고민을 충분히 들여 구성하는 것을 추천한다.

KNOW-HOW & KNOWLEDGE

사업의 과업 단위를 구성하고, 과업 간 논리적 연결구조를 설계할 때 각각의 과업에 투입되는 재료(Input)와 과업을 통해 도출되는 결과물(Output)을 예상해 반영한다면, 사업 운영 시 발생 가능한 리스크(Risk)를 최소화할 수 있다.

2.2 구성절차

결과적으로, 본 용역의 추진절차는 5개의 대표 과업(Phase)과 이에 포함하는 12개의
단계별 세부 과업(Task)으로 구성하였으며, 「준비(Preparation) → 조사(Investigation) →
모델수립(Modeling) → 정책제안(Proposal)」 등 총 4단계의 연구 이행절차에 따라 진행
하는 것을 가정하였다.

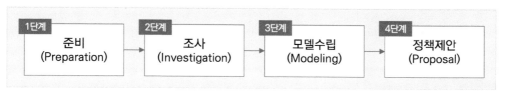

그림 7-3 ▌연구 이행절차

5개의 대표 과업(Phase)을 중심으로 추진내용을 간단히 살펴보도록 한다.

1) 사전 기획·진단 (Phase 1)

대표 과업(Phase) 중 첫 번째 단계이다. 착수 초기 발주담당자와 논의를 통해 과업
범위 및 추진일정 등을 협의한다. 이후 사전 계획수립이 필요한 주요 과업들의 방법론
기획을 시작으로, 메타버스 기술을 이해해 연구진만의 메타버스 개념을 정립, 국내외
메타버스 기술의 활용사례를 조사한다.

2) 정책·제도 조사 (Phase 2)

두 번째 단계에서는 메타버스를 둘러싼 외부환경을 진단한다. 메타버스와 관련한
국내외 정부 정책 및 규제·제도 현황을 파악하는 과업과 국내 메타버스 관련 정부 지
원사업 현황을 조사하는 과업으로 구성된다.

3) BM 현황조사 (Phase 3)

세 번째는 비즈니스모델 관련 현황을 조사하는 단계로, 사업의 달성 목표인 "중소기

업을 위한 메타버스 비즈니스모델 발굴"에 앞서 비즈니스모델(Business Model)이란 무엇인지, 국내외 어떤 유사 비즈니스모델들이 있는지, 또한 우리나라 중소기업들은 자사의 비즈니스모델과 관련해 어떠한 애로사항, 한계요소를 갖는지 등의 환경진단(활용사례, 애로 현황 등)을 수행한다. 사실 해당 단계의 구성 과업들은 제안요청서에서 요구하는 내용은 아니다. 그렇지만 메타버스를 활용한 중소기업형 비즈니스모델을 발굴해야 하는 본 용역의 목적을 고려한다면, 국내외 비즈니스모델 사례에 대한 충분한 선행조사와 함께 중소기업이 직면한 비즈니스모델 측면의 애로, 요구사항에 대한 근본적인 문제와 원인을 파악하는 것이 무엇보다 중요하기에 이행과업으로 반영하였다.

KNOW-HOW & KNOWLEDGE

제안요청서 요구사항에 없는 내용이더라도 사업자(제안사업자 또는 이행사업자)가 판단할 때 최종 산출물을 도출하는 데 꼭 필요한 과업이라 생각한다면, 발주담당자를 설득해 이행과업(과업 추가 또는 대체를 통해)에 반영할 수 있도록 한다.

4) 목표 BM 설계 (Phase 4)

네 번째는 목표 비즈니스모델을 설계하는 단계이다. 종합 진단을 통해 비즈니스모델 수립 추진 방향과 기준을 마련 후, 분야별(금융, 물류 등) 비즈니스모델 As-Is 현황을 진단, 이후 메타버스 중심의 To-Be 비즈니스모델을 설계·제시하는 순서로 과업을 수행한다.

5) 정책방안 도출 (Phase 5)

다섯 번째는 정책방안을 도출하는 단계로, 앞서 설계한 메타버스 중심의 중소기업형 비즈니스모델이 중소기업에 성공적으로 도입·안착할 수 있도록 정책 비전체계와 구체적 지원방안을 마련하고, 각각의 비즈니스모델별 적용에 따른 예상 기대효과를 산출해 제시한다. 참고로, 앞서 도출한 9개의 핵심요구사항 중 '비즈니스모델 적용을 위한 R&D 수행방식 제시', '비즈니스모델 중심의 생태계 조성방안 마련', '메타버스 선도 스타트업 및 벤처기업 육성방안 제시' 등의 내용은 「정책방안 도출(Phase 5)」 단계에서 수립하는 추진전략 또는 이행과제에 반영되어야 할 내용이므로 별도 세부 과업(Task)으로 구성하지 않았다.

상위 과업별 핵심 내용을 바탕으로 구성한 논리적 추진절차는 다음과 같다.

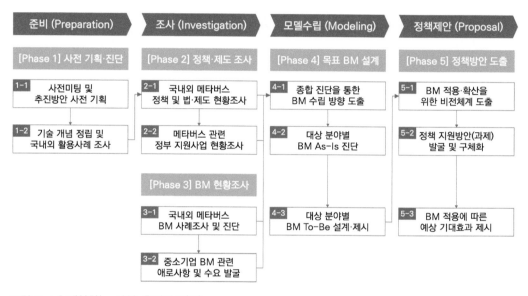

그림 7-4 ▎제안하는 사업 추진절차(안)

사업추진절차 중 단연 핵심은 「모델수립(Modeling)」 단계이다. 해당 단계에서는 종합 진단을 통해 도출되는 각각의 중소기업 대상 분야를 기준으로 현재(As-Is) 비즈니스모델을 명확히 진단하고, 주요 영역별(9 Building blocks 기준) 미흡 요소를 파악해 이를 개선하는 최적의 메타버스형 비즈니스모델을 설계(To-Be)한다. 본 서에서는 'Value Proposition', 'Key Resources', 'Customer Relationships', 'Channels' 등 9개의 영역별 진단·설계를 수행하는 비즈니스모델 수립 방법론인 「Business Model Canvas(9 Building blocks)」의 활용을 가정한다.

절차별 추진방안 사전 기획

3.1 개요

논리적 구성을 갖춘 사업추진절차를 마련했다면, 이제는 실제 이행 관점에서의 각 세부 과업(Task)들에 대한 구체적 수행방안을 고민할 차례이다. 본 분석 단계에서는 앞서 구성한 총 12개의 세부 과업(Task)별 상세 추진방안을 기획한다. 사업추진 전반의 흐름과 각각의 과업별 추진방안을 한 장으로 요약한 자료를 흔히 「사업추진 프레임워크」라고 말하는데, 이는 제안서 발표 시 핵심 장표로 활용되는 자료이니만큼 명확하고 구체적으로 내용이 작성되어야 함은 물론, 발표를 직접 평가하는 현장의 평가위원들을 고려해 가시성, 가독성도 확보해야 한다는 점을 명심하도록 한다.

이를 종합적으로 고려해 최종적으로 제시하는 "메타버스 기술 기반의 중소기업 지원을 위한 비즈니스모델 연구" 용역의 「사업추진 프레임워크」는 그림 7-5와 같다.

준비 (Preparation)

[Phase 1] 사전 기획·진단

1-1 사전미팅 및 추진방안 사전 기획

- 과업수행범위, 추진절차 및 일정 등 확정을 위해 발주 담당자와 사전미팅 추진
- BM 진단·설계 등 핵심 과업에 대한 사전 기획 착수

※ (예시) ① 어떤 BM 방법론을 활용할지, ② 중소기업 대상 분야는 몇 개로 선정할지, ③ 중소기업의 BM 애로사항 발굴은 어떻게 진행할지 등

1-2 기술 개념 정립 및 국내외 활용사례 조사

- 메타버스 기술과 관련된 정책·개념적 연구결과를 조사해 메타버스의 정의 유형, 기술적 특징, 적용범위 등 이해

※ (참고) 메타버스는 '증강현실', '라이프로깅', '거울세계', '가상세계' 등 다양한 유형으로 구분

- 국내외 공공, 민간에서의 메타버스 활용사례 조사

조사 (Investigation)

[Phase 2] 정책·제도 조사

2-1 국내외 메타버스 정책 및 법·제도 현황조사

- 국내외 메타버스 관련 정부 정책, 거버넌스(추진체계 등), 관련 법령, 지원제도 등 조사

※ (국내) 한국형 뉴딜 2.0('20.7, 메타버스 등 초연결 신산업육성), 가상융합경제 발전전략('20.12)

※ (해외) 미국, 영국, 중국 등 메타버스 선도국을 중심으로 조사

2-2 메타버스 관련 정부 지원사업 현황조사

- 중기부, 과기부, 산업부 등 국내 주요 부처의 메타버스 관련 기업 지원사업 현황 조사

※ (예시) 과기부의 "메타버스 얼라이언스", 문체부의 "한국어 교육, 한국문화 체험 콘텐츠 개발·지원사업" 등

- 지원사업별 지원 목표, 대상, 규모, 방식, 예상효과 등 분석

[Phase 3] BM 현황조사

3-1 국내외 메타버스 BM 사례조사 및 진단

- 국내 및 해외 선도국을 중심으로 주요 기업의 메타버스 적용 BM 사례조사

3-2 중소기업 BM 관련 애로사항 및 수요 발굴

- (간담회) 국내 디지털 트윈, 메타버스 등 분야의 중소기업 대상 BM 관련 애로사항, 수요 발굴을 위한 간담회 운영

모델수립 (Modeling)

[Phase 4] 목표 BM 설계

4-1 종합 진단을 통한 BM 수립 방향 도출

- 국내외 BM 사례 및 중소기업 수요조사 결과를 종합 분석해 목표 BM 수립 방안 도출

※ (분야선정기준(안)) 금융, 물류, 의료, 에너지 등 4대 분야 선정, 분야별 공공/민간 구분(총 8개)

※ (BM 수립방향(안)) 8개 유형별 대표 BM 도출, As-Is 진단 및 개선을 위한 To-Be BM 설계

4-2 대상 분야별 BM As-Is 진단

- 8개 유형별 대표 BM(안) 설정
- 9 Building Blocks 기반 Business Model Canvas를 적용한 유형별 As-Is 진단

※ (전문가 인터뷰) 분야별 산업 전문가를 대상으로 9개 요소별 As-Is 진단을 위한 In-Depth Interview 추진 (설문 병행)

4-3 대상 분야별 BM To-Be 설계·제시

- As-Is 진단 결과를 바탕으로 대상 분야별 메타버스 기반 중소기업 제품 및 서비스 적용 BM 설계 (9 Building Blocks)
- BM 설계를 위해 필요한 환경요인(구성요소)* 진단
  * 활용을 위한 메타버스 기술 및 제품, 인프라 개발 현황, 기술 수준, 관련 법 또는 규제 현황 등
- 이해관계자간 통합 및 협력, 관계 기반 플랫폼 적용 고려

정책제안 (Proposal)

[Phase 5] 정책방안 도출

5-1 BM 적용·확산을 위한 비전체계 도출

- 메타버스 기술 기반의 BM 적용 및 확산을 위한 정책 지원방안 제시
- 비전 및 목표, 이에 따른 추진전략 제시

※ (비전 예시) 특정 중소기업 분야 대상 BM 시범적용 → 분야별 대표기관 실증적용 → 전 분야로 확산적용 등

5-2 정책 지원방안(과제) 발굴 및 구체화

- R&D 지원, 전문인력 양성, 인프라 제공, 홍보·마케팅 채널 지원, 규제 개선 등 다각도의 정책과제 발굴 및 구체화

※ (예시) ① BM 도입을 위한 R&D 수행방식 제시, ② BM 중심의 생태계 조성방안 마련, ③ 메타버스 선도 스타트업 및 벤처기업 육성방안 제시 등

5-3 BM 적용에 따른 예상 기대효과 제시

- As-Is 대비 To-Be 모델의 예상 기대효과 제시(정성/정량)
- 국가(생태계 확산, 경쟁력 제고 등), 중소기업(제품·서비스 확장 등), 국민(편의성, 활용 등) 등 다양한 이해관계자 측면의 기대효과 산출

그림 7-5 ▮ 추진절차별 세부 추진방안을 담은 '사업추진 프레임워크'

3.2 사전 기획·진단 (Phase 1)

첫 번째는 「사전 기획·진단」 단계로, 해당 단계는 발주담당자와 초기 미팅을 통해 사업 배경을 공유하고 사업추진방안을 협의·조율하는 '사전미팅 및 추진방안 사전 기획' 과업(Task 1-1)과 메타버스란 무엇인지, 메타버스의 기술적 개념과 정의를 이해하고 국내외 공공과 민간에서의 메타버스 활용사례를 파악하는 '기술 개념 정립 및 국내외 활용사례 조사' 과업(Task 1-2)으로 구성된다.

1) 사전미팅 및 추진방안 사전 기획 (Task 1-1)

발주처와 사업자 간에 제안 내용을 고려한 과업의 방향성, 추진일정 등을 공유하고 명확한 업무 추진 범위 등을 협의한다. 이와 동시에 용역 기간이 넉넉지 않음을 고려하여 '비즈니스모델 설계'라는 본 용역의 핵심 과업수행을 위해 필요한 다양한 사항을 논의하고 결정하는 것이 필요할 것으로 예상한다. 예를 들어 '어떤 비즈니스모델(BM) 진단·설계 방법론을 적용할지', '중소기업 대상 분야는 몇 개로 선정할지', '중소기업 애로사항 발굴은 어떻게 진행할지' 등이다.

2) 기술 개념 정립 및 국내외 활용사례 조사 (Task 1-2)

메타버스 기술에 대한 이해와 개념 정립을 위해 다양한 관련 문헌(논문, 정책연구보고서 등)을 검토한다. 이때, 정의, 유형, 분류 기준, 기술적 특징, 적용 범위 등 다각도의 비교·분석을 수행한다. 이후 국내외 메타버스 활용사례를 조사(제품·서비스·기술 상용화 수준, 활용현황 등)해 도입 분야나 산업, 특성 등을 사전 분석하기로 한다. 여기서 향후 중소기업 중심의 비즈니스모델 설계를 예상해 중소기업이 독자적으로 또는 타 기업들과 협력하여 도입 중인 '민간중심형 비즈니스모델'과 중소기업이 공공과 연계하여 활용 중인 '민간-공공협력형 비즈니스모델'을 모두 고려하도록 하고, 공공과 민간으로 구분하여 사례를 조사하도록 한다.

3.3 정책·제도 조사 (Phase 2)

두 번째는 「정책·제도 조사」 단계로, 본격적인 메타버스 관련 정책, 제도 현황을 조사하는 과업으로 볼 수 있다. '국내외 메타버스 정책 및 법·제도 현황조사' 과업(Task 2-1), '메타버스 관련 정부 지원사업 현황조사' 과업(Task 2-2)으로 구성된다.

1) 국내외 메타버스 정책 및 법·제도 현황조사 (Task 2-1)

우선 해외의 경우 미국, 영국, 중국 등 메타버스 선도국을 중심으로 조사를 수행하고, 우리나라의 경우 메타버스 등의 초연결 신산업육성 기조를 담은 「한국형 뉴딜 2.0('20.7)」, 「가상융합경제 발전전략('20.12)」 등 국가 정책과 「메타버스 산업진흥법('22.1월 발의)」 등 관련 법·제도 현황을 중점으로 분석을 추진한다. 또한 각종 연구기관, 조사기관에서 생산된 양질의 유관 분석자료나 보고서 등의 결과물들이 상당하므로 이를 추가로 분석에 활용하도록 한다.

KNOW-HOW & KNOWLEDGE

> 정책 현황조사의 대상은 보통 관련된 국가 차원의 핵심 정책(기본계획, 추진계획, 발전전략 등) 또는 각종 정부의 지원사업 등을 의미하며, 필요에 따라 정부의 조직 및 추진체계, 예산 편성 등의 범위까지 해당할 수 있다. 법·제도 조사의 대상은 관련 법령의 제·개정이나 국회 법률안 발의 현황, 제도의 수립 및 폐지 현황, 규제 현황 등이 있다.

2) 메타버스 관련 정부 지원사업 현황조사 (Task 2-2)

중기부, 과기부, 산업부 등 국내 주요 부처의 메타버스 관련 기업 지원사업 현황을 상세히 검토한다. 선행 과업(Task 2-1)에서 메타버스와 관련한 우리나라의 전반적인 정책 기조와 방향성, 대표 정책들을 조사했다면, 본 과업(Task 2-2)에서는 중소기업 대상의 정부 지원사업에 초점을 맞춰 조사를 추진한다. 특히 지원사업별 지원목표 및 대상(중견·대기업, 중소·벤처기업, 예비 창업기업 등), 지원 규모, 방식, 성과, 예상 기대효과 등을 조사·분석하여 현재의 지원사업을 통해 배제되고 있는 지원 대상이나 범위가 있는지, 한계점은 무엇인지, 개선 방향은 무엇인지 등의 시사점을 도출하도록 한다.

앞서 도식화하여 제시한 「사업추진 프레임워크」 에는 잘 드러나지 않지만, 「정책·제도 조사(Phase 2)」 단계의 조사 결과들은 중소기업 대상 분야별 향후(To-Be) 비즈니스모델을 설계하는 과업(Task 4-3)에서 환경요인 진단을 위해 활용(비즈니스모델의 법, 규제 현황 등)될 뿐만 아니라 향후 정책과제를 발굴하는 「정책방안 도출(Phase 5)」 단계에도 직접 연결되어 정책지원사업을 기획 또는 발굴하거나, 각종 지원제도 등을 마련하는 데 활용된다.

3.4 BM 현황조사 (Phase 3)

세 번째는 메타버스 분야의 비즈니스모델 현황을 파악하는 「BM 현황조사」 단계로, '국내외 메타버스 BM 사례조사 및 진단' 과업(Task 3-1)과 '중소기업 BM 관련 애로사항 및 수요 발굴' 과업(Task 3-2)으로 구분된다.

1) 국내외 메타버스 BM 사례조사 및 진단 (Task 3-1)

국내 및 해외 주요국의 분야별, 산업별 메타버스 관련 비즈니스모델에는 어떤 것들이 있는지 조사하고, 혁신 비즈니스모델 사례에 대해서는 벤치마킹(Benchmarking) 요소를 파악해 분석한다. 이때, 공공과 민간으로 구분해 비즈니스모델을 분석하고 시사점을 도출한다.

2) 중소기업 BM 관련 애로사항 및 수요 발굴 (Task 3-2)

비즈니스모델 발굴에 앞서 유의미한 비즈니스모델을 탐색하고, 기업의 현안을 해결하기 위한 방향으로의 접근이 필요하다고 판단하여 추가 기획한 과업이다. 다수의 기업 관계자들이 한 곳에 모여 비즈니스모델 관련 애로사항을 공유하고 메타버스 기반 혁신 비즈니스모델 아이디어를 개진, 나아가 산업 생태계의 발전을 위한 논의를 진행할 수 있도록 오프라인 간담회를 기획·운영한다.

3.5 목표 BM 설계 (Phase 4)

네 번째는 현재까지의 조사 결과에 대한 종합 진단을 바탕으로 목표 비즈니스모델을 수립하는 「목표 BM 설계」 단계로, 본 단계는 '종합 진단을 통한 비즈니스모델 수립 방향 도출' 과업(Task 4-1)과 '대상 분야별 비즈니스모델 As-Is 진단' 과업(Task 4-2), '대상 분야별 비즈니스모델 To-Be 설계·제시' 과업(Task 4-3) 등 총 3개의 과업으로 로 구성된다.

여기서 비즈니스모델을 진단·설계하는 과업(Task 4-2, 4-3)을 핵심 과업영역으로 볼 수도 있겠지만, 본 용역에서만큼은 기획단계인 '종합 진단을 통한 비즈니스모델 수립 방향성 도출' 과업(Task 4-1)의 중요성이 매우 크다고 할 수 있다. 보통 비즈니스모델 수립의 경우, 특정 기업의 제품 또는 서비스, 플랫폼 현황을 대상으로 As-Is 진단을 수행해 개선을 위한 방향으로의 To-Be 모델을 수립하게 된다. 따라서 현황진단을 위한 대상이 명확하므로 나아가야 할 To-be 모델의 설계에 상대적으로 집중할 수 있다. 반면 본 연구 비즈니스모델 설계 과업의 경우, 진단을 위한 As-Is 모델이 명확하지 않은 상태라 할 수 있다. 따라서 분야(금융, 물류, 의료 등)의 선정부터 시작해 분야별 대표 비즈니스모델(안)을 설정, 이에 대한 As-Is 진단을 수행해 개선을 위한 To-Be 비즈니스모델을 설계해야 한다. 이와 같은 이유로 비즈니스모델 진단·설계 방향성을 수립하는 초기 기획단계의 과업(Task 4-1)이 무엇보다 중요하다고 할 수 있다.

1) 종합 진단을 통한 BM 수립 방향 도출 (Task 4-1)

BM 수립을 위한 방향성 도출은 앞서 조사된 '국내외 비즈니스모델 사례', '중소기업 수요조사 결과'의 종합 분석을 바탕으로 이뤄진다. 이때 중소기업 대상 분야, 분야의 개수 등 '분야 선정기준'을 마련하고, 분야별 대표 비즈니스모델(안) 설정, 비즈니스모델별 As-Is 진단, To-Be 모델 설계 등 구체적인 '비즈니스모델 설계를 위한 추진 방향'을 도출하게 된다. 그림 7-6은 「BM 현황조사(Phase 3)」 단계 내 구성 과업들(Task 3-1, 3-2)로부터 본 용역의 비즈니스모델 설계 방향성을 도출(Task 4-1)하는 상세 과정을 나타낸다. 참고로, 대상 분야는 금융·물류·의료·에너지 등 4대 분야로 가정, 각각 공공과 민간으로 구분해 총 8개의 유형을 예시로 정의하였다.

[Task 3-1] 국내외 메타버스 BM 사례조사 및 진단
- (목적) 국내외 메타버스 활용 비즈니스모델 사례를 조사 및 분석해 우리나라 중소기업 산업 생태계에 벤치마킹 검토
- (추진방식) 문헌검토를 중심으로 국내외 메타버스 관련 공공, 기업의 비즈니스모델 사례 조사 및 진단
- (예상산출물) ① 국내외 산업 분야별 비즈니스모델 도입사례, ② 비즈니스모델별 특성, 분야, 창출성과, 활용수준 등

[Task 3-2] 중소기업 BM 관련 애로사항 및 수요 발굴
- (목적) 중소기업의 비즈니스모델 관련 애로, 수요 등 의견을 수렴해 분야별 혁신 비즈니스모델, 지원정책 발굴 등에 활용
- (추진방식) 간담회를 통한 중소기업 의견 수렴 및 논의
- (예상산출물) ① 중소기업 BM 관련 애로사항(전문인력 미흡, 지원사업 필요 등), ② 메타버스 기반 혁신 비즈니스모델 아이디어(수요), ③ 중소기업 산업생태계 발전 아이디어 등

[Task 4-1] 종합 진단을 통한 BM 수립 방향 도출
- (목적) 국내외 BM 사례 및 중소기업 수요조사 결과를 종합 분석해 목표 BM 수립을 위한 기준 마련 및 방안 도출
- (도출방향성) ① (분야선정기준(안)) 금융, 물류, 의료, 에너지 등 중소기업 4대 분야, 분야별 공공/민간으로 구분 (총 8개 유형) ② (BM 설계 방향(안)) 8개 대표 BM(안) 도출 → 대표 BM 별 As-Is 진단 및 미흡요소 파악 → 개선을 위한 To-Be BM 설계

1. 분야선정기준(안)

공공/금융 공공/물류 공공/의료 공공/에너지
민간/금융 민간/물류 민간/의료 민간/에너지

"4대 분야로 구성된 8개 유형 정의"

2. BM 설계 추진방향(안)

1 8개 대표 BM(안) 도출 → 2 As-Is 진단 → 3 To-Be BM 설계
- 국내외 BM 사례, 중소기업 수요 등을 종합 반영해 8개 유형의 대표 BM 도출
- 8개 BM 대상 Business Model Canvas를 활용해 9개 요소별 As-Is 진단
- Business Model Canvas의 9개 요소별 혁신 To-Be 설계

그림 7-6 ▌ 비즈니스모델(BM) 설계 방향성 도출을 위한 절차(안)

이후, 도출된 설계 방향성에 따라 8개 유형별 대표 비즈니스모델을 설정하고 As-Is를 진단, To-Be 모델 설계를 진행한다.

2) 대상 분야별 BM As-Is 진단 (Task 4-2)

사전 정의한 8개 유형별(공공/금융, 민간/금융, 공공/물류, 민간/물류 등) 대표 비즈니스모델(안)을 확립하고, 각각 유형별 대표 비즈니스모델에 대한 As-Is 진단을 수행한다. 이때 적

용을 위한 비즈니스모델 진단·수립 방법론으로는 가장 널리 알려지고, 보편적으로 활용되고 있는 방법론인 「Business Model Canvas(BMC)」를 채택하기로 한다. 흔히 "9 Building blocks"라고 하는데, 9개의 정해진 구성영역에 따라 대상 비즈니스모델을 상세히 분석한다. 해당 방법론은 특정 제품, 서비스에 대한 분석뿐만 아니라 이를 판매하는 기업을 둘러싼 종합적인 강·약점의 진단이 가능하다는 특징을 갖고 있다. 진단을 통해 9개의 영역 중 미흡한 영역을 파악해 현재의 한계요소를 도출(Risk assessment)해 내는 것이 As-Is 진단의 목적이라 할 수 있다. 여기서 '9 Building blocks' 모델의 9개 구성요소는 '핵심 파트너십(Key Partners)', '핵심 활동(Key Activities)', '핵심 자원(Key Resources)', '핵심가치 제안(Value Proposition)', '고객 관계(Customer Relationships)', '유통/판매 채널(Channels)', '타겟 고객군(Customer Segments)', '비용구조(Cost Structure)', '수익원(Revenue Streams)' 등이다.

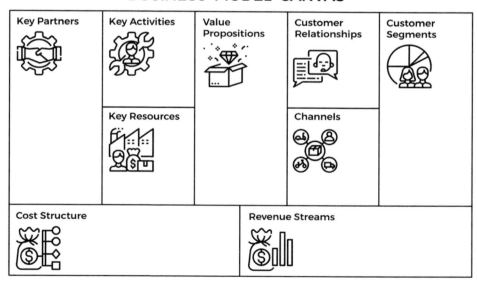

출처: uwagnews.com

그림 7-7 ▌Business Model Canvas 9개 구성영역

각 대표 비즈니스모델별 9개 영역의 현황을 파악하기 위해서는 해당 산업 또는 제품, 서비스를 둘러싼 가치사슬(Value chain)을 이해해야 하는데, 분야가 다양하므로(금융, 물류, 의료, 에너지 등) 각 산업에 종사하는 전문가를 대상으로 인터뷰를 수행 및 현황을 파악하기로 한다. 일반적으로 특정 서비스나 제품의 비즈니스모델을 진단·설계할 때에는 이에 대해 상대적으로 높은 이해도를 보유하고 있는 해당 서비스·제품의 생산 또는 판매 기업 종사자를 대상으로 인터뷰를 수행해 As-Is 현황을 파악한다.

최적의 비즈니스모델 수립은 명확한 현재 현황(As-Is)의 파악으로부터 출발하기 때문에, 특정 제품·서비스에 대한 비즈니스모델 현황을 진단할 때에는 반드시 관련 기업 종사자 또는 해당 산업 전문가를 대상으로 인터뷰를 수행하도록 한다.

3) 대상 분야별 BM To-Be 설계·제시 (Task 4-3)

As-Is 진단을 통해 미흡 영역으로 발굴된 영역(Block)을 대상으로 개선 방향성을 도출한다. 비즈니스모델 영역의 대부분이 변경될 수도 있고, 기존의 모델 자체가 개선 방향에 가까운 모델이라고 한다면 일부만 변경될 수도 있다. 다만 본 사업의 경우, 메타버스를 중심으로 한 비즈니스모델 혁신이 목적임에 따라 9개의 영역 중 핵심이라고 할 수 있는 'Value Proposition(핵심 제공 가치)'을 중심으로 To-Be 비즈니스모델이 개선 및 수립될 것으로 예상한다.

또한 핵심요구사항 중 '이해관계자 통합 및 관계(Relationship) 플랫폼 적용방안 마련'을 고려하여, 비즈니스모델은 기본적으로 중소기업과 타 이해관계자 간의 연결성을 갖는 모델로서 제안될 필요가 있다. 예로, '중소기업-대기업', '중소기업-협회/단체', '중소기업-공공' 등의 연결 관계를 예상할 수 있다. '9 Building blocks' 모델을 기준으로 볼 때, 'Value Proposition(핵심 제공 가치)'의 관점에서 특정 메타버스 플랫폼을 활용한 이해관계자 간 연결에 기반한 서비스모델이 제안될 수도 있고, '핵심 파트너십

(Key Partners)'의 관점에서 중소기업을 포함한 이해관계자가 협력해 비즈니스를 운영하는 아이디어가 도출될 수도 있다.

참고로, 본 연구의 추진절차 구성 시 추진내용의 검증이나 검토를 위한 별도의 전문가 활용 단계를 반영하지 않았다. 중소기업들을 대상으로 자사의 비즈니스모델 관련 애로사항 발굴을 위해 한 차례 간담회를 운영하고, 대상 분야별 비즈니스모델의 기존 (As-Is) 현황파악을 위해 관련 업계의 전문가를 대상으로 인터뷰를 수행할 뿐이다. 이는 본 사업을 이행하는 컨설팅 사업자가 비즈니스모델에 대한 이해도가 높은 전문가 그룹임을 가정한 것인데, 만약 그렇지 않다면 '대상 분야별 BM To-Be 설계·제시' 과업(Task 4-3) 단계에서 전문가 회의를 운영해 최종 도출된 비즈니스모델들에 대한 타당성 검토를 수행하는 것이 좋다.

3.6 정책방안 도출 (Phase 5)

다섯 번째는 비전과 전략, 실질적인 추진과제를 도출하는 「정책방안 도출」 단계로, 'BM 적용·확산을 위한 비전체계 도출' 과업(Task 5-1), '정책 지원방안(과제) 발굴 및 구체화' 과업(Task 5-2), 'BM 적용에 따른 예상 기대효과 제시' 과업(Task 5-3)으로 구성된다. 서두에 핵심요구사항(Key Sentence) 키워드로 도출한 '비즈니스모델 적용을 위한 R&D 수행방식 제시', '비즈니스모델 중심 생태계 조성방안 마련', '메타버스 선도 스타트업, 벤처기업 육성방안 제시' 등에 부합하는 정책과제를 실제 기획·도출하는 단계라고 할 수 있다.

1) BM 적용·확산을 위한 비전체계 도출 (Task 5-1)

8개 유형에 따라 설계된 메타버스 중심의 To-Be 비즈니스모델을 실제 중소기업에 적용 및 나아가 확산하기 위한 정책지원 방향성을 제시한다. 비전체계의 도출은 흔히 공공의 영역에서 정책을 기획하고 전략을 수립, 과제를 도출할 때 꼭 필요한 과정이라 할 수 있다. 따라서 실효적인 정책 비전체계를 마련하고자 한다면, 연구 목적에 부합하는 최적의 비전과 달성 목표, 추진전략을 수립할 수 있도록 선행수행과업 내용의 종합적이고 체계적인 진단과 분석이 수반되어야 하며, 이를 통해 명확한 정책 시사점을 도출해 비전(Vision)으로 이어질 수 있도록 해야 한다.

2) 정책 지원방안(과제) 발굴 및 구체화 (Task 5-2)

앞서 도출한 추진전략에 부합하는 세부 추진과제들을 발굴하고, 실제 이행이 가능한 수준으로 상세히 기획한다. 추진과제의 내용은 구체적일수록 좋지만, 구체화 수준은 보통 연구에 할애된 예산, 기간 등을 고려해 발주담당자와 협의를 바탕으로 결정하게 되며, '한글 문서(hwp)'를 기준으로 적게는 과제당 2~3장에서, 많게는 과제당 10장까지도 작성한다.

본 연구로 돌아와 추진과제를 발굴하는 측면에서 접근하자면, 제안요청서에서 요구하는 키워드인 '비즈니스모델 적용을 위한 R&D 수행방식 제시', '비즈니스모델 중심 생태계 조성방안 마련', '메타버스 선도 스타트업, 벤처기업 육성방안 제시' 등의 내용이 추진전략 또는 추진과제의 수준으로 도출되어야 한다. 좀 더 깊이 살펴보게 되면 해당 키워드(문장)들은 '추진과제 내용이 정확히 뭔데?', '어떻게 이행해야 하는데?'라는 물음이 들 수 있는 수준으로, 구체성이 부족한 문장이기 때문에 '과제'보다는 '전략'의 명칭에 더 가깝다고 할 수 있다. 예를 들어 '비즈니스모델 중심 생태계 조성방안 마련'이 추진전략이라고 한다면, 이에 포함되는 과제 예시로는 '8개 유형별 맞춤형 기업지원사업 기획·운영', '메타버스 비즈니스 운영의 저해제도 개선을 위한 규제 샌드박스(Regulatory sandbox) 연계체계 마련' 등이 있을 수 있다. 이처럼 과제란, 전략 대비 더욱 상세화된 수준의 정책이자 사업을 의미한다고 볼 수 있다.

참고로, '규제 샌드박스'는 신산업, 신기술 분야의 기업이 제품·서비스를 출시하기에 앞서 이를 저해하고 있는 법·규제 등을 일시적으로 면제 또는 유예 시켜주는 제도로, 현재 중기부·과기정통부·산업부·금융위 등 다양한 정부 부처가 협업 및 운영하고 있다.

3) BM 적용에 따른 예상 기대효과 제시 (Task 5-3)

제안요청서의 요구사항에 따라 비즈니스모델 활용에 따른 기대효과를 산출한다. 요구하는 내용은 "비즈니스모델 활용에 따른 중소기업형 제품 및 서비스의 적용 범위 확장, 新 생태계 창출, 중소·벤처기업 육성 등 정성·정량적 기대효과 산출"인데, 이에 따르면 앞서 도출한 각각의 추진과제(또는 전략)에 대한 기대효과를 제시하는 것인지, 유형별 비즈니스모델(To-Be)의 도입에 따른 기대효과를 산출하는 것인지 다소 모호하기 때문에 발주담당자와의 논의를 통해 이를 확인해야 할 것으로 보인다. 본 서에서는 후자를 가정하여 「사업추진 프레임워크」를 구성(As-Is 대비 To-Be 모델의 예상 기대효과 제시)하였다. 보통 추진과제를 구체화하는 과정에서 구성요소로서 기대효과를 포함하기 때문에, 본 과업 단계는 비즈니스모델에 대한 기대효과를 도출하는 과업으로 가정하였다.

기대효과를 제시할 때 정성은 물론 정량적 수치에 근거한 효과성을 산출하는 것이 중요한데, 보통 정부에서 발표하는 주요 계획·전략 등의 정책자료나 연구보고서, 보도자료의 경우, 해당 정책의 추진을 통해 기존 대비 향후 어떤 효과가 발생하는지에 대한 정량적 근거를 포함하고 있는 사례가 대부분이다. 또한, 데이터 기반의 정량적 효과 제시뿐만 아니라, 국민, 기업과 같은 예상 수혜자가 해당 정책의 이행을 통해 개선되는 효과를 한눈에 체감할 수 있도록 인포그래픽을 적절히 활용해 반영하는 것 또한 중요한 요소라 할 수 있다. 이를 고려해 본 용역에서도 비즈니스모델별 정량적 효과를 산출하도록 한다.

또한 정책자료의 가독성을 고려해 이해관계자에 따라 기대효과를 구분하여 제시하는 것도 하나의 요령이라 할 수 있다. 본 사업의 경우, 우선 중소기업을 핵심 이해관계자로 볼 수 있고, 추가로 서비스모델의 도입을 통한 실제 국민 삶의 편의성 증대와 나아가 국가 차원에서도 생태계의 확산, 국가 경쟁력 제고 등이 예상되므로 국가·중소기업·국민 등의 측면으로 구분해 기대효과를 제시할 수 있다.

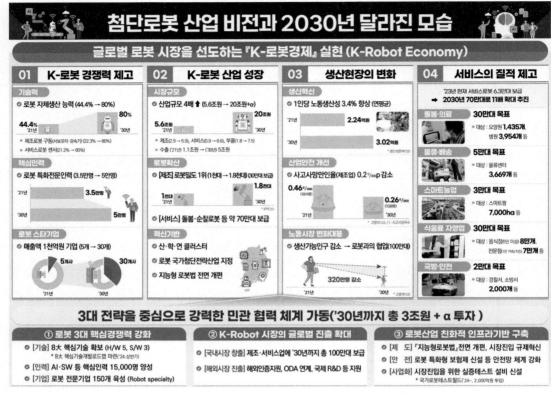

출처: 첨단로봇 산업 비전과 전략, 산업부

그림 7-8 ▌정량적 기대효과 예시

KNOW-HOW & KNOWLEDGE

　　정책의 대표 수혜자인 국민, 기업 등이 국가의 정책이 이행됨으로써 개선되는 효과를 쉽게 체감하고 이해할 수 있도록 인포그래픽(Infographic)을 충분히 활용해 효과를 표현하고, 이해관계자에 따라 예상 기대효과를 구분해 제시하도록 한다.

:: 마무리

본 용역은 '기술, 정책, 지원사업, 비즈니스모델 등의 현황조사', '메타버스 비즈니스모델의 수립', '모델의 적용·확산을 위한 전략·과제 발굴', '비즈니스 모델별 기대효과 산출' 등 상당히 많은 과업요소로 구성되어 있다. 예산이 넉넉하지 않기 때문에 사업을 발주 및 관리하는 발주담당자뿐만 아니라 용역을 수행하는 컨설팅 기업의 측면에서도 이도 저도 아닌 사업이 되지 않도록 핵심 과업에 집중하는 전략이 필요하다고 할 수 있다.

무엇보다도 메타버스 중심의 중소기업 혁신 비즈니스모델을 발굴하고 설계하는 과업이 가장 핵심일 것이다. 따라서 중소기업의 유형은 몇 개로 설정할지(설계해야 하는 비즈니스모델의 수와 직접 관련되므로), 유형별 비즈니스모델의 설계 수준은 어느 정도로 정할지 등을 면밀하게 협의해 사업을 이행하고, 기타 요구과업에 대해서는 수행범위와 깊이 등을 적절하게 조정하는 것이 본 사업을 성공으로 이끄는 데 중요한 요소가 될 것이다.

'기술인문융합형 제품개발 컨설팅' 사례

CHAPTER   08

:: 들어가기

"기술인문융합형 제품(서비스) 개발 컨설팅" 사업은 산업통상자원부의 산하기관인 한국산업기술진흥원(KIAT)에서 '18년도 4월에 발주한 용역이다. 한국산업기술진흥원은 국내 산업기술의 진흥과 기업 중심의 기술혁신 등을 위한 정책수립기관으로, 위탁집행형 기관임에 따라 정부 예산을 바탕으로 다양한 양질의 정책 사업을 기획 및 발주, 관리하고 있다.

'기술인문융합형 제품개발 컨설팅' 선정 이유

① 선정의 첫 번째 이유는 기존의 분석 사업들(연구 중심의)과는 차별화되는 컨설팅 용역사업이라는 점 때문이다. 본 서에서 분석해 온 대부분 용역사업은 연구 성격의 사업으로, 흔히 정책연구용역의 이행을 위해서는 제안요청서에 담긴 사업의 추진배경과 필요성, 요구사항들을 바탕으로 「조사·분석 → 문제의 진단과 정의 → 해결방안 제시」 등의 문제해결 프로세스를 적용해 적절한 방법론을 기획하고 단계 간의 논리적 절차를 구성하는 것이 중요하다. 반면에 본 사업은 자료의 조사·분석을 바탕으로 문제를 진단해 방향성을 제시하는 '연구' 성격의 사업이 아닌, 기업과 대면해 실제 사업모델을 진단 및 코칭(Coaching), 개선 방향성을 제안하는 전형적인 '컨설팅' 용역사업으로 볼 수 있다. 그간의 분석 사례들과는 차별화된 '컨설팅' 절차와 결과를 보여 줄 수 있을 것으로 판단된다.

② 두 번째 선정 이유는 「기술인문융합」의 개념을 반영한 컨설팅 절차 전반의 기획이 요구된다는 점이다. 「기술인문융합」이라는 특정 주제에 부합하는 컨설팅 프로세스의 제안뿐만 아니라, 단계별 활용되어야 하는 세부 방법론(시장 포지셔닝 분석 방법론, 소비자 참여를 통한 Ideation 워크숍 등)의 기획을 핵심요구과업으로 명시하고 있어 유의미한 기획과 분석 과정을 도출해 낼 수 있을 것으로 판단, 선정을 고려하게 되었다.

KNOW-HOW & KNOWLEDGE

'컨설팅 연구' 용역과 '컨설팅' 용역의 개념은 사뭇 다르다고 할 수 있는데, '컨설팅 연구'를 흔히 유관 동향이나 사례의 진단·분석(정책, 기술, 산업 등)을 통해 문제를 도출하고, 이에 대한 해결방안을 제시하는 하나의 조사·분석 업무라 한다면, '컨설팅'은 기업, 지자체 등의 수요자를 대상으로 정해진 절차에 따라 필요한 내용을 직접 교육 및 코칭(Coaching), 제공하는 지원형 업무라 할 수 있다.

제안요청서 주요 내용

개요

> ↘ (과제명) 기술인문융합형 제품(서비스) 개발 컨설팅
>
> ↘ (용역 기간) 2018.5 ~ 2018.11 / 7개월 이내
>
> ↘ (용역 예산) 약 150,000 천원
>
> ↘ (용역 배경) Fast follower 전략의 의존, 소비자 수요가 아닌 기술개발에의 집중, 비즈니스모델 개발에 대한 역량 부족 등 한계에 직면하고 있는 국내 기업을 대상으로 소비자 관점의 신제품 개발 프로세스를 접목해 「기술인문융합형」 접근법의 확산 및 촉진 필요
>
> ↘ (용역 목적) 중소·중견기업 대상 기술인문융합형 제품·서비스 개발 프로세스 전(全) 과정에 대한 컨설팅 지원 및 교육을 통해 신산업, 신시장 창출역량 제고

용역 기간은 7개월 이내로 단순 컨설팅을 제공하기 위함이라면 짧지만은 않은 기간이지만, 핵심이라고 할 수 있는 '기술인문융합 컨설팅 방법론 적용' 과업 외에 초기 '컨설팅 프로세스의 기획과 검증', 컨설팅 제공 이후 '시각화 결과물 제시' 등의 부가 과업까지 고려한다면 넉넉하지 않은 기간이라 볼 수 있다. 예산은 약 1억 5천만 원으로 책정되어 있는데, 이 또한 컨설팅 대상 기업의 수(7개 이상)와 요구사항의 범위('컨설팅 프로세스의 기획', '사업홍보 및 수요기업모집', '기업별 환경·트렌드 분석 및 컨설팅 제공', '시각화 결과물 도출' 등)를 동시에 고려한다면 사업자의 측면에서 효율이 높은 사업은 결코 아니라고 할 수 있다.

사업 내용을 간단히 살펴보면, 기술개발에 집중하는 경향이 있는 중소규모의 기업들을 대상으로 신제품 개발 시 소비자의 수요를 한층 반영할 수 있도록 「기술인문융합형」 제품개발 프로세스를 기획해 도입·지원하는 내용으로 이해할 수 있다. 우리나

라의 중소, 중견기업에 매우 필요한, 그리고 글로벌 트렌드에도 상당히 부합하는 잘 기획된 사업이라 할 수 있는데, 이렇게 볼 수 있는 이유는 사업의 지원내용과 프로세스도 물론 좋지만 기획된 배경과 목적, 필요성 등이 매우 시의적절하며(당시 상황을 고려할 때) 기술개발에만 지나치게 집중하는 경향이 있는 중소·중견기업, 스타트업 등의 현실적인 한계와 고질적인 문제를 정확히 짚고 있기 때문이다.

예를 들어 한 중소기업에 소속된 공학 전공자가 제품·서비스를 개발하는 경우를 가정해볼 때, 인문학적 요소나 시장 수요를 고려한 접근보다는 본인이 전문성을 갖춘 기술개발의 측면에 치우칠 수밖에 없다. 마찬가지로 중소규모의 기업은 보통 신제품의 개발 및 출시 시 예산 확보에 애로를 겪는 경우가 많기 때문에 시제품에 대한 소비자테스트라든지, 소비자 의견을 수렴하고 반영하는 과정에 소홀한 경우가 대부분이라 할 수 있다. 실제 산업현장에서 발생하고 있는 이와 같은 문제들의 해결과 개선에 본 컨설팅 용역이 작게나마 도움이 될 것으로 예상한다.

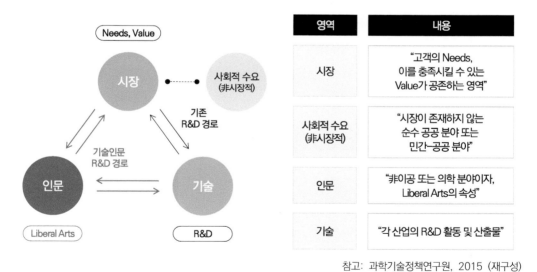

참고: 과학기술정책연구원, 2015 (재구성)

그림 8-1 ▌ R&D 측면의 '기술인문융합' 개념적 정의

본격적인 분석에 앞서 사업에 대한 이해도를 높이기 위해 「기술인문융합」이 무엇인지, 어떠한 의미로 활용되고 있는지 살펴볼 필요가 있다. 먼저 기술과 인문의 융합은 전 세계적으로 꾸준히 언급되어 온 **R&D** 정책의 어젠다(Agenda)로, 2000년대 초반부터 미국과 유럽, 영국, 독일 등 주요국을 중심으로 이와 관련한 다양한 국가 프로그램 등을 기획·운영해 왔다. 다양한 문헌과 연구보고서를 통해 개념과 의미를 확인할 수 있는데, 간단히 정의한다면 "제품, 서비스 등의 산업혁신과 기술혁신을 위해 기술(R&D)과 시장(Needs, Value) 두 요소 간의 관계에 인문학적 요소(Liberal arts)가 더해지는 현상"으로 설명할 수 있다. 여기서 Liberal arts란, '인간을 이해하기 위해 다루는 지식'이라는 의미로 활용되는 용어이다.

즉, 쉽게 말하면 「기술인문융합」이란, 신제품이나 서비스 등을 개발하는 단계에서 실제 이를 이용하게 될 소비자(User)의 관점을 반영함으로써, 인간을 보다 이해할 수 있는 가치를 제공하는 것이라 할 수 있다.

본 사업에서는 기술개발 단계에 들어선 수요기업들이 「기술인문융합」을 보다 이해하고, 자사의 제품 및 서비스에 실제 적용하여 효과를 창출 및 중요성을 체감할 수 있도록 일련의 프로세스에 따른 컨설팅을 제공한다.

제안요청서 요구사항(요약)은 그림 8-2와 같으며, 전반적으로 요구사항은 매우 간결한 편이다. 다만, 요구사항이 간결한 만큼 제안사가 새롭게 기획·구성해야 하는 범위가 넓다고 할 수 있으며 제안사의 역량에 따라 제안자료(제안서, 제안발표자료)의 품질이 크게 좌우될 수 있는, 난이도가 상당한 용역으로 판단할 수 있다.

제안요청서 요구사항 (요약)

☐ **중소·중견 대상 新 제품개발 컨설팅 프로세스 기획 및 기업별 특성을 반영한 맞춤형 컨설팅**

○ **(컨설팅 방법론 제시)** 기술인문융합 컨설팅을 기반으로 용역 수행기관의 전문성을 반영한 방법론(프로세스) 기획 및 제안

○ **(사업홍보 및 기업모집)** 컨설팅 홍보 전략수립, 본 사업에 적합한 기업모집, 홍보 및 선정 (7개 기업 이상)

○ **(기업방문 인터뷰 및 교육)** 기업환경 및 수요파악을 위한 방문 인터뷰를 수행하고, 신제품 기획부터 사업화까지의 전 과정에 필요한 기술인문융합형 제품·서비스 기획 교육 및 커리큘럼 제안, 운영(2회)

○ **(기업환경 및 트렌드 분석)** 기업환경 및 역량조사, 기업별 방문 인터뷰를 통한 기업 포지셔닝을 분석하고, 개발 추진제품의 시장·제품 트렌드 분석을 통해 제품(서비스) 개발 방향성 도출

○ **(아이디어 발굴 및 구체화)** 소비자 분석, Ideation 워크샵 운영, 전문가 검증 등 기업별 맞춤형 방법론을 적용하여 아이디어를 발굴 및 구체화

○ **(결과물 제작)** 기업별 신제품 아이디어 컨셉화·시각화 결과물 및 컨설팅 과정 전반에 관한 성과보고서 작성 및 제출

　　※ 3D렌더링 이미지, 서비스 블루프린트, 프로토타입 등 기업별 제품(서비스)에 적합한 결과물 도출

☐ **사업홍보 및 컨설팅 추진 관련 제반 사항**

○ 프로그램 온라인 및 오프라인 홍보 제반 업무

○ '16, '17년도 컨설팅 참여기업 제품개발현황 모니터링 및 필요시 원포인트 컨설팅 지원 (분기별 진행상황 점검 및 follow-up)

○ 기타 기업지원 컨설팅 관련 제반 업무

　– 컨설팅 추진 점검회의 실시(매주 1회), 홍보강화, 성과확대 등을 위한 간담회 개최 및 운영, 컨설팅 관련 중간성과물 도출 및 제출

그림 8-2 ▌제안요청서(RFP)에 명시된 과제 연구범위

먼저 간략히 요구사항을 훑어보면 '기업모집', '결과물 제작' 과업 등을 특이사항으로 볼 수 있다. 보통 기업지원 컨설팅 사업의 경우, 컨설팅 사업자 선정을 위한 용역(본 용역과 같은)과 수요기업 선정을 위한 용역을 별도로 발주하기 때문에 컨설팅 사업자가 수요기업 선정에 관여하기가 어려운데, 본 용역은 과업 내용으로 '기업모집'을 포함하고 있어 사업자의 측면에서는 부담으로 작용할 것으로 보인다. 해당 과업이 단순해 보일지 몰라도 기업을 모집하기 위해 '후보 기업 발굴 및 리스트업(List-up)', '유선 또는 이메일을 통한 컨텍(Contact)', '기업선정을 위한 지표 발굴 및 평가체계 구성' 등의 선행적인 세부 과업이 요구될 수 있다. 또한 컨설팅 종료 시점에 수요기업별 시각화 결과물을 제시해야 하는 '결과물 제작' 과업을 확인할 수 있는데, 해당 과업 이행 시 전문업체 활용을 통한 비용 발생과 제작에 따른 기간 소요 등이 예상되므로 이를 사전에 고려한 지출 및 일정계획수립이 필요할 것으로 판단된다. 이 외에도 제안요청서 요구사항을 통해 '수요기업 대상 방법론 교육', '기업별 환경 및 트렌드 분석', '기 참여기업에 대한 모니터링 및 Follow-up' 등의 과업 내용을 확인할 수 있다.

KNOW-HOW & KNOWLEDGE

제안사업자는 용역의 제안을 준비하는 단계부터 수주 및 이행을 고려해 요구과업 범위 내에 발주담당자와의 협의·조율이 특히 중요한 특이과업은 없는지 사전에 파악하고, 착수 즉시 논의할 수 있도록 미리 방안(대안 등)을 마련하도록 한다.

핵심요구사항(Key Sentence) 도출

1.1 개요

제안요청서 공고문의 요구사항을 확인했다면, 이제는 요구사항에 대한 분석을 바탕으로 주요 과업들을 선별해 내기 위한 핵심요구사항(Key Sentence) 도출이 필요하다. 만약 공고문에서 해당 용역을 통해 산출되어야 하는 결과물을 뚜렷하게 명시하고 있고, 그에 다다르기 위한 과정들과 이에 필요한 세부 업무들을 논리적 순서에 따라, 그리고 계층구조(Hierarchy)에 따라 제시하고 있다면 굳이 핵심요구사항을 따로 도출해 낼 필요는 없을 수 있다.

반대로, 발주처에서 의도하지 않은 방향의 요구사항이 담기거나 이를 충분히 표현하지 못하는 문장들로 구성된 제안요청서도 쉽게 접할 수 있으므로, 작성된 요구사항들을 사전 검토하고 각각의 요구사항들이 어떠한 의도와 목적에 따라 포함되었는지 등을 고민(중복된 요구사항들이 있는지, 배경 및 목적과는 다른 의도의 불분명한 요구사항들은 없는지 등)해 볼 필요가 있다. 사업자의 관점에서는 성공적인 사업추진을 위해 초기부터 요구과업들에 대한 올바른 이해를 바탕으로 출발하는 것이 맞기 때문에 핵심요구사항(Key Sentence)을 도출하는 단계는 필수로 고려해야 할 과정이라 할 수 있다.

1.2 진단·분석

제안요청서 요구사항의 내용을 살펴보게 되면, 주요 과업(□ 수준)은 크게 ① 중소·중견 대상 新 제품개발을 위한 컨설팅 프로세스를 기획해 수요기업 대상 컨설팅을 제공하고, ② 사업의 홍보 및 컨설팅 추진 관련 제반 사항을 지원하는 내용으로 구성된다.

이중 전자의 과업이 본 용역의 핵심 과업임을 유추할 수 있으며, 후자의 경우 지원 성격의 업무로 이해할 수 있다.

1) 제품개발 컨설팅 프로세스 기획 및 맞춤형 컨설팅 추진

첫 번째 「□ 수준」에 해당하는 요구사항으로, 본 용역의 주요 과업들이 배치되어 있음을 알 수 있다. 세부 과업 내용을 살펴보면, '컨설팅 방법론(프로세스)의 기획 및 제시', '수요기업 모집 및 선정', 이후 수요기업을 대상으로 '컨설팅 교육 제공', 컨설팅에 앞서 대상 기업별 현황파악을 위한 '환경진단 및 시장, 트렌드 분석', 소비자 참여를 통한 대상 제품·서비스별 '아이디어 발굴 및 구체화 컨설팅', 시각화 결과물과 컨설팅보고서 등의 '결과물 제작' 등이 있다.

2) 사업홍보 및 컨설팅 추진 관련 제반 사항

두 번째 「□ 수준」에 해당하는 요구사항으로, 세부 내용으로는 '프로그램의 온라인 및 오프라인 홍보 제반 업무 수행', '과거 추진한 컨설팅 참여기업 대상 모니터링 및 필요한 경우 단발성 컨설팅 지원', '기타 컨설팅 제안 업무 수행' 등이 있다.

1.3 핵심요구사항

이와 같은 간단한 분석을 바탕으로 도출한 본 용역의 핵심요구사항(Key Sentence)은 다음과 같이 나열할 수 있다.

- 기술인문융합 컨설팅 프로세스 기획 및 제안
- 기술인문융합 컨설팅 수요기업 모집 및 선정
- 수요기업 대상 기술인문융합 컨설팅 교육
- 기업별 인터뷰를 통한 기업환경 진단 및 분석
- 기업별 시장 및 제품 트렌드 분석

- 아이디어 발굴 및 구체화
- 시각화 결과물, 컨설팅 성과보고서 작성 및 제출
- 홍보전략 수립에 따른 홍보 및 제반 업무지원
- 기 참여기업('16~'17년) 모니터링 및 Follow-up

그림 8-3 ▐ 9개 핵심요구사항

구조화(Categorization) 및 논리적 절차 구성

2.1 개요

본 단계에서는 앞서 도출한 핵심요구사항(Key Sentence)을 중심으로 과업 단위(Phase, Task 등)를 구성하고, 실제 사업의 추진을 고려한 용역 전반의 이행절차를 마련한다. 핵심요구사항을 도출했다면 이것이 곧 과업 단위라 생각할 수 있지만, 핵심요구사항 간에도 과업의 규모, 과업수행 소요 기간, 투입인력 등이 크게 다를 수 있으므로 합리적인 과업 구성(각각의 과업들을 유사한 수준으로)을 위한 구조화(Categorization)가 필요하다. 또한 사업 착수부터 종료까지의 과업 범위와 일정계획, 예상 산출물 등을 모두 고려한 사업 추진절차를 구성해야 하므로 구조화된 과업 간의 연결성을 고려한, 논리적 순서에 부합하는 절차를 마련할 수 있어야 한다.

2.2 구성절차

이에 따라 마련된 추진절차는 총 5개의 대표 과업(Phase), 그리고 이에 속하는 12개의 세부 과업(Task)으로 구성된다. 각 과업은 「준비(Preparation) → 이해(Understanding) → 컨설팅(Consulting) → 모델도출(Modeling)」 등 4단계에 걸친 사업 이행절차에 따라 진행된다.

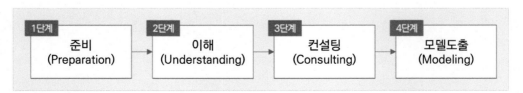

그림 8-4 ▌연구 이행절차

대표 과업(Phase)을 중심으로 주요 내용을 간단히 살펴보도록 한다.

1) 사전 기획 (Phase 1)

대표 과업(Phase) 중 첫 번째 단계로, 착수에 앞서 용역의 추진 방향을 사전 기획하는 단계이다. 착수와 동시에 발주담당자와 사업자 간 사전미팅을 통해 사업추진 방향을 논의 및 과업 범위를 협의하고, 수요기업 대상 컨설팅 제공 시 활용하기 위한 "기술인문융합 컨설팅" 방법론을 설계 및 프로세스와 추진방안 등을 기획한다.

상대적으로 짧은 용역 기간을 고려할 때, 컨설팅 프로세스를 기획한 이후 바로 수요기업을 대상으로 커리큘럼 교육을 진행, 방법론 적용을 위한 컨설팅에 착수해야 하므로 난이도가 상당한 기획 과업임에도 불구하고 빠르게, 고품질의 결과물을 만들어내는 것이 중요하다.

2) 선정 및 교육 (Phase 2)

두 번째 단계에서는 대상 기업을 선정해 교육을 진행한다. 본 단계에서는 실제 "기술인문융합 컨설팅"의 혜택을 받게 될 수요기업을 모집 및 선정하고, 선정 기업을 대상으로 컨설팅 방법론에 대한 이해도를 제고시키기 위한 커리큘럼 교육을 진행한다.

3) 방법론 적용 (Phase 3)

세 번째는 앞서 설계한 "기술인문융합 컨설팅" 방법론을 수요기업에 실제 적용하는 단계이다. 수요기업별 As-Is 현황(제품·서비스 트렌드, 시장 포지셔닝 등)진단을 통한 방향성 도출, 소비자 참여를 바탕으로 한 아이디어의 발굴 및 구체화, 최종 도출 아이디어에 대한 비즈니스 전략(To-Be 모델) 제시 등 "기술인문융합 컨설팅" 프로세스에 따라 컨설팅을 제공한다.

4) 결과물 도출 (Phase 4)

네 번째는 컨설팅 결과물을 도출하는 단계로, 해당 단계에서는 제안요청서에서 요구하는 주요 산출물 중 하나인 '수요기업별 제품·서비스 시각화 결과물'과 각 기업의 컨설팅 최종 결과물(문서 형태의)인 '기업별 성과보고서'를 제작해 제출하도록 한다.

보통 중소기업, 스타트업 등을 위한 정부 지원 컨설팅 사업들의 경우, 수요기업에 제공되는 최종 컨설팅의 결과물로서 "기업 경영상태의 진단, 비즈니스모델 등의 컨설팅 결과보고서", "IR(Investor Relations) 보고서"와 같은 문서 중심의 산출물을 제공하는 경우가 대부분이다. 물론 이러한 결과물들은 기업들이 각종 미팅에서 자사의 경영현황이나 사업모델의 강점 등을 소개하는 자료라든지, 기업 간의 투자 및 협력 관계 조성을 위한 IR 자료로, 정부 지원사업에의 입찰을 위한 제안자료 등으로서 주요하게 활용할 수 있지만, 자사의 아이템을 구조적으로 설명하거나 시각적으로 강조할 수 있는 자료로는 부족한 면이 없지 않다. 본 단계를 통해 최종 산출물로써 도출·제공되는 '제품·서비스 시각화 디자인 결과물'은 이와 같은 수요기업의 니즈를 충족시켜줄 수 있다.

KNOW-HOW & KNOWLEDGE

공공의 발주담당자는 좋은 사업을 만들기 위해 공급자의 관점에서 한 단계 더 나아가, 실제 사업의 혜택을 받는 수요자(국민, 기업, 공공·지자체 등)를 고려한 사업을 기획하고자 노력해야 한다. 중소기업지원을 위한 용역사업의 예로, 시제품 생산이나 아이템 홍보 등의 여력이 부족한 중소기업의 애로 개선을 지원하는 「제품·서비스 시각화 결과물 제작·지원사업」 등이 있을 수 있다.

5) 사업홍보 및 기 참여기업 Follow-up (Phase 5)

다섯 번째는 "기술인문융합 컨설팅" 사업을 홍보하고, 과거 본 사업에 참여했던 기업들의 현황을 모니터링해 원포인트 컨설팅을 지원하는 단계로, '사업 홍보전략 수립 및 홍보 이행', '기 참여기업 대상 모니터링 및 컨설팅 지원' 등의 과업을 포함한다.

본 단계는 홍보 등의 과업으로 인해 지원 업무의 성격이 강하다고 볼 수도 있지만, 성공적인 사업홍보와 기 참여기업에 대한 만족스러운 Follow-up 지원이 발주기관에는 기관(발주담당자)의 성과이자 담당사업의 성공으로, 용역사업자에게는 기업체로서의 좋은 평판을 쌓고 우수한 수요기업들의 네트워크를 확보하는 기회로 연결될 수 있으므로, 발주처와 용역사업자 모두가 만족할 수 있는 홍보전략의 수립에 공을 들여야 하는 중요 과업이기도 하다.

이와 같은 핵심 과업들의 주요 내용을 종합해 구성한 본 사업 추진절차는 다음의 그림 8-5와 같다. 이를 통해 사업 추진절차(안)를 살펴보면 꽤 단순한 구조로 보일 수 있지만, 사실 핵심이라고 할 수 있는 "기술인문융합 컨설팅"의 구체적인 절차와 내용은 본 절차상에 드러나 있지 않다. 본 그림의 절차는 용역 전반의 추진절차를 큰 틀에서 제시하고 있는 것으로 이해할 수 있다.

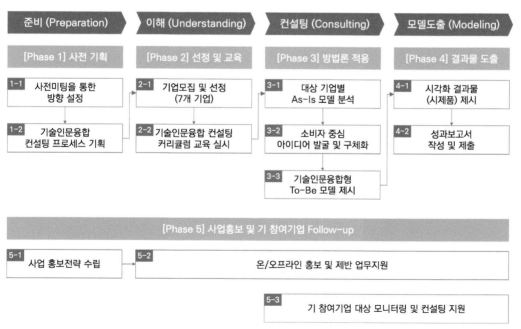

그림 8-5 ▎제안하는 사업 추진절차(안)

“기술인문융합 컨설팅”의 핵심은 「방법론 적용(Phase 3)」 단계로, 그 안에서도 ‘소비자 중심 아이디어 발굴 및 구체화’ 과업(Task 3-2)에 해당한다고 할 수 있다. 따라서 해당 과업(Task 3-2)을 통해 ① 과업 내 세부 추진 방법론을 기획 및 구성하고, ② 방법론 간의 연결성을 고려한 절차를 확립하여, 이를 바탕으로 ③ 실제 기업 대상 적용을 통해 유의미한 컨설팅 성과를 도출해 내는 것이 본 사업의 성공을 위한 핵심이자 관건이라 할 수 있다.

절차별 추진방안 사전 기획

3.1 개요

앞서 「준비(Preparation) → 이해(Understanding) → 컨설팅(Consulting) → 모델도출 (Modeling)」 등 4단계의 사업 이행절차에 따라 큰 틀에서의 추진절차를 마련했다면, 이제는 각 단위과업(Task)을 통해 수행해야 할 세부 추진내용을 구성할 차례이다.

본 단계를 통해 제시하게 될 「사업추진 프레임워크」 는 컨설팅 업계 또는 정책연구 분야의 종사자라면 사업의 제안 단계라든지, 연구보고서를 작성하는 단계에서 흔히 접하게 되는 장표라 할 수 있다. 사업(제안) 전반의 추진방안을 한 장으로 요약하는 핵심 콘텐츠라 할 수 있는데, 이를 통해 사업 운영의 전(全) 주기를 확인할 수 있고, 과업 간 논리 구조, 과업별 핵심 추진내용 등을 파악할 수 있다.

「사업추진 프레임워크」 를 직접 설계해보거나 분석하는 습관은 컨설턴트의 역량 강화를 위한 트레이닝의 측면에서뿐만 아니라 컨설팅, 정책연구의 실무를 진행하는 차원에서도 큰 도움이 된다. 그 외 공공기관의 발주담당자에게는 "착수-운영-관리-종료" 등 용역사업의 전(全) 주기를 조망한 공공사업을 기획하거나, 유사 용역의 제안요청서 (RFP) 등을 작성하는 측면(내용과 구성을 참고하기 위한)에서, 일반 기획업무 종사자나 글쓰기 역량을 키우고 싶어 하는 사람들에게는 논리적 절차에 따른 내용의 구성과 연결성, 상세계획을 수립하는 등의 측면에 있어 인사이트(Insight)를 제공할 수 있다는 생각이다.

최종 도출한 "기술인문융합형 제품(서비스) 개발 컨설팅" 사업의 「사업추진 프레임워크」 는 그림 8-6과 같다. 해당 그림의 구성 내용을 바탕으로, 대표 과업(Phase) 중심의 상세 추진방안을 설명하도록 한다.

준비 (Preparation)	이해 (Understanding)	컨설팅 (Consulting)	모델도출 (Modeling)

[Phase 1] 사전 기획	[Phase 2] 선정 및 교육	[Phase 3] 방법론 적용	[Phase 4] 결과물 도출

1-1 사전미팅을 통한 방향 설정

- 발주담당자–사업자 간 용역 추진 배경과 목적, 방향성 공유
- 제안요청서와 제안서 내용을 고려한 이행 과업 및 명확한 범위, 추진일정 등 협의·확정

2-1 기업모집 및 선정 (7개 기업)

- '기술인문융합' 특성을 고려한 수요기업 선정 기준* 마련
  * 평가 방식 및 프로세스 등의 평가 기준 마련, 평가지표 설계
- 수요기업 모집 공고 및 평가를 통한 7개 기업 선정

3-1 대상 기업별 As-Is 모델 분석

- 대상 기업별 방문인터뷰를 통해 기업환경 및 수요 파악
- 제품·서비스모델, 포지셔닝 전략 등 기업별 As-Is 진단 (STP 또는 BMC 방법론 활용)
- 시장·제품 트렌드 분석 실시

4-1 시각화 결과물 (시제품) 제시

- 기업별 신제품 아이디어 컨셉화·시각화 결과물 도출
- 제품·서비스별 특성을 고려해 3D rendering, Service Blueprint 등의 형태로 제작
  ※ 결과물 제작 시 전문업체 활용

1-2 기술인문융합 컨설팅 프로세스 기획

- '기술인문융합'의 개념, 목적을 파악하여 이에 부합하는 컨설팅 방법론(프로세스) 기획
- 제안사의 경험, 전문성을 반영한 최적의 '기술인문융합*' 컨설팅 방법론 제시
  * '기술개발' 단계에 '인문'의 관점을 접목하여 인간(수요자)의 이해를 고려하는 접근 방식

2-2 기술인문융합 컨설팅 커리큘럼 교육 실시

- 선정 수요기업을 대상으로 기술인문융합 컨설팅의 목적 및 기대효과, 주요내용 등 안내
- 컨설팅 프로세스 전(全) 과정 커리큘럼에 대한 교육* 실시
  * 기술인문융합 필요성에 대한 인식 제고, 활용 방법론별 이해도 향상을 위한 교육 등 2회 제공

3-2 소비자 중심 아이디어 발굴 및 구체화

- 제품의 잠재 수요자로부터 접근하는 '기술인문융합' 컨설팅 프로세스*를 적용해 기업별 혁신 아이디어 발굴
  * (절차) 고객여정맵을 활용한 불편사항 탐색 → 개선 아이디어 발굴 및 구체화 → 전문가 검증 기반 핵심 아이디어 선별 → KANO 모델 기반 만족도 분석

4-2 성과보고서 작성 및 제출

- 기업별 컨설팅 보고서 등 결과보고서 작성 및 제출
  ※ (산출물) 기술인문융합 컨설팅 종합 결과보고서, 기업별 시장·트렌드 분석 보고서, 기업별 컨설팅 보고서, 기업별 시각화 결과물 자료 등

3-3 기술인문융합형 To-Be 모델 제시

- 기업별 발굴, 구체화 아이디어 기반 To-Be 모델* 제시
  * As-Is 진단 시 활용한 방법론을 적용하여 To-Be 모델 설계·제안

[Phase 5] 사업홍보 및 기 참여기업 Follow-up

5-1 사업 홍보전략 수립

- 착수 초기부터 '기술인문융합 컨설팅 사업' 홍보를 위한 단계적 추진방안 마련
  * 수요기업 선정이 시급함에 따라 즉각적인 홍보 이행 필요

5-2 온/오프라인 홍보 및 제반 업무지원

- 사업 홍보 전략에 따른 온/오프라인 기반 홍보 이행
  ※ (예시) 온/오프라인 사업설명회 추진, 온라인 플랫폼(온오프믹스 등)을 활용한 홍보, 관련 협회 협조를 통한 홍보 등
- 홍보 강화, 성과 확대 등 논의를 위한 간담회 개최 및 운영 (1회)
  ※ (예시) 수요기업 대상 우수사례 발굴을 통한 성과 홍보 방안 논의 등

5-3 기 참여기업 대상 모니터링 및 컨설팅 지원

- 유선 및 설문조사를 바탕으로 '16, '17년도 컨설팅 참여(수요)기업 제품개발현황 모니터링 점검 및 필요 시 원포인트 컨설팅 지원
  ※ (설문항목 예시) '기술인문융합 방법론의 지속적인 활용 여부', '창출 성과', '만족도 수준', '원포인트 컨설팅 필요 여부' 등

그림 8-6 ▌ 추진절차별 세부 추진방안을 담은 '사업추진 프레임워크'

3.2 사전 기획 (Phase 1)

　대표 과업(Phase) 중 첫 번째는 「사전 기획」 단계이다. 계약 완료 후 착수 초기 단계에 사업의 발주담당자와 선정 사업자 간 앞으로의 사업추진 방향성을 공유하고 수행과업의 범위, 일정 등을 협의하는 '사전미팅을 통한 방향 설정' 과업(Task 1-1), 수요기업을 대상으로 제공하기 위한 「기술인문융합형」 컨설팅 절차 및 세부 방법론을 마련하는 '기술인문융합 컨설팅 프로세스 기획' 과업(Task 1-2)으로 구성된다.

1) 사전미팅을 통한 방향 설정 (Task 1-1)

　본 용역의 경우, 제안요청서 상에서 요구과업이라든지, 각 과업에 대한 추진일정 등을 상대적으로 명확히 제시하고 있어, 착수 이후 발주담당자와 사업자 간 사전미팅은 어렵지 않게 조율될 것으로 보인다. 다만, 사업 전반에 걸친 각각의 과업들을 고려해 볼 때 '컨설팅 프로세스(방법론)의 기획' 일정이 촉박하고(대상 기업이 선정되는 즉시 교육과 컨설팅이 제공되어야 하므로), '기업모집 및 선정' 과업에 대한 사업자의 명확한 R&R(Roles and Responsibilities)과 '기 참여기업 대상 Follow-up' 과업에 대한 구체적 지원범위, 수준 등의 파악이 필요하다고 판단되므로, 이와 같은 사항들을 종합적으로 논의해 협의하는 '사전미팅'의 자리가 되어야 할 것이다.

2) 기술인문융합 컨설팅 프로세스 기획 (Task 1-2)

　본 용역을 본격적으로 이행하는 첫 번째 과업으로, 제안요청서의 요구사항에 따르면 「기술인문융합」 컨설팅의 절차와 방법론을 기획하는 업무로 이해할 수 있다. 이때 프로세스의 기획에 바로 돌입하기보다는 「기술인문융합」 이 과연 무엇인지 개념을 파악하고, 본 사업의 목적을 고려해 우리는 어떻게 재정의를 할 것이며, 어떠한 방법론들을 활용해 최적의 컨설팅 프로세스를 기획·제안하겠다는 하나의 스토리텔링(Storytelling)을 마련 후 접근한다면, 더욱 탄탄한 컨설팅 절차를 확립할 수 있을 것이다.

> 사업을 수행하는 초기 시점은 사업의 본질에 대한 배경과 목적을 이해하고, 개념을 정의, 추진해 나아갈 방향성을 확립하기에 가장 적절한 단계라 할 수 있다. 이를 바탕으로 만들어진 결과보고서, 보고자료 등은 대상 독자의 니즈(Needs)를 꿰뚫어 만족도를 한층 높일 수 있다.

'기술인문융합 컨설팅 프로세스 기획'의 범위는 앞의 「사업추진 프레임워크」를 기준으로 볼 때 「컨설팅(Consulting)」 단계의 「방법론 적용(Phase 3)」 과업에 해당한다고 할 수 있다. 「기업별 As-Is 분석 → 소비자 중심 아이디어 발굴 및 구체화 → 기업별 To-Be 모델 제시」 등의 3단계로 컨설팅 프로세스를 정의하였으며, 이중 "소비자 중심 아이디어 발굴 및 구체화(Task 3-2)" 단계는 다시 「불편사항(Pain point) 탐색 → 개선 아이디어 발굴 및 구체화 → 핵심 아이디어의 선별 → 소비자만족도 분석」 등의 4단계로 구분된다.

종합하면 컨설팅 프로세스는 다음의 6단계로 표현할 수 있다.

❶ 대상 기업별 현황, 제품 및 서비스모델, 시장 트렌드 등 'As-Is 모델 분석'
❷ 제품 및 서비스별(대상 기업별) 예상 소비자 대상 '불편사항(Pain point) 탐색'
❸ Ideation 워크숍을 통한 불편사항별 '개선 아이디어 발굴 및 구체화'
❹ 전문가 검증을 통한 '핵심 아이디어의 선별'
❺ 핵심 아이디어별 개발 방향성 도출을 위한 '소비자만족도 분석' 실시
❻ 기업별 핵심 아이디어 중심의 'To-Be 모델 제시'

각각 과업들에 대한 상세내용은 해당 단계에서 자세히 설명하기로 한다.

어떠한 문제해결을 위한 방법론(프로세스)을 기획하거나 제안해야 할 때 기존에 있는 방법론을 그대로 활용하는 전략보다는 이를 조금이라도 변형하거나 커스터마이징

(Customizing)해 제안하는 편이 좋다. 기존에 존재하는 방법론들을 모든 현상의 문제해결에 그대로 적용한다는 것은 사실 굉장히 비합리적일 뿐만 아니라(결과물의 품질과 직결되므로), 기존의 방법론을 그대로 고수해 제안한다고 할 때 이를 바라보는 사업관리자(발주담당자)의 시선도 곱지 않을 수 있기 때문이다. 이는 곧 컨설턴트의 보유 전문성이라든지, 경험, 태도의 문제와도 이어질 수 있는 부분이다.

본 과업 단계도 마찬가지이다. 제안에 참여하는 연구진들이 방법론 기획과 관련해 어떠한 유사경험을 쌓아왔고, 해당 경험을 바탕으로 본 사업의 목적에 부합하는 최적화된, 그리고 차별화된 방법론을 제시한다는 전략으로 접근해 어필한다면 제안의 경쟁력을 한층 높일 수 있을 것이고, 수주 후에도 성공적인 사업 수행에 도움이 될 것이다.

3.3 선정 및 교육 (Phase 2)

두 번째는 「선정 및 교육」 단계이다. 본 단계의 목적은 수요기업을 선정하고 해당 기업들을 대상으로 「기술인문융합」의 필요성과 이에 대한 컨설팅 과정을 '이해(Understanding)'시키는 것이라 할 수 있다. 과업은 크게 '수요기업의 모집 및 선정' 과업(Task 2-1)과 선정 기업을 대상으로 「기술인문융합」 컨설팅 과정에 대한 교육을 제공하는 '컨설팅 커리큘럼 교육 실시' 과업(Task 2-2)으로 구분된다.

1) 기업모집 및 선정 (Task 2-1)

본 컨설팅 용역의 대상으로 적합한 후보 기업들을 모집하고, 평가를 통해 최종 수요기업을 선정한다. 이때 본 과업의 경우, 제안요청서 요구사항에 사업자의 역할이 명확히 드러나 있지 않기 때문에 초기에 발주담당자와의 미팅을 통해 의도를 파악하는 것이 중요해 보인다. 예로, 사업자 측에서 실제 발로 뛰어서 사업을 홍보해 후보 기업들을 모집하고 참여 독려까지 해야 하는지, 선정·평가를 위한 기준 마련의 주체는 누구인지 등의 논의가 필요할 수 있다. 또한, 사업자 측에서는 미팅을 통해 발주담당자가 현재까지 기획 또는 구상하고 있는 기업선정업무 관련 내용과 범위, 공고일정, 계획 등을 충분히 파악하여 본격적인 업무 돌입 시 차질이 없도록 해야 한다.

여담으로, 본 서의 내용을 통해 다양한 이슈 상황에서 발주담당자와 사업자 간의 미팅을 통한 협의가 중요함을 반복해서 강조하고 있지만, 이와 같은 미팅, 회의 등의 개최보다도 더 중요한 것은 이를 위한 준비 과정이다. 회의는 곧 시간이라는 자원을 소비하는 행동이기 때문에 회의에 앞서 다각도의 검토를 통한 예상 문제의 인지, 충분한 분석에 따른 방안 마련을 바탕으로 논의 준비를 철저히 하는 습관을 들이는 것이 좋다. 이는 곧 회의를 준비하는 단계에서 문제 상황을 진단하고 파악하는데 그치지 않고, 나아가 문제를 해결하기 위한 본인만의 전략안(해결방안)을 마련해야 한다는 의미이다. 준비한 방안이 만약 정답이 아니더라도 논의 시 최선의 해결방안이 언급되지 않을 상황을 대비, 차선의 방안으로서 제안의 가치는 충분하다. 이는 생산적인 회의를 진행하는 데 매우 큰 도움이 된다.

KNOW-HOW & KNOWLEDGE

실제 논의 테이블에서 회의를 진행하는 단계보다 이에 앞서 회의를 준비하는 단계가 더욱 중요하다. 참여자들이 회의를 준비하는 단계에서 단순히 문제 상황을 인지하는데 그치지 않고, 한 단계 더 나아가 해당 문제의 해결방안을 마련하고 준비할 때 생산적인 회의가 진행될 수 있다.

이는 본 과업(기업모집 및 선정)에서도 그대로 적용될 수 있다. 우선 제안요청서 요구사항을 바탕으로 본 과업 내 이행절차를 고민해 본다면 ① 수요기업 선정기준 마련, ② 모집 공고문 작성 및 공고, ③ 기업모집을 위한 홍보, ④ 기업 평가 및 선정 등의 단계를 예상할 수 있다. 우리가 마주한 이슈는 앞서 언급한 바와 같이 현재까지 진행되어 온 주요 절차들의 추진 현황파악과 각 절차의 이행 주체(발주처, 용역사업자 중) 정립이 필요하다는 부분이며, 이에 대한 파악과 협의를 위한 회의를 추진하도록 한다. 이때 방안(역할 정립)에 대한 제안의견으로는, 「① 수요기업 선정기준 마련(평가지표 및 체계, 배점 등)」 과업의 경우 제안요청서 요구사항에는 없는 내용이나 꼭 필요한 단계이므로 「③ 기업모집을 위한 홍보」 과업(제안요청서 요구사항)과 함께 사업자 측에서 주도하는 것이 맞으며, 「② 모집 공고문 작성 및 공고」, 「④ 기업 평가 및 선정」 과업은 행정시스템의 활용, 결과의 투명성 확보 등이 요구됨에 따라 발주기관에서 주도하는 것이 옳다는 생각이다.

2) 기술인문융합 컨설팅 커리큘럼 교육 실시 (Task 2-2)

커리큘럼 교육의 경우, 큰 특이사항은 없어 보인다. 앞서 기획한 '기술인문융합 컨설팅 방법론(프로세스)'을 활용한 교육 커리큘럼을 마련하고, 이를 바탕으로 2회(제안요청서 요구사항에 명시)에 걸친 교육 과정을 제공한다. 이때 적용 방법론과 절차 등 컨설팅 지식에 관한 "실무형 교육"뿐만 아니라, 「기술인문융합」의 개념과 사례, 필요성, 기대효과 등 인식 개선을 위한 내용의 "인식제고형 교육" 커리큘럼도 충분히 구성해 제공함으로써 교육의 효과를 높일 수 있도록 한다.

3.4 방법론 적용 (Phase 3)

세 번째는 선정 수요기업들을 대상으로 본격적인 컨설팅을 제공하는 「방법론 적용」 단계이다. 본 단계에서는 컨설팅에 앞서 대상 기업별 현황을 파악하고 각 기업의 제품·서비스에 대한 시장 트렌드, 포지셔닝 전략(Market positioning) 등을 분석하는 '대상 기업별 As-Is 모델 분석' 과업(Task 3-1)과 잠재 소비자가 참여해 기업별 제품·서비스에 대한 「기술인문융합형」 아이디어를 발굴하고 구체화·검증하는 '소비자 중심 아이디어 발굴 및 구체화' 과업(Task 3-2), 최종 선별된 기업별 핵심 아이디어의 비즈니스(마케팅) 전략을 제시하는 '기술인문융합형 To-Be 모델 제시' 과업(Task 3-3) 등을 수행한다.

1) 대상 기업별 As-Is 모델 분석 (Task 3-1)

기업의 모집 및 선정, 「기술인문융합」 컨설팅에 대한 교육을 마친 후 본격적으로 이뤄지는 「컨설팅(Consulting)」 단계의 첫 과업은 '수요기업들의 현재(As-Is) 현황을 파악'하는 것이다. 직면한 문제를 명확히 알아야만 올바른 솔루션을 도출할 수 있듯이, 기업 컨설팅에서도 해당 기업의 현황을 정확히 알아야만 기업에 정말 필요한 전략과 방향성을 제시할 수 있다. 이 때문에 가능하다면 기업별 방문 인터뷰를 통해 대상 수요기업들이 어떠한 기업들인지, 각 기업의 주력 제품과 서비스는 무엇인지, 현재 어떠한 비즈니스모델을 채택하고 있는지, 원하는 개선 방향성은 무엇인지 등을 확인하도록 한다.

본 과업은 기업들의 수요와 현황을 파악하는 업무 외에도 제안요청서의 요구사항에 따라 기업의 '포지셔닝 분석', 개발 추진제품의 '시장·제품 트렌드 분석' 등 내용을 포함하고 있다. 먼저 '포지셔닝 분석'이란 해당 기업(제품·서비스)을 둘러싼 시장, 그리고 시장에서의 위치, 전략 등에 대한 분석을 의미하는데, 본 서에서는 분석을 위한 방법론으로 「STP 모델」의 적용을 가정하기로 한다. 여기서 STP는 각각 'Segmentation(시장세분화)', 'Targeting(표적시장)', 'Positioning(포지셔닝)'을 의미한다. 참고로 요구사항의 목적에 부합하는 분석 방법론으로는 'STP 모델' 외에도 'Business Model Canvas' 등이 있는데, 이 중에서도 특히 'STP 모델'은 포지셔닝(Market positioning) 분석에 최적화

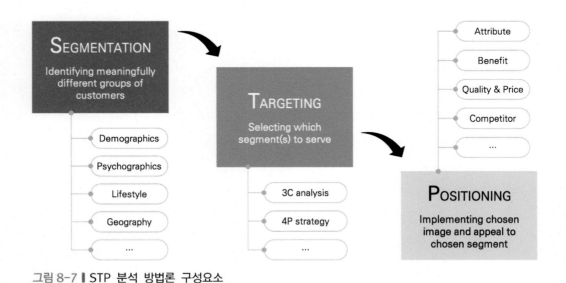

그림 8-7 ▎STP 분석 방법론 구성요소

된 방법론으로 널리 알려져 있다. 'STP 모델'이 해당 기업을 둘러싼 시장(Market) 분석을 바탕으로 포지셔닝 전략을 집중적으로 도출하는 방법론이라면, 'Business Model Canvas'는 기업을 둘러싼 9개 영역(시장(Market)을 포함한)의 비즈니스모델 구성요소를 전반적으로 진단·분석하는 방법론이라는 점에서 둘의 차이가 있다.

2) 소비자 중심 아이디어 발굴 및 구체화 (Task 3-2)

대상 기업별 As-Is 현황파악을 완료했다면, 본격적으로 「기술인문융합」 컨설팅 프로세스(앞서 '기술인문융합 컨설팅 프로세스 기획' 과업(Task 1-2)을 통해 제시한)를 적용할 차례다. 본 과업에서는 잠재 소비자가 참여해 기업별 제품·서비스에 대한 「기술인문융합형」 신규 아이디어를 발굴 및 구체화하고, 전문가를 통해 이를 검증, 최종적으로 핵심 아이디어를 선정한다.

잠재 수요자로부터의 직접적인 참여와 의견 수렴을 바탕으로 소비자(User)의 관점을 반영한다는 측면에서 「기술인문융합」의 핵심이라고도 할 수 있는 본 과업의 추진 절차는 「소비자 대상 불편사항 탐색 → 개선 아이디어 발굴 및 구체화 → 전문가 검토 기반 핵심 아이디어 선별 → 핵심 아이디어별 소비자만족도 분석」 등의 4단계로 구성할 수 있다.

절차의 이행에 앞서, 우선 기업별 제품·서비스의 예상 수요자로 구성된 소비자 패널을 모집해야 한다. 이후 구성 패널을 통해 주요 단계별 의견을 수렴(가능하면 오프라인 기반의 워크숍)하는 방식으로 컨설팅을 진행한다.

각각의 절차를 살펴보게 되면, 먼저 '소비자 대상 불편사항 탐색' 단계에서는 구성 패널로부터 기존 제품·서비스의 이용 시 불편사항(Pain point)과 만족사항(Satisfaction point)을 파악해야 한다. 이때 페르소나(Persona) 방법론 중 하나인 「고객여정맵(Customer journey map)」을 활용하기로 한다. 해당 방법론은 잠재사용자가 해당 제품·서비스를 접하는 단계부터 구매, 이용, 폐기, 재구매하는 등의 단계까지 전(全) 생애주기에 걸쳐 느끼는 불편사항을 탐색할 수 있는 방법론으로 익숙히 알려져 있다.

1	소비자 대상 불편사항 탐색

- ↘ (목적) 제품·서비스별 예상 소비자를 대상으로 고객 여정에 따른 불편사항(Pain point), 만족사항(Satisfaction point) 파악
- ↘ (대상) 각 제품·서비스별 예상 소비자에 부합하는 타겟 고객군 (예: 영어학습 서비스 → 중·고등학생, 학부모 등)
- ↘ (방법) "고객여정맵(Journey Map)"을 활용, 제품·서비스를 접하고 구매, 이용하는 등 전(全) 생애주기에 대한 의견 수렴
- ↘ (절차) 타겟 소비자 모집(오프라인) → 고객여정맵을 활용, 불편사항과 만족사항 작성(포스트잇) → 의견 발제 및 인식 공유

2	개선 아이디어 발굴 및 구체화 (Ideation 워크숍)

- ↘ (목적) 예상 소비자로부터 도출된 이용 불편사항(Pain point)의 개선을 위한 아이디어 발굴 및 구체화
- ↘ (대상) 각 제품·서비스별 예상 소비자에 부합하는 타겟 고객군 (고객여정맵 작성 대상과 동일)
- ↘ (방법) 불편사항 해결을 위한 개선 아이디어 발제, 브레인스토밍(Brainstorming)으로 고도화 방안 논의 및 아이템 구체화
- ↘ (절차) 개선 아이디어 작성 및 발제(포스트잇) → 브레인스토밍 → 아이디어 구체화 → 소수의 핵심 아이디어로 통합/수렴

3	전문가 검토 기반 핵심 아이디어 선별 (우선순위 도출)

- ↘ (목적) 전문가를 활용하여 도출 아이디어에 대한 상품화 가능성을 검토해 핵심 아이디어 선별
- ↘ (대상) 주요 제품·서비스 산업별 MD(Merchandiser), 특허/디자인 등 지식재산(IP) 전문가 등
- ↘ (방법) 컨설팅 기업별 제품·서비스 아이디어를 대상으로 시장성, 중복성, 구현가능성 등 다양한 측면에서 타당성 검토 수행
- ↘ (절차) 전문가 확보 및 평가지표 설계 → 전문가 평가 실시 및 분석 → 우선순위를 도출해 상위 기준 핵심 아이디어 선별

4	핵심 아이디어별 소비자만족도 분석 (KANO 모델)

- ↘ (목적) 소비자로부터의 평가를 바탕으로 핵심 아이디어별 특성을 파악해 접근(개발) 방향성 도출
- ↘ (대상) 각 제품·서비스별 예상 소비자에 부합하는 타겟 고객군 (고객여정맵 작성 대상과 동일)
- ↘ (방법) 소비자가 만족도를 평가하는 방법론인 "KANO 모델"을 활용, 분석 결과를 도출하여 기업에게 제시
- ↘ (절차) KANO 모델 기반 설문 구성 → 소비자 대상 설문 실시 → 만족도 분석 및 방향성 도출 (KANO 분석 방법론에 따라)

그림 8-8 ┃ 소비자 워크숍을 통한 아이디어 발굴 및 제품·서비스化 절차

이후 '개선 아이디어 발굴 및 구체화' 단계를 통해 앞서 도출된 이용 불편사항(Pain point)들의 개선 아이디어를 발굴, 이에 대한 구체화를 진행한다. 구성 패널로부터 자유로운 아이디어를 개진받는 것이 목적이기 때문에 오프라인 기반의 워크숍을 개최해 브레인스토밍(Brainstorming)을 바탕으로 참여자들이 아이디어를 발제하고 토론할 수 있도록 하여 아이디어의 고도화·구체화를 유도한다.

소비자 패널의 참여 아래 도출 및 고도화된 다양한 아이디어들은 실제 기업들이 채택하기에는 아직 위험요소가 다분하다고 볼 수 있다. 따라서 실제 구현이 가능한지, 시장성은 있는지, 시중에 중복되는 제품은 없는지 등 다각도의 측면에서 검증이 필요

하다. 이에 '전문가 검토 기반 핵심 아이디어 선별' 단계에서는 주요 제품·서비스 산업별 MD(Merchandiser), 특허/디자인 등 지식재산(IP) 전문가 등이 참여해 아이디어들을 면밀하게 검토해 핵심 아이디어를 선별(평가를 통해 우선순위를 도출, 상위 아이디어를 선별)하기로 한다.

이와 같은 3단계의 절차로 '소비자 중심 아이디어 발굴 및 구체화' 과업(Task 3-2)을 마무리해도 문제는 없을 것으로 판단되지만, 본 서에서는 추가로 이후 기업이 선별된 복수의 아이디어들에 대한 개발 우선순위를 판단할 때 참고할 수 있도록, 아이디어별 소비자만족도 분석을 수행하고자 한다. 이에 '핵심 아이디어별 소비자만족도 분석' 단계를 통해 소비자로부터의 평가에 근거한 아이디어별 접근 방향성을 도출, 대상 기업에 시사점으로써 제공할 수 있도록 한다. 소비자만족도 분석을 위한 대표적인 방법론으로는 「KANO 모델」이 있는데, 해당 모델을 통해 '핵심기능(Desired features)', '필수기능(Required features)', '매력적 기능(Delightful features)', '무관심기능(Indifferent

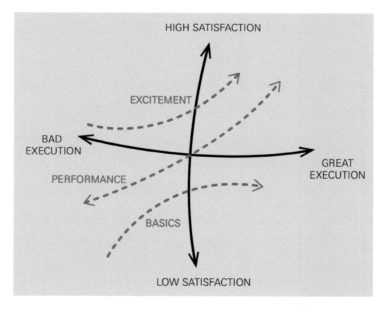

출처: penrod.co

그림 8-9 ▮ KANO 모델 분석 Framework

features)', '역기능(Anti-features)' 등 5개의 핵심요소에 따른 제품·서비스(아이디어)별 차별화된 만족도 평가 결과를 얻을 수 있다.

3) 기술인문융합형 To-Be 모델 제시 (Task 3-3)

최종 선별된 기업별 핵심 아이디어들을 토대로 다시 한번 앞선 단계의 「STP 모델」 기반 분석을 수행, 「기술인문융합형」 제품·서비스의 'To-Be 모델' 방향을 제시한다. 이때 As-Is 분석 단계와 차별화되는 요소를 중심으로 분석을 수행함으로써 중복된(As-Is 분석 단계와의) 조사·분석은 최소화하도록 한다.

3.5 결과물 도출 (Phase 4)

네 번째는 기업별 제공한 컨설팅의 결과물을 산출하는 「결과물 도출」 단계로, 결과물의 종류에 따라 제품·서비스별 '시각화 결과물(시제품) 제시' 과업(Task 4-1)과 컨설팅 결과의 '성과보고서 작성 및 제출' 과업(Task 4-2)으로 구분된다.

1) 시각화 결과물(시제품) 제시 (Task 4-1)

먼저 제품·서비스별 시각화 결과물을 산출하기 위해서는 기업별 제품·서비스 특성에 부합하는 시각화 형태를 결정하고, 이후 전문업체를 활용해 시각화 결과물을 제작해야 한다. 이때 시각화의 형태를 정의하고 결정하는 것은 기업이 선정되고 나서 기업별 제품·서비스를 파악한 후에 가능한데, 보통 실체가 있는 제품의 경우, 2D 또는 3D 렌더링(Rendering) 방식이나 스케치(Sketch)를 중심으로, 실체가 없는 플랫폼이나 서비스의 경우에는 고객과 서비스 제공자 간의 관계나 흐름을 표현하는 서비스 청사진(Service Blueprint) 방식을 통해 시각화 결과를 도출한다. 결과적으로 시각화 결과물은 기업이 활용하게 될 자료이기 때문에, 제품·서비스별 시각화 방식의 최종선정은 기업 담당자의 의견을 반영하여 결정하기로 한다. 시각화 방식을 결정했다면 이제는 결과물의 직접적인 제작이 필요한데, 이는 전문업체의 파악과 선정으로부터 출발해야 하고, 결과물의 제작 소요 기간뿐만 아니라 중간에 예상되는 '컨셉(Concept) 변경', '결과물 수정·보완' 등 상황의 변수 또한 종합적으로 고려해야 하므로 넉넉한 일정계획의 수립이 중요할 것으로 판단된다.

KNOW-HOW & KNOWLEDGE

용역 내에서 전문업체 등과의 별도 계약(외주)을 통해 산출물을 도출해 내야 하는 경우, 용역 추진의 일정관리에 더욱 신경을 써야 한다. 초기 용역사업의 WBS(Work Breakdown Structure)를 수립 시 외부 주체의 개입이 있는 과업의 경우, 수행 기간을 넉넉히 정하도록 한다.

2) 성과보고서 작성 및 제출 (Task 4-2)

컨설팅 성과보고서 작성의 경우, 특이사항은 없고 제안요청서의 요구사항에 따라 각각의 기업별 성과보고서를 도출, 이를 종합한 형태의 종합 결과보고서를 작성해 제출하도록 한다. 제안요청서의 요구사항으로 볼 때 본 보고서의 제출 의도는 본 컨설팅 사업의 끝을 맺는 용역 수행의 근거자료(발주기관에 제출되는)로서 의미가 있다고 볼 수 있다. 반면, 이와 동시에 해당 보고서는 수요기업의 입장에서도 향후 비즈니스 운영에 도움이 될 수 있는 귀중한 자료이기도 하므로, 보고서의 내용을 구성하는 등의 측면에서 수요기업의 의견을 충분히 반영할 수 있도록 한다.

3.6 사업홍보 및 기 참여기업 Follow-up (Phase 5)

다섯 번째는 사업의 홍보, 기 참여기업에 대한 모니터링 등을 지원하는 「사업홍보 및 기 참여기업 Follow-up」 단계로, 본 단계는 사업의 홍보전략을 마련해 실제 홍보를 이행하는 '사업 홍보전략수립' 과업(Task 5-1), '온/오프라인 홍보 및 제반 업무지원' 과업(Task 5-2), 과거 컨설팅 수혜기업 대상 Follow-up을 제공하는 '기 참여기업 대상 모니터링 및 컨설팅 지원' 과업(Task 5-3)으로 구성된다.

1) 사업 홍보전략 수립 (Task 5-1)

실질적인 홍보에 앞서 구체적인 홍보방안을 기획하고, 추진방안, 계획 등을 수립한다. 특히, 수요기업의 모집공고와 동시에 사업에 대한 홍보가 진행되어야 하므로 기업모집 이전 단계인 「준비(Preparation)」 단계에서 홍보전략이 수립되어야 함을 명심한다. 사업의 홍보 또한 홍보의 수단과 방법(온/오프라인 이용 매체 등), 시기 등을 정해야 하므로 발주담당자와의 사전협의가 필수이다.

2) 온/오프라인 홍보 및 제반 업무지원 (Task 5-2)

수립된 홍보전략에 따라 실질적인 홍보를 이행하고, 발주처의 사업홍보와 관련한 제반 업무를 지원한다. 홍보의 경우 수단과 방법을 고민해야 하는데, 온/오프라인 기반의 사업설명회를 기본적으로 기획·운영하고, 추가로 유사 목적의 온라인 플랫폼을 활용한 사업홍보, 관련 협회의 협조를 통한 홍보 등이 가능할 것으로 보인다. 제안요청서에 따르면 홍보의 강화, 성과 확대 등의 논의를 위한 간담회를 한 차례 운영해야 하기도 하는데, 사업을 소개하거나 성과를 보고하는 등 단방향의 정보 제공 목적이 아니므로 다양한 안건(예: 수요기업 대상 우수사례 발굴 및 사례집 제작·배포를 통한 성과홍보 등)을 사전에 기획하고 준비해 활발한 논의가 이뤄질 수 있도록 해야 할 것이다.

3) 기 참여기업 대상 모니터링 및 컨설팅 지원 (Task 5-3)

Follow-up의 영역으로, '16년도, '17년도 컨설팅 참여(수요)기업의 제품개발 현황을 모니터링 및 점검하고, 필요한 경우 원포인트 컨설팅을 지원한다. 이때 '사업 홍보전략 수립(Task 5-1)' 과업의 경우와 마찬가지로, 과업수행에 앞서 발주담당자와의 사전논의를 통해 모니터링의 방법과 주기 및 횟수, 원포인트 컨설팅의 지원 대상과 기준, 범위 등을 미리 설정하도록 한다. 대상 기업의 수가 적지 않기 때문에 설문을 통해 모니터링을 진행하는 것이 바람직해 보이는데, 이때 설문항목에 '원포인트 컨설팅 필요 여부'를 포함, 수요를 파악 후 해당 기업들을 대상으로 컨설팅을 지원하는 전략을 택한다.

:: 마무리

기술과 인문 간 융합의 중요성은 현재 사회에서 쉽게 체감할 수 있다. 근로소득 외 부가수익에 대한 관심도가 특히 높은 요즘 시대의 청년, 직장인이라면(특히 MZ 세대를 중심으로) 누구나 사업 아이템을 고민해 보거나, 유튜브(YouTube), 블로그(Blog), 온라인쇼핑몰 등의 운영을 통한 수익창출 등을 상상해 보았을 것이다. 특히 유튜브, 블로그 운영의 경우, 진입장벽이 낮아 경험자가 상당함에도 불구하고 수익창출까지 이어지는 사례를 쉽게 찾아볼 수 없는 것은 그만큼 수요자가 원하는 글과 상품, 아이템을 만들어내는 것이 쉽지 않기 때문으로 예상할 수 있다. 당연히 이는 이윤을 창출해야 하는 산업 시장에서 더욱 강조된다. 다만 기술과 기능의 개발 단계에서 시장과 사회적 수요를 반영할 수 있는 여력이 상대적으로 부족한 중소규모의 기업은 이를 알면서도 대처하지 못하는 상황이다.

이와 같은 측면에서 볼 때, 본 사업은 이들을 위한, 매우 잘 만들어진 공공사업이라 할 수 있다. 특히 일반적인 R&D 지원사업 내용과는 차별화된 방법론의 적용(고객여정맵, Ideation 워크숍, 시각화 디자인 등)과 컨설팅 중심의 접근방식은 해당 절차들을 단순히 대상 기업의 제품·서비스 개발 단계에 반영하는 수준을 넘어, 기업에 「기술인문융합」의 중요성과 필요성에 대한 인식을 심어주었다는 측면에서 더욱 큰 가치를 제공한다.

본 사업과 유사한 목적의 컨설팅 사업은 최근 공공에서 찾아보기 힘들다. 좋은 기획 의도뿐만 아니라 사회적 수요를 반영하고, 나아가 수많은 중소규모의 기업에 도움이 되는 사업인 만큼, 앞으로 이와 유사한 접근의 다양한 지원사업들이 꾸준히 기획·발주될 필요가 있다.

Request for Proposals

공공보고서 TRAINING SERIES ①

컨설팅, 정책연구 용역 8개 사례에
직접 적용해보는

공공사업 제안요청서
분석 TRAINING

발행일 | 2024년 7월 15일

저 자 | 이상준

발행인 | 모흥숙
발행처 | 내하출판사
주 소 | 서울 용산구 한강대로 104 라길 3
전 화 | TEL : (02)775-3241~5
팩 스 | FAX : (02)775-3246

E-mail | naeha@naeha.co.kr
Homepage | www.naeha.co.kr

ISBN | 978-89-5717-573-6 94320
         978-89-5717-575-0 (세트)
정 가 | 25,000원